はじめに

　日本のように自由で民主的な社会では，自分の欲しいものを手に入れたり紛争を解決したりするための最も重要な手段は，**交渉**（決定・合意のための話し合い）です。国連憲章やWTO（世界貿易機関）協定のような国際法（条約）も，国家間の交渉でつくられました。その国連憲章33条も，国家間の紛争は軍事的手段ではなく，まずは交渉などの平和的手段で解決しなければならないと定めています。交渉は，社会の対立する利害を調整し，限られた資源を効率的に利用し，人々が互いに協力して調和を保った秩序をつくるための基本的な手段となっているのです。

　この本は，中学生・高校生が，家族や友だちなどとの私的な関係から一歩踏み出し，学校や地域社会などの公共の場で責任ある市民としてよりよく生きていくための指針となるものです。生徒たちが授業で実際に交渉を体験してみることによって，公共空間での必要な考え方と行動の仕方を主体的に身につけることができるような工夫が凝らされています。

この本には三つの特長があります。

　第一の特長は，中学校の社会科公民的分野と高等学校の公民科に関する主要なトピックを交渉という視点で再構成して，実際の社会で使えるように工夫していることです。このため，中学校の特別な教科「道徳」や「総合的な学習」，そして，高等学校の「公共」「現代社会」「倫理」「政治・経済」でも効果的に使うことができます。この本を利用することで，生徒たちは社会や公民に関する内容を知識として頭で学ぶだけではなく，自分たちで実際に話し合って決定や合意をつくり出すアクティブ・ラーニングが可能となります。こうして，それぞれの科目が最終的に目的とする考え方や行動の仕方が自然と身に付くことが期待されます。

　第二の特長は，交渉を利用した法教育の教材として用いることができる点です。公共の場を支える法や司法制度を市民として主体的に理解するためには法教育が重要となりますが，この本で学ぶことで，社会制度は与えられたものではなく，交渉による合意によって形成され維持されてきたものであることに気付くことができます。交渉ができる社会とは，市民が自分の意思にしたがって自由に合意や選択ができる社会です。

話し合いでつくる中・高公民の授業

交渉で実現する深い学び

編著 野村美明／江口勇治／小貫篤／齋藤宙治

清水書院

自由に合意や選択をするためには，他人に強制されたりだまされたりすることを防ぐような社会制度が必要です。この本によって，正義と公正を基調とする自由な社会の担い手を育てる法教育が可能となります。

　この本の**第三の特長**は，その成り立ちにあります。この本は，交渉と法教育に関心のある大学の教員（法律学・経営学・心理学・教育学など専門は様々です），企業人，弁護士・裁判官と中学校・高等学校の教員が一緒に研究会をして，議論と熟慮を重ねて協力して完成させたものです。このため，交渉に関する基本的な考え方を紹介する**第1編入門編**，交渉と政治・法・公共などとの関係を説明した**第2編理論編**，そしてこれらを実際の授業に落とし込んだ**第3編実践編**が有機的に結び付いています。また，内容的にもインターネットでは得られないような，正確でポイントを突いたものとなっています。

　以上のような特長を持つこの本は，中学校・高等学校に限らず，今まで交渉や法律・政治を学んだことのない人たちにも，「これならわかる！」とか「こんな学び方があったのか」という驚きを与えてくれるでしょう。

　私たちは，中学生や高校生が人間の社会生活の基本的な活動である交渉を本格的に学んでくれることを期待しています。そして，自由，協力，互恵性，寛容，多様性といった，これからの公共的空間でますます必要となる社会的価値を，生徒たちが実際に交渉して失敗したり成功したりする体験を通じて，身に付けてほしいと希望しています。親や祖父母の世代よりももっと上手に交渉ができる若い人たちが育ち，自由で公正な社会の担い手となって，よりよい世界をつくり上げてほしい。私たちは，この本がそんな夢の実現に少しでも役立ってくれればと願っています。

　最後に，一緒にこの本をつくっていただいた交渉教育研究会のみなさまと清水書院の中沖栄様に，編者を代表して心からお礼を申し上げます。

2018年5月　野村 美明

目次

交渉の七つの指針 ………………………………………………………… 6

入門編　7

第1章 世界は交渉でできている ……………………………… 8
　　コラム　オレンジ事件 ………………………………… 13
第2章 交渉教育と法教育をともに学ぶことの必要性 ……… 14
第3章 中・高公民で交渉教育の授業を創る ………………… 20
第4章 よい交渉をするための七つの指針 ………………… 26
　　コラム　理想的な交渉 ―三方よし― ………………… 32

理論編　33

第1章 政治と話し合い ………………………………………… 34
第2章 法と話し合い …………………………………………… 38
第3章 経済と話し合い ………………………………………… 42
第4章 国際政治・経済と話し合い …………………………… 46
第5章 情報と話し合い ………………………………………… 50
第6章 交渉と哲学・倫理 ……………………………………… 54
　　コラム　幸福・正義・公正と交渉 …………………… 58

実践編

第1章 政治と話し合い ………………………………………… 59
　　やってみよう模擬交渉 …………………………………… 60
　　　1 基本的人権 …………………………………… 62
　　　2 国　会 ………………………………………… 68
　　　3 内　閣（行政） ……………………………… 74
　　　4 地方自治 ……………………………………… 80
　　　5 選　挙 ………………………………………… 86
　　コラム　映画『All the Way』 ………………………… 92
第2章 法と話し合い …………………………………………… 93
　　　1 ルールやきまり ……………………………… 94
　　　2 契　約 ………………………………………… 100
　　　3 裁判所 ………………………………………… 106
　　コラム　交渉における裁判の使い方 ………………… 112
第3章 経済と話し合い ………………………………………… 113
　　　1 企　業 ………………………………………… 114
　　　2 市場経済 ……………………………………… 120

	❸	金　融	126
	❹	財　政	132
	❺	社会保障	138
	❻	労　働	144
コラム		複数ステージの交渉	150
第4章	国際政治・経済と話し合い		151
	❶	経済のグローバル化	152
	❷	地域紛争	158
	❸	国際連合	164
	❹	軍　縮	170
	❺	資源・エネルギー	176
	❻	日本の国際貢献	182
視点	EUによるアメリカ産ホルモン牛の輸入制限は認められるべきか		188
コラム		グルーバルな感染症対応からの教訓	190
第5章	情報と話し合い		191
	❶	情報モラル	192
	❷	ＳＮＳ	198
	❸	ビッグデータ・個人情報	204
コラム		交渉は情報戦	210
第6章	倫理と話し合い		211
	❶	議論（交渉）の仕方	212
	❷	源流思想と交渉	218
	❸	西洋思想	224
	❹	日本思想	230
	❺	生命倫理	236
	❻	環境保護	242
視点	倫理思考実験と交渉		248
コラム		信頼醸成と交渉	250
付録	学習指導要領との対照表（中学校社会科 公民・高等学校公民科）		252
	中学校学習指導要領社会		256
	高等学校学習指導要領公民		261
編著／執筆者／編集協力一覧			268

交渉の七つの指針

（入門編26ページから詳しい解説があります）

指針1：人と問題を切り離そう

「人に対してはやさしく問題に対しては強くでる」といいかえることができます。あなたがたとえ相手と仲が悪くても，信頼していなくても，交渉ができることです。

指針2：立場ではなく利害に焦点を合わせよう

ある問題について相手と自分の言い分が違うときに，対立する言い分（立場）ではなく，その根っこにある理由（「利害」という考え方）を重視しようという意味です。

指針3：双方にとって有利な選択肢を考え出そう

ある問題を話し合うときに一つの解決方法にこだわらないで，いくつかの解決方法を考えておいて，その中から自分も相手も双方が満足できる解決方法を見つけることです。まず複数の選択肢（「オプション」）をつくり，決定はその後ということです。

指針4：客観的基準を強調しよう

客観的基準とは，交渉をしている人たち以外の人（第三者）でも認めてくれるような基準のことです。外部の基準ともいい，公平な基準として受け入れやすいのです。

指針5：最善の代替案（BATNA）を用意しよう

現在の交渉がうまくいかなかったとした場合の最善の代替案（BATNA，バトナ）または不調時対策とよばれています。

指針6：約束（コミットメント）の仕方を工夫しよう

例えば，この条件にイエスといってくだされば契約は成立しますよと，自分の最終的条件を明確に相手に約束することです（確定的申し込み）。

指針7：よい伝え方（コミュニケーション）を工夫しよう

コミュニケーションとは，お互いに理解しようとするやりとりのことです。相手に理解してもらうため話すことと相手のことを理解するためによく聞くことが大切です。

第1編
入門編

　この編では，交渉の基本的な考え方，法教育と交渉教育の関係性，交渉教育の授業づくりの方法などを紹介します。交渉教育とは何かを大づかみにできるようになっています。

第1章　世界は交渉でできている

入門編

世界は交渉でできている

1.コミュニケーション，話し合い，交渉

　動物や植物は，音やにおい，体の動き（しぐさ）によって，自分が持っている情報を相手に伝えます。そして相手はこの情報に反応して，自分の情報をもとの相手に返すのです。このように，情報を互いに伝え合うことをコミュニケーションといいます。人間は，言葉や表情やちょっとした体の動きといった情報によって，自分が思っていることや感じていることを相手に伝えることができます。さらに人間は他の動植物とは異なり，単に相手と情報をやりとりするだけではなく，言葉を使ったコミュニケーションを高度に発達させてきました。言葉によって相手と互いに考えを伝え合う（コミュニケーションする）ことを「話し合い」といいます。

　私たちは一人ひとり，好きなものも感じ方も考え方も違います。互いに異なった人々が同じ家，同じ教室，同じ地域で一緒に生活することができるのは，話し合いができるからなのです。話し合いは生活の色々な場面で用いられますが，人間が会社や国家のような複雑な組織をつくってそれを維持するためには，単なる話し合いだけでは十分ではありません。たくさんの人間が共通の目的のために協力して行動するには，重要なことについて決めたり（「決定」といいます），約束したり（「合意」といいます）することが必要となります。このように，色々な考えを持った人が決定や合意をするために話し合うことを「交渉」といいます。交渉とは，はっきりとした目的を持って行う高度な話し合いだということもできるでしょう。

　家族や教室だけではなく，日本の社会全体を考えても，人々や企業が互いに交渉によって決定し，約束することができるからこそ，財（食料や衣類等，人間にとって価値のあるモノのことです）やサービス（モノを配達したり病気を治療したり，人間にとって価値のある活動のことです）を生産して消費するという経済がなりたっているのです。

交渉が重要なのは経済の世界だけではありません。日本の国会が国全体の約束ごとである法律をつくることができる（憲法41条）のも，政治の世界で交渉ができるからです。また外国との国際関係を考えても，交渉によって国家と国家の合意，または約束（国際的な合意や約束のことを条約といいます。憲法98条）をすることが重要となります。外国とのおつきあいを「外交」といいますが，外交で交渉が大切なことはいうまでもありません。国と国との間でもめ事（「紛争」とよばれます）がある場合でも，武力ではなくできるだけ交渉で平和的に解決するのが原則なのです（国際連合憲章33条）。

　このように人間は，家族や友だちとの間で，または経済・政治・国際関係等，社会の様々な場面で交渉をして，互いの関係を築いたり，取引をしたりしています。世界は交渉でなりたっているといってもよいでしょう。人が上手に交渉をすることができれば，他人との紛争（もめ事）や国家間の紛争をけんかや戦争になる前に友好的，平和的に解決することができるのです。この本で紹介する色々なポイントを学べば，きっとだれでも上手に交渉できるようになるでしょう。

　1節では，コミュニケーション，話し合い，合意や紛争という言葉を説明して，交渉とは何かということ，そして交渉の重要性を学びました。次の2節と3節では，交渉を学ぶために理解しておいてほしいいくつかのポイントを紹介します。

2.交渉と利害

　この章の最後にあるコラム「オレンジ事件」（→p.13）を見てください。オレンジ事件は，一つのオレンジを姉と弟が取り合う紛争（もめ事）です。この紛争をどう見るかで上手に交渉できるかどうかが変わってきます。

　第一に，姉がオレンジを取ってしまえば弟の取り分はゼロになり，弟がオレンジを取ってしまえば姉の取り分はゼロになるという見方ができます。このように，一つのオレンジをどう分けるか（どう分配するか）と考えて交渉することを「分配型交渉」といいます。

　しかし，オレンジ事件で姉が本当に欲しかったのはオレンジの皮だけ

入門編

理論編

実践編

世界は交渉でできている　9

で，実ではありませんでした。反対に弟が本当に欲しかったものはオレンジの実で，皮は必要ありませんでした。このように，姉と弟が本当に必要なものは何か，必要でないものは何かを考えて，互いの欲しいものと欲しくないものを全体としてうまく組み合わせて（「統合する」といいます）交渉することを，「統合型交渉」といいます。

　以下では，オレンジ事件の姉と弟のように，紛争や交渉の中心となる人たちのことを短く「当事者」ということにします。そして，当事者にとって何が利益になるか，または利益にならないかということをまとめて「利害」ということにします。そうすると，統合型交渉は当事者の利害をうまく組み合わせることによって，双方が得をする解決をめざす方法ということができます。双方が得をする解決（「ウィン・ウィン」の解決ともいいます。**指針3** →p.27）をめざすのが上手な交渉の秘訣です。

　みなさんがコンビニやスーパーマーケットで買い物をするときも，じつは商品を売りたいという店の利害と商品を買いたいという客の利害が一致しているからうまくいくのです。ただ，このような単純な売り買い（「売買」といいます）では交渉はしないでしょう。でも，例えば自分で高価なゲーム機を買いに行ったり，お父さんたちと家の冷蔵庫を買いかえるために電器店に行ったりする場合を考えてください。あなたやお父さん，お母さんはお店の人に，「もっと安くなりませんか」と聞くかもしれません。お店の人は「これ以上安くなりませんが，そのかわりにポイントを増やします」と答えたとします。双方が「それで買います」「はい，ありがとうございます」と合意できれば，交渉成立です。

　ゲーム機や冷蔵庫などのモノの売買では，売る側の当事者（売り手）と買う側の当事者（買い手）の利害が一致してはじめて売買が成立します。法律的には，お金がもらえればあるモノに対する権利（「財産権」といいます）を相手方に渡してもよいという利害を持っている人（売り手）と，その権利を得るためには代金を支払ってもよいという利害を持っている人（買い手）をまず考えます。そして，売り手と買い手がお互いに「売ります」「買います」という約束（合意）をすることによって売買が成立すると定められているのです（民法555条）。もちろん，実際の

10　入門編

売買では当事者の利害は財産権の取得や代金の獲得に限られません。モノをできるだけ早く手に入れたいとか，お金の支払いをしばらく待ってほしいというのも大切な利害ですよね。

　ここでとても重要なことは，モノを手放してもお金が欲しいという売り手の利害とお金を支払ってもモノが欲しいという買い手の利害が互いに異なっているということです。同じ商品を売りたい人と買いたい人がいて世の中の人々の利害が様々だからこそ，売買が成立するのです。人々や企業の利害が互いに対立して紛争になることもありますが，反対にみんなが同じ利害しか持っていないとすれば，人間にとっての重要な経済活動である売買がなりたたなくなります。国家同士の関係でも同じで，世界に多様な利害を持つ国があるからこそ，紛争も生じますが互いの利害を補い合うための国際的な貿易が可能となるのです。

3.交渉，論証，討論，対話

　1節では，決定や合意をするために話し合うことを「交渉」ということを学びました。でも実際の交渉では，まず自分の言い分（「主張」といいます）が正しいということを相手に認めさせようとする場面がよくでてきます。2節で紹介したオレンジ事件（→p.13）でも，姉が「このオレンジは私のものよ」という主張を弟に認めさせるために，「だって私がお母さんにもらったのよ」という主張を追加するかもしれません。このように，自分の主張を「○○だから」という理由によって正しく見せようとすることを「論証」とか「議論」といいます（→p.213）。

　ところが，姉の論証に対して弟が「でもお母さんにもらったものでも姉弟で仲良く分けるべきでしょう」と反論するかもしれません。この反論をすることで，弟は自分の「半分ちょうだい」という主張が正しいという理由を述べているのですから，「でも仲良く分けるべきでしょう」という反論も「論証」なのです。このように，姉も弟も自分の主張が正しいといって互いに論証し合うことを「討論」といいます。英語では「ディベート」といいます。高校生なら高校対抗の日本語や英語のディベート大会に参加した人もいるかもしれませんね。ディベート大会では，どの

世界は交渉でできている　11

高校のチームの論証が最も説得的だったかを審判（ジャッジといいます）が判断して、勝ち負けを決めます。ある紛争が自分たちで交渉によって解決できなくなったら、裁判所に行って裁判官に勝ち負けを決めてもらう「訴訟」というしくみ（→p.107）がありますが、裁判官のことを英語ではジャッジといいます。ディベートと裁判のやり方はとても似ているのです。

ところで、交渉、論証や討論は、共通の問題について決定や合意をするためとか、自分の主張の正しさを認めさせるためという目的を持っています。これに対して、そのような目的がなくても共通の問題を互いに話し合うことを「対話」ということがあります。友だちとのおしゃべりや会話と比べると、対話は、特定の問題に少しまじめに向かい合うのです。

古代ギリシアの哲学者だった有名なソクラテスやその弟子のプラトン、アリストテレスも対話を重視していました（→p.218）。対話が重要なのは、相手と対話を続けるうちにお互いの考えが変わったり、新しい考え方を見つけ出したりする可能性があるからです。このような対話の可能性を重視すれば、対話とは、特定の問題について互いに自分の考えを変えてもよいと思いながら話し合うことだといえるでしょう。

3節では、交渉に加えて論証、討論と対話の意味を説明しました。これらは、社会で大切な役割を果たす言葉の技術、かっこよくいうと「言語技術」ということができます。交渉、論証、討論及び対話という言葉の意味を考えながらそれぞれの言語技術を練習していくと、これらの大切な技術をよりよく学ぶことができます。

最後に、ある言葉に含まれる最も重要なポイントを取り出して、その言葉の意味を明らかにすることを「定義」といいます。例えば、交渉という言葉なら、「決定または合意をするために行う」ことや「話し合う」ことがポイントだと考えられます。交渉のもう一つのポイントは、多様な利害を持った人々が当事者になるということです。そこでこの章のまとめとして、交渉とは、多様な利害を持った人たちが決定や合意をするために話し合うことだと定義しておくことにしましょう。　　　（野村美明）

オレンジ事件

　よい交渉と悪い交渉はどこが違うのでしょう。次のオレンジ事件を読んで考えてみてください。

ナレーター：姉がテーブルの上にオレンジをおいて，何かをはじめようとしています。そこへ弟がやってきました。
弟：あっ，オレンジだ。ラッキー。
姉：だめよ。これは私がお母さんにもらったのよ。
弟：自分だけずるーい。分けてよ。
姉：ダーメ。

ナレーター：言い争いは続きます。
弟：いじわる。半分くれてもいいじゃないか。
姉：しょうがないなあ。じゃあ半分だけね。

ナレーター：半分に分けたオレンジを二人はどうしたのでしょうか？　弟はオレンジの皮をむくなりゴミ箱へポーン。実だけを食べてしまいました。
ナレーター：姉はオレンジの皮をむくと，細かく刻みはじめました。オレンジピールを使ってケーキを焼きたかったのです。

解説
　弟が欲しかったのはオレンジの実、姉が欲しかったのはオレンジの実ではなく皮でした。このストーリーは、兄弟がオレンジを前にけんかをして結局半分ずつに分けることにしたが、じつはもっとうまい解決方法があったという有名な話をもとにしています。
　オレンジ事件は、私たちに色々なことを教えてくれます。二人は、どのように交渉すれば、互いに最も満足のいく結果が得られたのでしょう。「よい交渉をするための七つの指針」（→p.26）の指針1から指針3を参考にして、考えてみてください。

（野村美明）

入門編

交渉教育と法教育をともに学ぶことの必要性

第2章　交渉教育と法教育を
　　　ともに学ぶことの必要性
―「公共」等で交渉と法・社会規範をつなぐ授業を―

1.はじめに

　学習指導要領の改訂ごとに「新しい」教育課程が宣伝され，教育界は高揚して予想の成果水準を高く掲げ，授業を問題化して「今の授業を変えてほしい」と迫り，教育改革の正当性を強調します。このやり方は政治的・権力的すぎて，若干の疑問を感じているのが正直なところです。

　むしろ人々の教育意欲はおかしな状況でもなく，足らざるを補い，児童・生徒の学齢に応じた「各人の生きる力」の質的保障をより着実に進めることが大切と考えます。またスローガンではなく，実際の学校制度等の改善のほうが，教育の質的転換においては有効であると考えられます。

　ときに次期教育課程の要請をみたす試みの一つに，「よい話し合い・対話充実の教育」（交渉教育）と「法や社会規範の意義を身近に考える教育」（法教育）の両軸の充実があるのではないかと私なりに考えています。

　そこで，「交渉・よい話し合い・対話等による合意形成」といった側面を自助や協働的営みから学ぶ功利主義的な交渉教育を，「人間の尊厳」「法の支配」「基本的人権」等の倫理や法理念から学ぶ規範主義的な法教育と，並行ないし接続させる取り組みについて考えてみます。

2.「公共」等で重視する「見方・考え方」と交渉教育の位置付け

　このたびの改訂では，授業の方略として「アクティブ・ラーニングをやってください」と誘導し，「主体的・対話的で深い学びの実現を」」と枠付けされています。これに寄せて考えれば，対話・交渉等によって各人が正負の疑似体験・行為を積極的に取り入れて学び，幸福・正義・公

14　入門編

正に基づいて構想される社会に，自立的交渉当事者として主体的に協働・参画し，各人と社会がともに便益・利益を拡大し，損失・負担等を回避する方法を学ぶことが，改訂の基本枠組みとされているように捉えられます。

すなわち，①「何ができるようになるか」（想定されるコンピテンシー）から，②「何を学ぶか」（コンテンツ）と，③「どのように学ぶか」（ラーニング）が，一体的・有機的につながり，知識の概念的展開から「人間と社会の在り方についての見方・考え方」という視点が活用され，中学校社会科・高等学校公民科等で課題解決・主題設定型の活動主義の授業が行われ，**「公共的な空間にコミットする」**ことに不可欠な主体のキャリア形成の基盤となる資質・能力を修得させる授業がめざされているということができます。

さらに「交渉」という理論や概念に寄せて考えれば，中学校社会科「公民的分野」では「現代社会の見方・考え方の基礎となる枠組みとして，対立と合意，効率と公正などについて理解」させるために，積極的にステークホルダー間の**合意形成に関連する交渉活動**を重視することになります。

あわせて「公共」では，科目名称となる「公共的な空間」といった価値概念に寄せて考えれば，導入の「公共の扉」等で**「対話を通じて互いを理解し高め合う社会的存在」**としての各人が，例えば「行為のよさ・正しさ」「幸福・正義・公正」等に着目し，「各人の利益」と「公共の利益」を高める交渉の結果を想定して，帰結主義的な功利主義の見方・考え方に基づき，自主的に選択・判断することの大切さを学ぶと思われます。

また持続可能な社会づくりのための出口目標では，「個人を起点として自立・協働の観点から，多様性を尊重し，合意形成や社会参画を行うことができ」，国家・社会形成に貢献する人間としての在り方・生き方がオープンエンドに問われることになります。そこでこれらの学習の展開のため，本書例示の多様な社会や事象での「交渉」教材を積極的に取り入れることが適切ではと考えています。

交渉教育と法教育をともに学ぶことの必要性　15

3.多様な交渉での法・社会規範を適切に活用する必要性
(1)「最大多数の最大幸福」の利益の追求型の学習から

　本書の「原則立脚型交渉」は，個人的には各人の内心や利己的満足ではなく，人に中立的な社会総体の利益に着目する功利主義的思考方法を体得する手法と考えています。なお『交渉教育の未来　一良い話し合いを創る　子供が変わる』（野村美明・江口勇治編著，商事法務，2015年）で小学校の教材事例を提示したので，ご参照ください。交渉による利益の拡大と調整は，個人と社会の両方にもたらされる利益であり，「生きて働く力」が社会的に試されており，各人の利害と公共の在り方が，ともに交渉を通じて目標それ自体となるのではと思います。第4章のウィン・ウィン追求型の**「よい交渉をするための七つの指針」**に，プロセスがわかりやすく説明されているので，あわせて熟読してください。

　さて交渉事例の選定やその方法の工夫に役立てるために，「原則立脚型交渉」での選択・判断における功利主義的価値理念を，できれば生徒たちが共有する必要があります。でたらめに，手あたり次第に，取引・売買・交換・分配等の交渉を行うことはむしろ危険で，「交渉の意義」を社会の中で基本的に理解してから，教材や事例を適切に選択する経験を行う必要があるのではないかと考えます。まさに交渉のための事前学習こそが交渉につながるもので，過去や先例との対話，交渉的な学習経験，例えば「人々はなぜ互いに協力して，公共的なことに価値を見出すのか」といった課題を設定する学びは，交渉の意義を現代において学ぶ手がかりとなります。ここでベンサムやJ.S.ミルがもたらした「社会についての功利主義的な見方・考え方」を学んでみてはどうでしょうか。

　ちなみに「交渉の七つの指針」を簡略して英語表記すると，

　①Relationship（関係），②Interest（利害），③Options（選択肢），④Legitimacy（客観的基準），⑤BATNA（最善の代替案），⑥Commitment（約束），⑦Communication（よい伝え方）です（各詳細はp.26）。

　この英語に込められた倫理的価値を近代資本主義の発展過程で整理することなども，学習のよい導きになるかもしれません。

　現代における合意形成・取引交渉・売買交渉・社会参画といった問題

16　入門編

の解決場面で見られる，各人と社会の利害問題の解決方法の一つとして，「よい話し合いを経験・体験してみてはどうでしょうか。あわせて自分の利益も公共の利益もともにはかれる解決策を探ってみなさい」ということが交渉教育の肝要なところです。「最大多数の最大幸福」をみたす功利主義的な解決方法として，ウィン・ウィン追求型の「三方よし」（→p.32）の合意形成を，必修科目「公共」でも一つの範例学習のように，求めるような面があります。「公共的な空間」での利益概念に寄せた理解として，ぜひ交渉場面を設定することを試してみてください。

　ところで「幸福」を快楽計算的に捉えるだけでなく，「正義・公正」等の理念的・義務論的な側面から社会を理解することや，各交渉当事者間の公正な関係を理解すること等，規範主義的な法教育もこの過程で位置付けると，学習の質が一段高まると個人的には思っています。そこで次に法教育の位置付け方に関して論じてみます。

(2)「公平・公正・正義」の社会的意義を学ぶ法教育の要素を

　功利主義的に社会的利益や各人の利益を調整する過程では，④「客観的基準を強調する」ことが避けられません。

　「公共」でも「合意形成や社会参画を視野に入れつつ」，協働的な課題解決的な学習で各生徒が構想したことを「妥当性・効果・実現可能性などを踏まえて」，互いに議論することをめざすことが授業の基本設計となっています。とすれば「妥当性・効果」ばかりでなく，「公共的な空間」での「妥当性・合理性」等の作業的な概念による正しさの指導も不可欠です。法や社会規範を正統的な価値であるとする交渉教育と法教育の融合，あるいは接合が必要ではないかと考えます。

　なお「人間と社会の在り方についての社会的な見方・考え方」をもとに「平和で民主的な国家及び社会の有為な形成者に必要な公民としての資質・能力」の形成にあっても，「個人の尊厳」「基本的人権の尊重」「法の支配」「寛容」「相互承認」等々の多様な社会を構成するのに不可欠な理念や規範の存在が肝要になることは間違いありません。紛争の交渉・解決等での「交渉」力ばかりでなく，「第三者による調停」「裁判所にお

交渉教育と法教育をともに学ぶことの必要性　17

ける訴訟」等の法的な基準をいかす力が求められます。であれば，交渉と法の両軸から価値や解決策を考える学習経験をもっと充実させるのが，筋の通ったカリキュラム・マネジメントのように思います。

「行為の結果」に着目する功利主義的な選択・判断の流れでは，まずは自分・個人の利益を前提としつつ，社会的文脈に「主体」が「中立的」に位置付けられ，自分だけでなく公共を支える主体間の幸福・効用の総和に目が向けられ，自助・公助・共助から得られるウィン・ウィンの相互利益が合意としてはかられ，この利益調整や合意形成において「客観的な基準」が適正に評価され，もし「主体」の損失が多すぎるときには，その選択・判断を回避することを選択する，ある種，帰結主義的な「見方・考え方」に多くを立脚していることになります。

他方，自由・責任を基礎とする意思決定の表明としての「約束」の在り方と，これらのすべてのプロセスでの「コミュニケーション」の必要性とは，必ずしも功利主義ではなく，自主・自由に立脚する「各人の動機」や社会に人々が絶えず要請する「安心・安全を支える公共の福祉」等の公平・公正な社会理念や規範を実現しようとする法や社会規範に寄せて学ぶことのほうが，適切なもののように見えます。第4章の「三方よし」（「売り手よし・買い手よし・世間よし」の交渉プロセスの理想モデルといわれる，近江商人の商売規範）でも，公正な価値的選択・判断が自助・公助・共助により生きて働く社会の幸福と位置付いていればこそ，「よい交渉」となります。また，「公共的な空間」を支える主体の社会参画への積極的コミットメント（約束）は，各人に共通の意思の展開でもあります。「対話」「よい話し合い」も，互いの尊厳や人間としての在り方・生き方が承認されて，可能な流れになります。

以上のようなことを念頭におけば，「公民的分野」「公共」特別活動等で「交渉」の考え方と「法や規範」に見られる法的な考え方を関連付けた交渉活動が，相当程度これからの学習では役立つものと考えます。

（3）法教育の原理・原則をいかすことへ

個人的に法教育を論じ，法律専門家の見方・考え方を，もっと子ども

目線に立って学ぶ適切な「原則立脚型交渉」の法教育の在り方を模索してきました。そして『わたしたちの社会と法教育 ―学ぼう・法教育』（関東弁護士会連合会編，商事法務，2016年）を協力して刊行し，「法教育の基本的価値・概念」に基づく法教育を提起してきました。

同書はアメリカ法曹協会の『法教育の諸基礎』を参考に，法教育を「法の下での子供の諸権利・責任を学ばせ，紛争問題に正対させ，解決に向けた追究を要請し，公共の課題・問題を法に基づき議論し，解決策を検討させる，アクティブ・ラーニングの経験を提供する」ものと捉え，日本での法教育の在り方を示しました。

そこでは「法教育で教えるべきこと（知識編）」として，法の概念的・理論的理解のために，法律家の経験等から九つの概念を整理しました。すなわち①この世で最も大切な価値としての「個人の尊厳」，②互いの人格を認め合うための「平等」，③自分で自らの幸福を求めて生きるために必要な「自由」，④自分の利益と他の人の利益を実現する「公共」性，⑤法の基本的価値から導かれる「権力と権威」，⑥人・場面によって色々な意味で使われる「正義・公正」，⑦色々な種類・質の「責任」，⑧社会生活を営み第三者と関係を結ぶ基礎となる「信頼」，⑨正しい事実による「真実」の構成，の九つです。そこで，これらの考え方や概念を適宜適切に，交渉教育に活用してはどうでしょうか。

これらの法の基本概念で培われる，各人の良心・公正・正義・真実等を重視しようとする法感覚は，法的な論争問題の擬似的な討論過程で役立つばかりでなく，「原則立脚型交渉」の七つの指針とも相当に関係してくるものです。交渉教育と法教育を両軸にして公民教育を考える営みは遠大な目標ではなく，自分や自分の周りの人がともに幸福に生きること，またともに平和に暮らすことにつながる教育ではないかと感じるからです。そこであまり授業の評価などといった操作的な概念に惑わされることなく，「語って，変われる」アクティブ・ネゴシエーションとして，子どもを信頼し，先生の肩の荷を下ろす教育に時間を割いてみませんか。本書を手に取られたら，交渉教育を広げるために企画されている「交渉コンペティション」に，ぜひ生徒を誘ってみてください。　　（江口勇治）

交渉教育と法教育をともに学ぶことの必要性　19

入門編

第3章　中・高公民で　交渉教育の授業を創る

1.はじめに　―文化祭の使用教室をめぐって―

　私が勤務している学校は，行事が盛んです。5月に音楽祭，9月に体育祭，11月に文化祭があり，この三つの行事は「三大行事」とよばれて学校の伝統となっています。生徒は，三大行事に向けて一生懸命練習したり，準備をしたりして学校生活に打ち込みます。

　一生懸命になればなるほど，もめ事も起こりがちです。例えば，文化祭の準備のとき，一つの教室をめぐって二つのクラスの責任者がもめたことがありました。どちらのクラスも私が担任をしている学年です。ニクラスとも演劇をする予定でした。そのためには，ドアが二つある教室を使いたいと，二クラスとも文化祭実行委員会に申請をしていました。ドアが二つある教室は限られていて，私の学年が使用できる教室は一つしかありません。ドアが二つある教室をめぐって二クラスが争うという構図でした。文化祭実行委員会は，ホームルームとして日常的にその教室を使っている片方のクラスに使用させることにしました。しかし，使用教室が決定したあとになって完成した脚本が公開されると，問題となった教室を使うクラスの脚本では必ずしもドアを二つ使わなくても演劇の進行上問題ないようにも思えます。そこで，ドアを二つ使わなくてもよいのであれば使用する教室を交換してほしい，という意見がもう一方のクラスからでてきました。それに対して問題の教室を使うクラスは，いったん決まったことなのだから今さら変更はできないといいます。これは文化祭実行委員会，学年の担任団を巻き込んだ話し合いに発展しました。話し合っても，互いに主張を譲らず，平行線のままです。

　このようなとき，どのようにもめ事を解決すればよいのでしょうか。また，このようなもめ事を解決するためには，どのような技能や考え方を身に付けておくとよいのでしょうか。

　もめ事を解決するための有効な手段の一つに交渉があります。交渉で

20　入門編

用いる技能や考え方は，文化祭の使用教室をめぐるもめ事のような中・高生にとって身近なものだけでなく，ビジネス等の契約のもめ事，地域のゴミ置き場をどこにつくるかといった地域のもめ事，道路建設や河川改修事業等の都道府県や国政レベルのもめ事，地球環境問題といった国際社会レベルのもめ事や話し合いの場面でも活用できます。

　交渉で用いる技能や考え方は，小学生・中学生・高校生の段階で少しずつ学習していくことができます。その交渉教育の必要性，育成すべき技能や考え方，教材開発の視点を本章では考えていきます。

2.なぜ中・高公民で交渉教育が必要なのか

　そもそもなぜ，学校教育で交渉で用いる技能や考え方を身に付け，他者と対話しもめ事の解決をはかる能力を育成する教育（交渉教育）が必要なのでしょうか。

　学校教育における交渉教育の必要性は以下の二点にまとめることができます。第一に，現在の社会では公正に話し合うことが重要ということです。現在の社会は，様々な文化的背景や価値観，国籍をもった人々が共生する社会です。多様な価値観をもった人々がともに生活を送っていく社会では，もめ事が必然的に起こります。それぞれ違う背景をもった人たちが社会をともにつくっていくためには，互いに話し合い，もめ事を解決していく必要があります。もめ事を解決するときには，解決の内容，解決の方法がともに公正であることが必要です。他者と共生しながら自由で公正な社会をつくっていくために，現在の学校教育には，私的自治，すなわち，自分のことは自分で決め，決めたことに責任を持ちながら社会をつくっていく態度を育てることが求められています。私的自治原則にのっとり他者ともめ事を解決していくときに有効なのが，交渉で用いる技能や考え方なのです。第二に，社会から学校教育で交渉で用いる技能や考え方を身に付けることが求められていることです。例えば，2003年のOECD（経済協力開発機構）のDeSeCo（コンピテンシーの定義と選択）プロジェクトのキー・コンピテンシーの中には「交渉する力」，「できるだけ異なる立場があることを知り，現状の課題と危機にさらさ

中・高公民で交渉教育の授業を創る　21

れている利害，すべての面から争いの原因と理由を分析する」といった
項目があります。社会の中の学校である以上，社会的要請に応えること
も必要でしょう。以上が，学校教育における交渉教育の必要性です。

　交渉教育は小学校，中学校，高等学校と連続して行っていくことが必
要です。小学校における交渉教育については『交渉教育の未来』に詳し
く述べられているので，本章では中学校・高等学校に絞ります。中学校・
高等学校における交渉教育は，社会科や公民科，特別活動，特別な教科
「道徳」などで行うことができるでしょう。そのなかでも中心となるの
は社会科や公民科でしょう。社会科や公民科では「対立と合意，効率と
公正」，「幸福・正義・公正」といった見方・考え方を活用して，もめ事
を解決したり合意形成をしたりさせる単元があること，契約や民事紛争
といった私法にかかわる単元があることが理由としてあげられます。そ
のため，本章では社会科や公民科における交渉教育を中心に考えていき
ます。

3.どのような見方・考え方を習得・活用するのか

　交渉教育で習得させ，もめ事の解決の際に活用させたい見方・考え方
は以下の三つです。

　第一の見方・考え方は，交渉学の大家フィッシャーとユーリーによっ
て提唱された交渉の七つの要素です。詳しくは，本書の入門編第4章で
述べられています。七つの見方・考え方のうち重要なものが，BATNA
（→p.30）です。BATNAとは，交渉がうまくいかなかった場合の最善
の代替案です。BATNAを用意しておくことによって，交渉の結果得ら
れる利益がBATNAがもたらす利益を下回る場合，合意しないという選
択ができるようになります。BATNAがもたらす利益に対応する合意内
容が，最低基準となるわけです。例えば，友だちからタブレットを一台
購入するときのBATNAの候補としては，同じ性能のタブレットを家電
量販店で購入する，同じ性能のタブレットを売ってくれる別の友だちを
探す，同じ性能のタブレットをインターネットで購入する等があります。
これらの候補の中から，「ほぼ同じ性能のタブレットを家電量販店の○

22　入門編

○家電で，10万円で買う」と設定します。これがBATNAです。友だちが同じ条件で絶対に10万円より安く売ろうとしなければ，交渉をやめて家電量販店に行くことになります。

　第二の見方・考え方は，ZOPA（合意可能領域）です。例えば，自分が友だちに腕時計を売る場合，売り手である自分のBATNAが1万円，買い手である友だちのBATNAが1万5千円だとします。この場合のZOPAは1万円と1万5千円の間です。ZOPAがあれば交渉して合意する可能性がありますが，ZOPAがなければいくら交渉しても意味がありません。ZOPAを見極めることが必要となります（下図参照）。

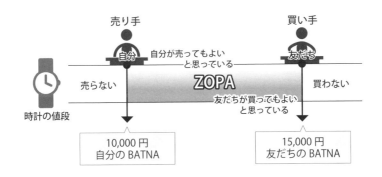

　第三の見方・考え方は，①パレート効率性，②公平性，③手続き的正義という，解決や合意が本当によかったのかを評価する見方・考え方です。①パレート効率性は，社会のだれかの効用を犠牲にしなければ，他のだれかの効用を高めることができない状態のことです。これは，パイを広げて双方にとって有利な選択肢を考え出す，ということと同じです。交渉の結果，パレート効率性が実現されているかという観点で交渉を評価することができます。②公平性は，自分の得た利益の割合が他者の利益と同じと感じることです。公平でないと，長期的に考えたときの互いの利益は損なわれがちです。③手続き的正義は，もめ事の解決に至る手続きの正当性です。合意に至るまでに十分に話し合えたという納得感はあるか，発言の機会や時間は確保されたか，紛争当事者間の情報に大きな格差がなかったか，という観点から交渉を評価することができます。

4. どのような視点で授業を創るのか

　私は交渉教育の授業を創るとき，次のような視点を心がけています。

　第一に，私的自治の考え方に基づいて教材開発をするということです。私たちの社会は，自分のことは自分で決め，自分の行動について自分で責任を持つという私的自治の原則に基づいています。これは，近代民法の大原則の一つなので，何かもめ事が起きたときには自分たちで話し合って解決するという基本的な考え方を念頭において教材を検討することが大切です。

　第二に，生徒が身近に感じ，当事者意識を持てるような問題を取り上げるということです。これは社会科や公民科の授業ではずっといわれてきたことですが，話し合いを行う交渉教育ではより一層大切になります。当事者意識がないと，なかなか生徒間の話し合いが活発になりません。いわゆるアクティブ・ラーニングの授業をする場合，私たち教員はすぐに生徒を動かしたくなりますが，生徒を動かす前にじっくりと時間をとり，当事者意識を高める必要があります。

　第三に，話し合いの場面を設定するということです。交渉教育の授業は，交渉で用いる技能や考え方を活用してもめ事を解決したり合意をつくったりする授業になるため，必然的に話し合いの場面が設定されます。この話し合いの場面設定では，現実の事例であれば細かなことも事前に調べておいて，架空の事例であれば細部まで設定しておいて，生徒に提示することで，より交渉で用いる技能や考え方を活用する授業になると考えます。

　第四に，解決や合意ができない場合や，合意する必要がない場合も想定するということです。BATNAを考慮した結果，合意しないということはあり得ます。また，個人の信条にかかわる価値の対立等は合意が難しいでしょう。その場合，無理にすべてを合意するのではなく，合意できるところに焦点を合わせて合意するということもできます。また，ダム建設の是非等のように，○か×かといった二者択一的な場面では，合意するという結果ではなく，手続きに注目することが大切となります。「これだけきちんと話し合いをしたのだから，最終案には従おう」とい

24　入門編

う考えに至るようなプロセスを学習させることが重要になります。これは，前に述べた手続き的正義を重視するということにもなります。もめ事が起きたとき，基本は当事者間の交渉ですが，どうしても合意できない場合は司法の利用があることを教えることも大切です。これは，教科書にも載っている「裁判所」の単元と関連して学習を進めることができます。

5.おわりに ―文化祭の使用教室，その後―

　文化祭の使用教室をめぐるもめ事から出発して，交渉教育の必要性，育成すべき技能や考え方，教材開発の視点を考えてきました。文化祭の使用教室をめぐる話し合いは，どうなったのでしょうか。私は，クラスの責任者同士の言い合いを聞いて，まさにこれは交渉で用いる技能や考え方が活用できると考えていました。そして，一通り双方が主張し合ってから，文化祭実行委員も含めて次のような表を書かせました。

	A組	B組	文化祭実行委員
主張	ドアが二つあるA組の教室を使いたい。	ドアが二つあるA組の教室を使いたい。	双方の意見を聞いたうえで解決したい。
利害	今さら教室変更があったらクラスのみんなに申し訳ない。	お客の動線上，割り当てられた教室は集客が見込めないから，集客が見込める場所でやりたい。	・早急に解決したい。 ・自分たちの使っている部屋には荷物をおきたい。

　利害に焦点を合わせて双方にとって有利な選択肢を考えて話し合いをした結果，A組は文化祭実行委員会の決定通りドアが二つある教室をそのまま使うこと，B組はより集客が見込める教室（文化祭実行委員会が使用していた教室）を使うことになりました。文化祭実行委員はあまり教室にいないので，場所はそんなに問題ではなく荷物をおくスペースがあればよかったのです。

　使用教室をめぐるもめ事はこれで一件落着となりましたが，行事に関しては大小を問わずなんらかのもめ事が発生するのが常です。まだまだ交渉教育の出番は続きそうです。

（小貫　篤）

中・高公民で交渉教育の授業を創る　25

入門編
よい交渉をするための七つの指針

第4章 よい交渉をするための七つの指針

1.はじめに

　第1章では，多様な利害を持った人々がものごとを決定したり合意したりするために話し合うことを「交渉」ということ，そして交渉についてのいくつかの重要な考え方を学びました。交渉は，人と人，人と会社や国が互いに結び付き，調和を保った状態（「秩序」といいます）をつくるためになくてはならないものです。いいかえれば，人間が社会の中で平和に暮らしていくためには，上手に交渉することが大切なのです。

　よい交渉をするためには，次の七つの指針がとても参考になります。交渉の七つの指針は，アメリカのハーバード大学の授業で最初に用いられました。日本でも「ハーバード流交渉術」として広く利用されています。この指針を使ってよい交渉ができるように練習しましょう。

2.交渉の七つの指針

指針1：人と問題を切り離そう

　みなさんは，話し合いがうまくいかないときに，相手が悪いからだと相手のせいにしていませんか。よい交渉をするために大切なことは，みんなが一緒になって問題を解決しようと努力することです。交渉をする「人」ではなく，何のために交渉をするかの出発点となった「問題」に注目しようというわけです。

　指針1 は，「人に対してはやさしく，問題に対しては強くでる」といいかえることができます。この指針の強みは，あなたがたとえ相手と仲が悪くても，信頼していなくても，交渉ができることです。仲が悪い相手とも協力して問題を解決することができることは，学校だけではなく，政治や外交の世界でとても重要な力となります。

　第1章のコラム「オレンジ事件」（→p.13）を解決するための一つの方法は，力の強いほうがオレンジを取ってしまうことです。例えば姉が

26　入門編

弟に腹を立ててオレンジを独り占めしてしまうかもしれません。

　二つ目の方法は，けんかをしてお互いに腹は立つけれど，それはおいておいて，「しょうがないなあ。一度話し合ってみよう」と二人で交渉をすることです。大切なことは，お姉ちゃんが意地悪で弟が厚かましいというような人の性格や感じ方ではなく，一つのオレンジをどう分けるかという問題だと考えて話し合いをすることなのです。

指針２：立場ではなく利害に焦点を合わせよう

　指針２は，ある問題について相手と自分の言い分が違うときに，対立する言い分（立場）ではなく，その根っこにある理由（第１章で学んだ「利害」という考え方です）を重視しようという意味です。

　例えば，オレンジ事件で，「このオレンジが欲しい」というのが「立場」です。でも「オレンジが欲しい」という立場をとる理由（利害）は，それぞれ違います。姉の利害は「ケーキをつくるために皮が欲しい」で，弟の利害は「実が食べたい」でした。

　指針２は，「相手の利害を探ってみよう」といいかえることができます。反対にいうと，理由や利害を知らなければ，相手がどうしてこんな立場をとっているのかが理解できないのです。相手の利害を理解するためには，自分があの人ならどう考えるだろう，どう感じるだろうと「相手の立場に立って考える」ことが大切です。

　オレンジ事件で互いに根っこの利害が理解できれば，弟「なんだ，ぼく皮なんかいらないよ。お姉ちゃんどうぞ」，姉「実が欲しかったんだ。あげるよ」となるかもしれません。こうすれば，次の指針３の双方にとって有利な選択肢につながることでしょう。

指針３：双方にとって有利な選択肢を考え出そう

　指針３は，ある問題を話し合うときに一つの解決方法にこだわらないで，いくつかの解決方法を考えておいて，その中から自分も相手も双方が満足できる解決方法を見つけることです。いいかえれば，「まず複数の選択肢をつくり，決定はそのあとにしよう」ということです。選択

よい交渉をするための七つの指針　27

肢のことを「オプション」ということがあります。

　選択肢を考え出すときには，「ブレーンストーミング」の方法が役に立ちます。ブレーンストーミングとは，相手の発言を批判しないで互いに自由に発言し合って，そのあとでそれぞれの発言のよいところや共通の部分がないかを話し合うことです。

　オレンジ事件で姉と弟がブレーンストーミングをしていたら，「皮」と「実」に分けるという双方が満足する方法をすぐに思いついたかもしれません。これが **指針3** の双方にとって有利な解決です。次の例で，どの場合が二人の満足度が大きいかを考えてみてください。

- -

　| 例4−1 | オレンジ事件と双方にとって有利な選択肢
　　　　　①交渉をしないで姉がオレンジを独占する。
　　　　　②交渉してオレンジを半分ずつに分ける。
　　　　　③交渉して，姉が皮をもらい弟が実をもらう。

解決法	交渉	姉の満足度	弟の満足度	合計
解決法A （現状）	交渉なし 姉が独占維持	100％	0％	100％
解決法B	交渉 半分ずつ	50％ 解決法Aより 不利	50％ 解決法Aより 有利	100％ 解決法Aと 変わらない
解決法C	交渉 姉：皮　弟：実	100％ 解決法Aより 不利でない	100％ 解決法Aより 有利	200％ 解決法Aより有利

「双方にとって有利な選択肢を考え出す」とは，少なくとも交渉当事者のだれも損をしないで双方の満足度の合計を現状より押し上げるような合意（パレート改善となるような合意）をめざすことを意味する。パレート改善とは：http://blog.livedoor.jp/negotheory/

- -

　交渉をしなかったときと交渉をしたときを比べて，交渉をしたときのほうが二人の満足度が大きければ成功です。両方が得をするので，ウィン・ウィンの解決ということもあります（→p.53）。②の交渉をしたときの姉と弟の満足度と，③の交渉後の二人の満足度を比較してみてください。②より③の満足度の合計のほうが大きいときは，③の解決方法が双方にとってより有利な選択肢といえます。

28　入門編

指針４：客観的基準を強調しよう

　客観的基準とは，交渉をしている人たち以外の人（第三者）でも認めてくれるような基準のことです。外部の基準ともいいます。自分たちと相手の人たちとの意見が対立している場合に，自分たちの基準や相手の基準で判断しようとしても互いに満足できません。第三者でも受け入れることができる外部の基準なら，双方とも公平な基準として受け入れやすいのです。

　客観的基準を強調することは，相手にも受け入れてもらえる論拠（なぜなら○○だからという理由のこと→p.213）を示すという意味で，「正当性を示す」ともいいかえられます。

　例4−2　あなたは自転車で狭い道路を走っていて，広い道路と交差する場所にでてきました。この交差点は信号がないのですが，広い道路には車の姿も見えないので，スピードを落とさないで渡ろうとしました。ところが，車に注意していて広い道路の右側から走ってくる自転車に気がつかなかったので，その自転車にぶつかってしまいました。幸いあなたもぶつかった相手も怪我はなかったのですが，あなたの自転車も相手の自転車も相当壊れてしまいました。相手は「壊れたのだから修理費を出してくれ」といっています。でもあなたは心の中で「自分の自転車も壊れたのだし，相手は広い道路を走っていて自分より速く走っていたようだから，相手も悪い」と思っています。

　例のような事故の後始末を交渉する場合には，法律の決まりが客観的基準になります。

　例えば法律には，道路が交差しているところでは，交差している道路を走ってくる自動車や自転車に注意して「できる限り安全な速度と方法で進行しなければならない」（道路交通法36条４項）と書いてあります。しかし，狭い道路を走っている自動車や自転車が幅の広い道路にでようとするときには「徐行しなければならない」（道路交通法36条３項）とも書いてあります。このような法律上の基準を知らないで交渉する場合と，法律上の基準を用いて交渉するのとでは，交渉の結果は違ってくるはずです。

よい交渉をするための七つの指針　29

指針5：最善の代替案（BATNA）を用意しよう

オレンジ事件で弟が交渉による解決ができなかった場合を考えてみるとすれば，いくつかかわりになる解決案を思いつくことでしょう。
例4－1 の①姉に独り占めさせる案のほかにも，お母さんに決めてもらう（「仲裁」してもらうといいます），お父さんに間に入ってもらって助けてもらいながら姉と交渉する（「調停」してもらうといいます）等，いくつか考えられます（→p.107）。交渉にかわる解決案のうちで最もよい案，それが最善の代替案です。弟にとっての最善の代替案は何でしょう。

交渉の専門家の間では，現在の交渉がうまくいかなかったとした場合の最善の代替案（英語ではBATNA，バトナと読みます）または不調時対策とよばれています。現在進行中の目の前の交渉のなかでの最低水準（ボトムライン）とは区別することが必要です。

次の例でさらに詳しく見てみましょう。

例4－3　Ａさんが遠くの大学に入学する子どものために冷蔵庫を買うとします。電器店Ｄは６万円だといいます。

Ａさんが事前にネットショップで調べたところ，価格は５万５千円でしたが配送料が２千円でした。このことからＡさんの最善の代替案（BATNA）は，Ｄ店で交渉しないでネットショップで買うことになります。

ここでＡさんがＤ店の店員に，「配送料込みで５万８千円なら買う」といったとすれば，Ａさんの最低水準（ボトムライン）は配送料込みの５万８千円となります。ネットショップで買うと，Ｄ店で今買うより時間がかかるし面倒（時間と労力という「費用」がかかるといえます）ですが，金額的にはＤ店で買うより安いので，ＡさんはＤ店との交渉のためのとても強力な最善の代替案を持っていることになります。ネットショップで買うという最善の代替案を考えておいたＡさんは，Ｄ店と強気で交渉できるでしょう。

30　入門編

指針6：約束（コミットメント）の仕方を工夫しよう

　約束というのは，自分が何をするのかを相手に示すことです。次の例では交渉は必要ありませんが，約束の仕方を工夫することがいかに強い力を発揮するかを示しています。

　例4−4　ネットショッピングの売り手は，買いたい人がパソコンの画面でクリックするだけで商品が手に入るようにすると，買ってもらえる確率が高くなります。この方法は，商品の売り手が買い手にパソコンの画面を通じて，「クリックしてくださるだけでこの商品を今画面に表示されている特別価格で売ります」という約束をしているのです。でも，このようなやり方は悪用されるおそれがあるので，注意が必要です（特定商取引法14条1項2号および特定商取引に関する法律施行規則16条，政府のサイト「特定商取引法ガイド」参照。http://www.no-trouble.go.jp/）。

指針7：よい伝え方（コミュニケーション）を工夫しよう

　コミュニケーションとは，互いに理解しようとするやりとりのことです。相手に理解してもらうために話すことと，相手のことを理解するためによく聞くことが大切です。しばしば「聴く」という言葉も使われます。伝え方には，わかりやすい言葉だけではなく，声の大きさや手振りや身振りや図を書いて説明したりする工夫が含まれます。

　よく伝えるためには，何のために話すか，自分の話が相手に伝わっているかを確認しながら話すことが重要です。「おしゃべり」はよいコミュニケーションではありません。また，私はあなたの話を聞いていますよという「傾聴サイン」を送ることで，交渉の雰囲気をよくすることができます。

　相手のことを理解するためには，疑問に思ったことを聞いてみる，つまり質問してみることも重要です。オレンジ事件では，どちらかが「どうしてオレンジが欲しいの？」と質問してみれば，指針2のように，対立しているように見えた姉と弟の言い分の根っこにある本当の利害が理解できたことでしょう。

（野村美明）

理想的な交渉 —三方よし—

　指針3 に従って交渉をしている人たち全員が得をする合意ができたと思っても，交渉に参加しなかった多くの人たちや社会全体から見ると損になってしまう例として「談合」があります。

公民館建築工事の談合
　市や町等が公民館を建てるときには，できるだけ安い価格で建築できるように，建築工事をしたい会社がそれぞれ自分の会社ならいくらの価格で請け負うかを申し出て，原則として，一番安い価格をつけた会社に工事をさせるという方法（入札制）をとります。建設会社にとってはできるだけ高い工事費で注文してもらったほうが得ですが，入札制では他の会社が自社より安い価格を申し出てしまうかもしれません。そこで，この工事を受注したいと思う会社がみんなで話し合って，あまり安い価格をつけないようにすることがあります。このような交渉を談合といいます。
　談合は，参加した建設会社にとっては利益が確保できるので得になるかもしれませんが，談合をしなかった場合に比べて公民館の建築費用が高くなってしまうので，市にとっては損になります。もちろん，税金を払っている市民にとっても損になります。このような談合は，「不当な取引制限」として禁止されています（独占禁止法2条6項と同3条）。また，そのような交渉に参加した人は，「公正な価格を害し又は不正な利益を得る目的で，談合した者」として，罪になります（刑法96条の6第2項）。

　昔の滋賀県（近江国）の商人には，「売り手よし，買い手よし，世間よし」という商売の指針がありました。これは「三方よし」といって，売り手と買い手がともに満足（ウィン・ウィン）するだけではなく，社会にも損をさせないのがよい商売だ，という意味です。
　三方よしという商売の原則は，交渉の理想を表したものともいえます。

（野村美明）

第2編
理論編

　この編では，中学校や高等学校で学ぶ政治，法，経済，国際政治・経済，情報，倫理といった学習内容と，話し合い（交渉）がどのように関連するのかについて解説します。実践だけでなく，理論を確認できるようになっています。

第1章　政治と話し合い
―交渉は私的自治を実現する―

1.政治空間における交渉を見極める

　政治と交渉はもともと親和的であるといえますが，そのイメージは必ずしもいいものではないかもしれません。すなわち政治の世界といえば金や権威が入り乱れ，政治家は権力闘争に明け暮れ，相手を出し抜くような交渉が日常であるというイメージです。そもそも政治の本質が調整であるため交渉が求められるということをまずはおさえる必要があるでしょう。とはいえ，やみくもに「政治＝交渉」とするのは強引にすぎます。なぜなら皇帝や王が圧倒的な力をふるっていた時代には，今より交渉のチャンスははるかに少なかったと考えられるからです。力の均衡がとれていなければ，交渉の余地は乏しく決定は上からくだされます。交渉が可能な状態は，政治の世界において極めて重要な意味を持ちます。

　さて，もう少し具体的に考えてみましょう。政治の局面で交渉ごととなれば，多くの人が真っ先に思いつくのは外交交渉でしょう。外交の現場では様々な利害が入り組み調整が難しいことから，だれしもが納得できるようないわゆるウィン・ウィンの関係がつくりづらく，そのため裏約束や秘密工作が当たり前のようにプロセスの中に組み入れられています。解決の内容・方法の公正さを重視する立場からすれば，一見するとこれは陰険で非常な不正義のようにも見えますが，全体としてはこうした水面下のやりとりも交渉に含まれ，一定の妥協を生むためにその存在はむしろ必須なものかもしれません。国家間，政党間，政治家個人間であっても，公の場における交渉では互いの主張を真っ向からぶつけざるを得ず，譲歩は弱腰と受け取られその地位がおびやかされかねないこともあって，あくまで強気の交渉スタイルが選択されます。よって公の交渉ステージは最初からセレモニー的なもので，実質的な交渉は「闇取引」や個人の人間関係を通じて行われることになります。

2.戦争は交渉の失敗か

　国家間の外交交渉の決裂が戦争という事態を生むことを私たちは知っています。すなわち，戦争は交渉の失敗の結果ということです。これは正しいでしょうか。こうした見方がでてくるのは，戦争という行為が破滅的な，特に人命を大いに損なう事態を招くからであると考えられます。多くの人々は戦争を避けたいと思っていますし，戦場と銃後の区別がつかなくなってきた現代では特にそうした思いは強くなっているでしょう。一方，開戦の決定権を実質的に握る一部の指導者の意識は昔となんら変わるものではありません。彼らは形式的には，民族や社会，国家のリーダーとして，その利益を最大化するため他の勢力と交渉します（本質的には指導者個人の栄誉や顕示欲，他者を支配する心地よさや戦争によって得られる快感が彼らを動かすことになるわけですが，ここではおいておきます）。この際，軍事力の背景があるのとないのとでは相手に与える影響が段違いです。交渉の成否はその背後にある力にかかっているわけで，これは特に国際政治では常識中の常識です。庶民には戦争は交渉の失敗ゆえもたらされる結果のように見えたとしても，政治指導者にとっては戦争も一つの交渉カードにすぎないといえます。

　このことを，また別の角度から考えてみましょう。戦争は当然のように戦闘行為，平たくいえば殺し合いを含むことになるので，そこに交渉のチャンスなど一切ないものと考えがちです。しかし実際には戦争のあらゆる場面で，様々な交渉を見ることができます。終戦工作はその顕著なものですが，捕虜の交換など作戦行動全般にわたって交渉はつきものです。こうした状況は，戦争から離れた個人間の争いにおいても同様です。たとえ激烈なけんか状態に突入したり，裁判になったりしたとしても，交渉自体は様々な段階で継続されていくものです。だから，個別の交渉でもしかして「失敗した」と思われることがあったとしてもそれは延々と継続していくものなので，その都度対応すべきであるといえます。そこで政治と交渉では，あきらめず粘り強い姿勢が重要となります。たとえ人々が殺し合うような極限の事態になったとしても，交渉することを放棄してはいけないということです。

政治と話し合い　35

3.党派性と政治力

　政治と交渉を考えるうえで，党派性の議論は欠かせません。資源が有限である以上，その優先的な配分にあずかるには権力を構成することが必要になります。政党間や暴力団同士の争いはよく話題になりますが，彼らも様々な交渉によって組織の維持とその拡大をはかっていきます。党派を構成する過程でも無数の目に見えない交渉が繰り返されています。例えば，企業人は出世や社内での地位確立のため派閥をつくりますし，新入生はクラスの中で仲間グループを形成し，居心地のよい雰囲気づくりに励むことになります。もっともこうした交渉に嫌気がさすか元来興味がないものとして党派に与しない生き方もできるでしょう。しかし，利益が支配的な党派に優先的に配分される一方，不利益はまずは従属的な党派ないし「無党派」にもたらされるのが世の常です。こうしたことに敏感にならなければならないのは，個人の交渉も実質的には自分が属する組織や団体，派閥の潜在的交渉力によることになるからです。

　もう一つ党派性に関連して大切なのは，上のような状況は社会によって大きく異なるということです。例えば，ある一つの強い統制力を有する宗教が支配する社会では，徒党化の影響は限定的で他者に対して一定の仲間意識を持つことから，交渉も比較的緩やかになると考えられます。他方，こうした縛りのない社会では徒党を組む影響は大きく，交渉における政治力は決定的なものとなります。交渉は本来相手方への配慮と互いの譲歩をベースにすべきものともいえますが，そのような社会における交渉は一方的に譲歩を迫るものになりがちです。リストラを迫る会社と労働者の交渉は後者にとってはもはや交渉の体をなしておらず，単に「負け戦」でしかありません。もっとも，こうした政治力の差を修正し対等な交渉状況をつくり出すために法や規則が存在しているわけですが，日本社会では無数にはりめぐらされた権力構造によって，重要な局面では徒党による政治力がものをいい，交渉を顕在化させない力が優先して働きます。権力に寄り添っている徒党とその構成員にとっては譲歩が必要であり，あるいは勝敗すら読めない交渉状況に入るのはまったくの愚策なのです。

36　理論編

4.政治的交渉と人間関係構築の作法

　支配的な徒党にとって交渉は現状の変化を迫る行為であり，それゆえあらゆる手段を用いてその機会をつぶそうとすることで，次第に交渉はよくないもの，交渉をする人はちょっと変わっている人，という見方が広がっていきます。現在こうした価値観は，日本社会において支配的なものといえます。「あれ，おかしいな？」と思って交渉しようにも，「そうなっていますから」とか「みなさんそうされていますから」とかいわれれば，大変交渉しづらくなります。それでも頑張って交渉するなら，日本社会の不適格者としてのレッテルをはられかねません。このような状況は，望ましいものといえるでしょうか。交渉だらけの日常は確かに面倒だともいえます。ただし，交渉を許容しない社会は窮屈であり差別的でもあります。かつて黒人の公民権運動に取り組んだキング牧師は，なぜ交渉をせずに行動にでるのかとたずねられた際，「これはまさしく交渉を拒否する地域社会に交渉を求めるための行動である」と答えました。優位な立場にある人々は交渉を拒み，法や規則もときにこうした状況を擁護します。そこでキング牧師は交渉の機会を得るために力を誇示する必要があったわけです。

　とはいえ，やみくもに交渉をしかけていくのは下品でしょうし，ナイフを喉元に突きつけて選択の余地を与えないような卑劣な交渉はおすすめできません。他方，交渉ごとにきれいごとが通用しないこともまた事実です。政治的交渉は欲望むき出しで一見幼稚なのですが，ここに人間の本質を見出せます。個人であれ組織であれ，交渉を通じて相手への，そして自分への，さらには社会に対する新たな気付きが芽生えます。交渉は，人間関係におけるクッションのような役割を果たすものといえます。多くの日本人は交渉に興味がなく，日本社会はこれまで交渉を許容しないものであったかもしれません。しかし，本来政治的交渉は関係性の新しい構築をめざすための，人間関係の作法ともいえます。そういう意味では，政治における交渉は楽しみながら行う性質のものかもしれません。ぜひ，様々な交渉シーンにおいてその考え方や方法を学び，人間関係構築のプロをめざしていただければと思います。　　　　（久保山力也）

理論編

法と話し合い

第2章　法と話し合い
―法の中心は交渉である―

1.法の創造と交渉の円滑化

　「法」というと厳めしいイメージがあります。また犯罪者の逮捕・処罰では，刑法に基づく刑事裁判等から堅さがついて回ります。「法に触れる」といわれるように，近づき難く人々があまり近づいてはならない存在のように思われます。法の堅いイメージは多くの人々によって共有されていますが，このイメージは一面的で正確とはいい難く，法はもっと身近なものです。普通の生活を送っている限り，法と接触することはあまりないという思い込みを持っている人が多いですが，それがいえるのは刑法くらいです。人々は絶えず法の影響を受け，生活上で法を使い，法を創造する法的主体とでもいえる存在です。「法の使用」について，次の場面を想起してみてください。①朝食にトーストを食べる人，ご飯を食べる人，忙しくて朝食を抜く人がいます。②あなたは自分の意思でどれを選択しても構わない状況です。③「構わない」というのは，選択が法によって「保護」されているということでもあります。④朝食を抜いたからといって，警察に逮捕されることはなく，隣の人から損害賠償を請求されることもないでしょう。⑤また他人から「朝はトーストを食べろ」と強制されたら，法的にこの指図や命令を拒否することができます。⑥それでもしつこく強制されたら，裁判を起こし差止めや損害賠償を求め，場合によっては警察をよぶこともできます。朝食の選択は自由権として認められている権利で，自由を謳歌して選択するたびに，法を直接・間接に使用しており，「法の使用」は当たり前の行為なのです。

　また「法の創造」では，次の別の場面を想起してみましょう。①友だちとコンビニで弁当を買い，一緒に食べるときにおかずの一部を交換する約束をしたとします。ここでも法を創造しているのです。②コンビニで弁当を購入するのは売買契約を締結してそれを履行することです。こ

38　理論編

こでは「法の使用」が行われたことになります。③「これをください」「はい，どうぞ650円です」「650円渡しますね」「ありがとうございます」といった流れは，法的には「法律行為」を行い，購入の「意思表示」（ください）とそれに対する承諾の「意思表示」（はい，どうぞ）がなされて「意思の合致」によって契約が成立し，お金と弁当とが交換されて，契約は「履行」されたことになります。次に弁当が自分の所有になり，これを友だちと交換する約束は，弁当に関する二人の行為ルールを創造しています。これらには「私的自治の原則」「契約自由の原則」が適用され，強行法規（刑法等）に反しない限り，どんな内容の契約を結ぶことも自由権として認められ，法的に保護されるのです。「おかず交換」のように私的自治・契約自由の原則により，人は他の人々と財貨・サービスの在り方（だれが所有し，だれがだれにいくらでサービスするかなど）を，互いの交渉や話し合いにより自由に決定したり選択したりできます。

　契約を二人の間で締結すれば，当事者二人はその後その契約内容を履行し合う法的義務，相手に履行させる法的権利を持つようになり，契約によって二人の間の「関係性」が新たに構築されることになります。まさに契約というルールによる，新たな関係の構築です。

　これは，二人の世界という「部分社会」の「秩序」を，二人が自由に新たに構築しているのであり，二人の間の「行為ルール」を二人が定めたと見なすことができます。このような私的秩序形成は，部分社会の法を，新たに部分社会が創造したこと，そして私的秩序を契約法等の全体社会の法が承認し授権していることにほかならないともいえます。だからこそ二人で決めたにすぎない契約が，全体社会の制度である裁判所によって強制されることになります。このような「私的秩序付け」としての「法の創造」は，二人の関係のみに限らず，多人数関係，多様な組織（会社等）と個人の関係，組織と組織の関係，私人（自然人＝個人と，私的法人＝私企業等を指す。国家や地方公共団体等の公法人以外の法的主体）と行政や国家との関係等，社会構成員の間のあらゆる関係性に浸透しています。ある意味では「公共」とは，私的秩序付けの連鎖による

法と話し合い　39

関係性の構築の場であり，結果です。ちなみに企業間の取引も，契約を締結してそれを履行しており，企業間の新たな関係性の構築であり企業間秩序の構築という「法の創造」でもあります。

2. 交渉こそ法の創造

　私人による日々の法の創造は，国家等の全体社会の法の創造である国会による立法や，司法による法の創造のようなマクロな法創造に比べれば，確かにミクロなものであるといえますが，法の創造であることに変わりはありません。むしろ人々の目線に立っているという点では，影響力のある法創造ともいえるかもしれません。地方公共団体が法や条例を制定する場合は，議会が審議して議決するという手続きをとります。その過程では多種多様な法をめぐる交渉が，表と裏でなされることになります。議員と議員，政党と政党，官庁同士，官庁と議員や政党，業界団体や消費者団体等の利益団体，利益団体と議員と政党と官庁との交渉等々，マクロな法創造には，多種多様なアクターやプレイヤーが関与することになります。交渉自体も，議会での質問や討議のような公開のものもあれば，政治家同士の秘密取引のように表にでないものもあります。交渉内容も，政策論・社会的事実・有権者の選好等に基づく合理的なものもあれば，票の貸し借りや利益の取引を関連させる政治的なものもあり，マクロな法の創造が多次元かつ多重の「交渉の産物」です。

　他方個人が，私人として行う日々の私的秩序付けであるミクロな法創造も，マクロな法創造と同様に「交渉の産物」であることには変わりがありません。家を購入するとき，どの家をいつ購入するか，その際の購入価格はいくらか，代金は現金で支払うかローンを組むか，ローンを組むなら期間・利率をどうするか等々，多様な要素を取り決めなければなりません。そしてこの取り決めは，すべて交渉を通じてなされることになるのです。

　これに対して，自動販売機でジュースを買うときの物品購入契約や，電車に乗るときに券売機でチケットを買う旅客運送契約等では，交渉の余地はないように見えるかもしれません。しかし自販機や券売機の設置

40　理論編

は，コインや紙幣の投入を通じて利用者から購入の意思表示があれば，それに自動的に承諾して契約を成立させてジュースやチケットを提供する，という契約の申込みを意味しています。コイン・紙幣の投入は購入の意思表示であり，意思の合致により契約は成立し，即時にジュースやチケットが提供されて契約は履行されます。ここでも売買・取引交渉がなされており，どのジュースをいくらでとか，どこ（行き先）までいくらでという取引内容の選択が間接的に表明され黙示的に合意されるという点では，極度に交渉が簡略化されていますが，交渉そのものです。

ところでこうした交渉による法の創造での秩序の形成での，紛争解決はどうでしょうか。私人同士の紛争を解決することは，民法上の和解契約を結ぶということです。紛争状態から，それが解決した平和状態に，私的秩序状態を変化させることであり，やはり新たな私的秩序付けということになります。紛争解決が，当事者間の交渉，場合により友人・知人，法専門家，あるいは裁判所等の第三者の関与のもとでの交渉を通じてなされることは周知の通りです。そのため紛争解決自体も，交渉による法創造であると考えられます。そもそも紛争が「解決」に至らなくても，紛争をしていることそれ自体，紛争当事者間で，要求や反論等が交換・応酬されることであり，これはやはり交渉です。すべての社会的相互作用は交渉であり，秩序付けであり，そして法の創造であるとぜひ考えてみてください。

3.交渉を通じて法を創造し続けることこそ「人生」

マクロな法の授権・承認のもとに，ミクロな法創造である私的秩序付けを実践するプロセスこそ，交渉です。交渉とは，他者との関係性を構築し，秩序を改変し，各人の人生を適切に生きることにほかならないといえます。交渉は欠かせない「人として」の営みなのです。　（太田勝造）

法と話し合い　41

理論編

経済と話し合い

第3章　経済と話し合い
―経済の中心は交渉である―

1.はじめに

　私は，経済学の専門家ではありませんが，かつては弁護士として企業法務の仕事をしたことがあり，現在は大学で法交渉学や法社会学とよばれる分野の研究をしています。このような私の立場から経済という分野を眺めると，経済の中心は交渉ではないかと感じます。本書の【実践編】の第3章では，経済と交渉に関するテーマとして，**企業，市場経済，金融，財政，社会保障，労働**という六つを取り上げています。本章では企業の設立から発展までの一連の流れの中で上記六つのテーマを取り上げることで，あらゆる場面において交渉が必要であることを紹介します。具体例としては，あなたが，ある日たまたま，山奥を散歩中に，金色の卵を産むニワトリの群れを見つけたとしましょう。金色の卵を売って儲けるべく，事業をはじめることを考えてみることにします。

2.企業の設立

　まず，事業をはじめるために，**企業**（株式会社）を設立することを考えてみましょう。会社を設立する前から，すでに多くの交渉が必要になります。例えば，もしあなたが友だちと一緒にニワトリを見つけたとして，共同創業者として一緒に事業をはじめるのであれば，あなたと友だちのうちどちらが社長（代表取締役）になるのか，また会社の株式をどういう割合で保有する（持株比率）のか等を決めなければなりません。持株比率は，大変重要な問題です。第一に，持株比率はあなたと友だちがいくらずつ出資するのかというお金がからむ問題です。第二に，株式会社では所有と経営が分離しています。会社の日々の経営は取締役（取締役会）が行いますが，会社を最終的に所有・支配しているのは出資者である株主です。例えば，あなたの持株比率を49％，友だちの持株比率

42　理論編

を51％（過半数）で会社を設立したとしましょう。この場合，将来二人の仲が悪くなってしまったときには，友だちは株主としての過半数の議決権を使って，あなたを取締役から解任して会社の経営から追放してしまうことができるわけです。

　持株比率のように法的に重要な問題だけでなく，会社の名前を何にするか等の細かい点についても，友だちと意見が分かれるかもしれません。もちろん，だれかが勝手に決めてくれるわけではなく，すべて二人の間で交渉して決めることになります。

　さらに，事業をはじめるにあたっての運転資金も必要でしょう。運転資金を確保するための一つの方法は，銀行から融資（資金の借入）を受けることです。これは**金融**に関する交渉であり，事業計画や資金の使途等を銀行に説明し，借り入れた資金を将来きちんと銀行に返済できる見込みがあることを示さなければなりません。融資金額や返済期限等の条件についても交渉が必要になります。あなたとしては，なるべく多額の融資を受けたいでしょうが，逆に銀行としては，会社の事業計画に不安があれば（卵が金色でもさほど高く売れないのではないか？　ニワトリが金色の卵を産まなくなる心配はないのか？），なるべく少額の融資にとどめたいと考えるでしょう。

3.事業の実施

　次に，会社を無事に設立したあと事業を行っていく段階においても，日々交渉が必要になります。まず，ニワトリを飼育するためのエサを飼料業者から調達しなければなりません。「いっぱい買うから割引してもらえないか」のように，飼料購入のための取引条件（購入量，価格等）を交渉によって決めることになるでしょう。また，消費者や食品業者に金色の卵を販売する際にも，同じように取引条件（購入量，価格等）を決めなければなりません。金色の卵はこれまでにない新商品なので，価格の相場がありません。いくらなら買ってもらえるのか，交渉での相手の反応を見ながら，取引条件を決めていくことになるでしょう。

　金色の卵の販売価格をいくらに設定するかは悩ましい問題です。高す

経済と話し合い　43

ぎると売れないでしょうし,安すぎると採算がとれないかもしれません。ここで,あなたの会社以外にもたまたま同時期に金色の卵を産むニワトリを見つけて,金色の卵を販売しはじめた企業が他にも二社（A社とB社）あったとしましょう。この三社が自由に販売価格を設定していく場合には,**市場経済**として,競争的市場が成立します。消費者・食品業者との交渉・取引を繰り返していくことで,最終的には消費者・食品業者側の金色の卵を買いたいという需要と,販売する三社側の売りたいという供給が一致する価格（均衡価格）に落ち着いていくでしょう。あるいは,A社とB社があなたの会社に対して,「三社の間で内密に販売価格を高めに統一しないか」との交渉（談合）を持ちかけてくるかもしれません。ですが,価格に関するこのような談合は,自由競争を阻害する行為として独占禁止法で禁止されているので,交渉に応じてはいけません。

4.事業の拡大

　さらに,あなたと友だちの二人だけでは労働力に限界があるので,事業を拡大していくためには従業員を雇用していかなければなりません。従業員を雇用する際には,**労働**に関する交渉が必要になります。例えば,優秀な従業員を採用するためには,他社よりもいい条件（給与,福利厚生等）を提示したり,よその会社からの引き抜き交渉をする必要があるかもしれません。また,会社の規模が大きくなれば,従業員（労働者）が労働組合を組織し,賃金や労働時間等の労働条件について,団体交渉を求めてくることもあるでしょう。経営者であるあなたは,労働組合の代表者と交渉し,労働条件についての取り決め（労働協約）を結ぶことになります。経営者としては,会社の利益を大きくするために人件費をなるべく安くおさえたいでしょうが,従業員としてはなるべく賃金を引き上げて,労働時間を短縮してほしいはずです。

5.企業のさらなる発展へ

　さて,金色の卵の事業が大成功し,あなたの会社が大きく発展したとしましょう。そこで,あなたはもう一つの別の事業を手がけたいと考え

るようになりました。保育所が不足している現代社会において，企業の社会貢献として，児童とニワトリとの触れ合いを特色とする保育所をたくさんつくりたいと思いついたわけです。このような場合にも様々な交渉が必要となります。

　まず，会社の事業方針をめぐる社内での交渉が必要になるでしょう。これまでとはまったく別の大事業をはじめるわけですから，会社の共同経営者である友だちや他の取締役と交渉して，承認を得なければなりません。金色の卵の事業とはまったく異なる分野で，これまでに経験がない事業ですから，他の取締役からは猛反対されるかもしれません。

　また，社内で承認されたとしても，保育所を地方自治体が認可してくれるかどうかは別問題です。保育は，地方自治体が提供・実施する**社会保障**に関する公共サービスとされており，公的な認可制度があります。保育所を新設する場所の地方自治体と協議（交渉）をして，認可基準をみたしていることを認めてもらわなければなりません。地方自治体が保育所を認可してくれない場合でも，認可外（無認可）の保育所として設置することは可能です。ですが，認可を得られれば，在籍児童数等に応じて，国や地方自治体からの補助金（運営費）を受けることができ，安定した保育所の運営が可能になります。

　そして，この認可に関する交渉を地方自治体側の視点から見ると，これは**財政**に関する交渉だともいえます。地方自治体が，保育という公共サービスを提供するべく，適切な保育所を選別して，限られた予算の中から補助金を支出するための交渉というわけです。

6. おわりに

　このように経済に関するあらゆる事項に，交渉がかかわっています。現代経済の特質や現代日本の経済に関するテーマは，中・高生にとっては日常生活であまりなじみがなく，なかなか実感を持って学ぶことが難しい分野かもしれません。本書の【実践編】の題材を用いて，交渉という切り口から学び，シミュレーションを体験してみることによって，理解を深めることができるのではないかと思います。

（齋藤宙治）

経済と話し合い　45

第4章　国際政治・経済と話し合い
―交渉を通じてグローバルな社会をつくる―

1.国際政治・経済における交渉の重要性と特徴

　毎日のニュースで国際的な紛争や衝突が報道されない日はないほど，現代世界では，様々な分野において利害のぶつかり合いが行われています。190以上の国家がそれぞれの国家利益を持って，対等な立場で他国と外交や貿易を行うなか，各国の利害が衝突し合うことも多く，それを調整するための交渉を行ってきました。しかし，その交渉がうまくいかなかった場合は，戦争のように武力による解決が行われたこともあったため，国際政治経済における交渉は，世界平和のためにも欠かせないものであるといえます。実際，国際連合憲章においても，加盟国が紛争，もめ事，軋轢等を平和的手段である交渉で処理し解決することを原則としています。

　このように，国際社会において交渉の重要性が認識されているにもかかわらず，世界中に紛争やもめ事があとを絶たないのはなぜでしょうか。その原因を考える前に，国際政治及び国際経済が持っている特徴を検討してみましょう。

　まず，主権国家はまったく並列的に平等な存在であるということです。各国は，自国民のために自国の利害を最大化しようとし，他国は，それに対して内政干渉することはできません。

　次に，世界に単一の法秩序は存在しません。現存する秩序を破って戦争をはじめたとしても，これを罰する法的執行力を持った世界政府は存在しません。「諸国家の議会」と称される国連も，加盟国間の話し合いの場であって，各国の政府の上に立つ政府ではありません。

　最後に，国家内にはある程度の共通概念の了解（宗教，モラル）があるのに対し，国際社会には共通の概念らしきものが存在しません。国家の数だけ正義があるともいえるでしょう。

2.国際政治・経済における交渉の難点

　上記のような特徴から国際政治，国際経済にかかわる交渉には，異なる概念を持った平等な立場のプレーヤーが存在しているため，それらが持つ様々なアクターが関係しており，プレーヤーや交渉を制御できるような上位機関や法秩序等は存在しないことがわかります。それでは，国際政治・経済の特徴が交渉において具体的にどのような困難を引き起こすのでしょうか。

　まず，交渉にかかわるアクターや交渉の参加者が多いということは，交渉において様々な事項について考慮し，議論を行わなければならないことを意味します。国家間の交渉に関係する利害としては，国としての利害，交渉に参加する者（政府関係者）個人の利害，交渉事項に関連する国内関係者（企業，団体等）の利害，国民全体の利害が考えられます。二国間の交渉ならまだしも，多国間の交渉になった場合はより複雑になることはいうまでもありません。さらに，グローバル化と同時にFTA（自由貿易協定）やEPA（経済連携協定）のような経済面における地域統合が進んで，自国だけでなく地域の利害がかかわることも交渉の複雑化の一因になっています。

　次に，長期間の交渉を経て様々な事項について合意したとしても，交渉参加国がその合意事項を守るかどうかは不明です。参加者はどこからか強制されて交渉に参加したのではなく，自ら希望し，各国に認められて参加しているので，誠実に交渉し，合意事項を守ることが前提とされています。しかし，例えば交渉結果に対する国内の反発に直面したから交渉の過程でリタイアする，または合意内容を守らないとしても強制的に参加させたり，罰したりするようなことはできないので，長時間の交渉が無駄になる場合も多いのです。ただ，罰せられないとしても，不誠実な交渉者と評価されて，別の交渉で不利になるかもしれません。

　三つ目に，共通の概念の不在，すなわち文化の相違は，交渉の焦点の重要度に違いを生み，交渉者の利益と優先順位に影響します。このことで，交渉相手がなぜそういう立場をとるのか，なぜあるテーマが他のテーマより優先されるのか理解できず，交渉項目を決めるまでにもめてしま

国際政治・経済と話し合い　47

うということもあるのです。

　最後に，国際政治・経済の場合，トップの交代によって利害が変わる場合が多々あります。これはアメリカを見るとよくわかるのですが，例えば，オバマ政権が推進したTPP（環太平洋経済連携協定）について，後任のトランプ大統領は離脱を公約として掲げ，就任しています。TPPはそのルール上，加盟国全体のGDPの85％を占める国が批准しないと成立しないので，アメリカが交渉のテーブルを降りるとせっかくの交渉が無意味になるのです。このように国際政治・経済の交渉は大変複雑で様々な困難を伴うものですが，世界平和を維持するためにも交渉を通じて解決していきたいものです。それでは，国際政治・経済の交渉ではどのような点に注意すべきなのでしょうか。次は，国際政治・経済の交渉において重要な指針について述べていきます。

3.国際政治・経済において重要な交渉の指針

（1）　指針2：立場ではなく利害に焦点を合わせよう

　共通の概念を持たない複数の国との交渉において「相手を知り，己を知る」ことは重要です。ここで，「相手を知る」ということは，相手が交渉においてどんな立場をとっているかではなく，「なぜそうなのか」徹底して追求しなくてはなりません。なぜこの国はこういう要求をしてくるのか，ある課題について他の国はできるのに，なぜこの国はできないのか，何か特殊事情があるのか。相手の国が要求する理由，反対する理由をしっかり理解しておかなければ，解決策を見出せないだけでなく，なぜこういう結果になったのか，国民に対して説明もできず，納得も得られないのです。

（2）　指針3：双方にとって有利な選択肢を考え出そう

　交渉は，国際政治・経済に関する問題を最も平和的に解決できる手段ですが，交渉による解決を活発にするためには他の解決方法では得られなかった利益，すなわち全員が有利になるような結果を確保できる方法でなければなりません。そのためにはまず，交渉参加者全員には対立す

48　理論編

る利益と同時に，共通する利益が存在していることを認識する必要があります。その後に，どのようにして対立する利益を最小限にし，共通する利益を大きくする（パイを大きくする）か，大きくなったパイをどう配分するかを話し合わなければなりません。ただし，ここで注意すべき点は，双方にとって有利になるからといって安易に譲歩してはいけないということです。国際交渉の場において合意されたことは，自国の関係者や国民生活に直接影響を及ぼすので，どうしても譲歩できないことについては明確に「できない」と示し，その理由を（嘘や駆け引きではなく）誠実に説明する必要があります。

4. 国際政治・経済における信頼関係構築の重要性

　交渉を勝ちか負けかのゼロ・サムゲームであると認識していると，交渉参加者を敵同士だと考えてしまいがちですが，国際政治経済の交渉においては，交渉相手はともに成果を導き出す同志だと認識することも大事であるといえます。上記の二つの交渉の指針は信頼関係のない相手との交渉においても使えるものですが，交渉担当者の間で信頼関係が結ばれていれば，より効果的に使うことができます。膠着状態になったとき，より柔軟に打開策を模索することができるようになるでしょう。公的な立場を超え，個人的な自由な発想で，「仮にこういう条件であればあなたはどこまでできますか」という議論をすることで，次の道が開ける可能性がでてきます。交渉が難しければ難しいほど，「頭の体操」をしながら共同作業ができるよう，互いに相手を理解し合い，信頼関係を結ぶことも大切なのです。実際，日本は，竹島をめぐって韓国と，尖閣諸島をめぐって中国と，北方領土をめぐってはロシアと領有権をめぐる紛争を抱えています。領有権の問題は各国の国民のナショナリズムを刺激し，反日感情や不買運動のような過激な動きにつながり，一つ間違えば「戦争」という最悪のシナリオを生むかもしれません。そうならないためにも互いにウィン・ウィンとなる交渉をめざして話し合いを継続していくことも大事ですが，日ごろからの人的交流を通じた信頼関係構築が何より重要ではないでしょうか。

（金　美善）

第5章　情報と話し合い
―交渉は高度情報社会でこそ活用できる―

理論編　情報と話し合い

1.高度情報社会への進行と交渉

　様々なコミュニケーションを通じて情報を収集することは，私たちの生活の中で重要な活動の一つです。新聞・雑誌・ラジオ・テレビのような一方的に発信される情報から，今日ではだれもが場所に関係なく携帯電話を通じて簡単に情報を得て，発信できる高度情報化が急速に進んでいます。高度情報化により，情報へのアクセスが容易になる一方で，大量に氾濫する情報の中からどのように情報を選別するのかは非常に重要な問題となってきています。同時にインターネット上に自ら発信したものは，あっという間に拡散し，取り消すことができなくなるため，正しい情報の発信も重要です。情報が交渉において重要な役割を果たしていることはいうまでもありません。できるだけ多くの情報を収集し，交渉相手及び相手の利害について正確に把握することは，交渉の準備段階において最も大事な部分です。また，交渉が決裂したときの最善の代替案（BATNA，　**指針5**　→p.30）を設定するためにも情報収集は必要です。例えば，パソコンを買おうと思ったとき，A店では10万円だったが，他のお店の値段やサービスなどに関する情報をたくさん獲得することで，A店との交渉で有利になったり，または別の店でより安い値段でなんらかのサービスをつけて購入することができるかもしれません。

　このようにパソコンや携帯電話による情報収集は，非常に短時間で，簡単に行うことができるというメリットをもたらしました。しかしながら，著作権や肖像権，プライバシー，誹謗中傷等の問題を起こしたり，故意に間違った情報を流したりするなど，新たな問題も生じています。これらの問題が交渉に及ぼす影響はどのようなものでしょうか。またそれらを解決するための交渉において注意すべき点はどのようなことでしょうか。

50　理論編

2.高度情報化の交渉への影響

　交渉にかかわる情報収集となると，交渉前の準備段階で交渉内容に関する事実調査，交渉相手の情報収集及び交渉戦略を立てるのに有利となる情報等を様々な方法で集めるのが一般的です。新聞や雑誌の記事を調べたり，交渉相手を知っている人物にインタビューをすることも考えられますが，現代においては，検索サイトにキーワードを入れてクリックするだけで，数えられないほどの情報が収集できます。情報提供者が明確な前者に比べて，ネット上の情報はだれが書いたのか，根拠はあるのかについて確認することはなかなか難しく，自分で情報の真意を判断するしかありません。これにより，交渉の場において参加者が持っている情報が異なっていることが問題となり，本題に入る前に情報確認で時間を無駄にすることもあり得るのです。

　このような問題を回避するためにはどうすればよいのでしょうか。まずは，事前に収集した情報を鵜呑みにするのではなく，信ぴょう性の確認を怠らないことです。交渉の準備メンバー間で検討し，矛盾する点はないのか，情報の発信元は信頼できるところなのかを確認するのです。次に，インターネット等で得た情報に頼らず，最も確実な情報源，すなわち相手に直接問いかけ，情報を得ることを意識すべきです。裏情報や噂等から思索をめぐらせて交渉の戦略を立てても，それはあくまでも推測であるので，邪推や思い違いをしている可能性があります。したがって，交渉に必要な基本姿勢は，「いうよりも問う」ことです。準備段階だけではなく交渉の最中においても，問うことを意識して注意深く相手の話を聞きましょう。交渉を有利に進めるにはこちらが話し続けなければならないと考えがちですが，極力「聞き出す」ことを心がけるのが大事です。

　さらに，交渉相手とのコミュニケーションも，高度情報化によって変わってきています。直接会って話をするだけでなく，メールやSNS等，文字を用いたやりとりも交渉過程の重要な一部として認識されています。メールやSNSの場合，同時に複数の人とコミュニケーションをとることができたり，都合のよいときに送受信でき，文字で証拠が残るとい

情報と話し合い　51

うメリットはありますが，ニュアンスが伝わらず誤解を招くことや簡単な確認事項であるにもかかわらず時間がかかりすぎることもあります。したがって，顔をつきあわせて議論することを基本とし，その他のコミュニケーション手段を目的に応じて活用することで，円滑な情報収集を行うことができるようになります。

3.高度情報化社会における新たな交渉の場面

　われわれが日々利用しているインターネット上に流れている情報の中には，作成者や発信者が明確でないものが多々あります。そのため，その情報にかかわる権利などを気にせず，無断で利用してしまうことも増えてきています。また，これだけ情報が溢れているのだから見つかることはないと軽い気持ちで転載したあと，著作権や肖像権を侵害したとして突然訴えられることもあるのです。さらに，いたずらに他人への中傷や侮蔑，無責任な噂，特定の個人のプライバシーに関する情報の無断掲示，差別的な書き込み等を行ったことで，人権やプライバシーの侵害につながることも増えてきています。これらの情報は，一度広がってしまうと削除することはできないので，被害者がその被害を回復することは不可能に近いといえます。

　このような問題を予防するためには，他人の作成した情報を利用せず，自ら情報をつくり上げることですが，それは不可能な場合がほとんどです。その場合は，交渉を通じて事前に作成者から利用の許可を得て，転載する際には，その出典を明確にすべきです。このような情報を利用する許可を得るための交渉において注意すべき点は，立場ではなく，利害に焦点を合わせるということです。ただ，「使いたい，使わせてほしい」と主張するのではなく，「どうして使いたいのか」を知らせたうえで，相手の立場に立って，相手の利害について考え，利用を許可した場合，相手にどのような利点があるのかを明確にする必要があります。

　もう一つ問題となるのが，無断で転載してしまった場合，または自分が載せた情報が他人の肖像権やプライバシーを侵害してしまった場合の交渉です。このような交渉の場合，取引等のような互いが協力し合う，

平等な参加者として交渉を行うことは難しいでしょう。なぜならば，一方は被害を受けた被害者で，他方は被害を与えた加害者という立場になるからです。このように交渉がうまくいかない場合，被害者側は，BATNAとして裁判という選択肢を考えることもできるため，加害者側は同じく強力なBATNAを持っていない限り，非常に弱い立場で交渉に臨むことになります。このような交渉において重要な点は，まず，人と問題を切り離すことです。交渉の場につくとどうしても相手を責めたくなりますが，感情的になってしまうと交渉はより困難になるだけなので，相手が悪いと思っていても，何のために交渉の場を設けたのかという「問題」に焦点を合わせて話を進めるべきです。次に，双方にとって有利な選択肢を考えることです。もし，交渉がうまくまとまらず，裁判となった場合，時間的・金銭的な負担のうえに，大事な情報が公開される可能性もあります。そのような選択をするより，双方にとって有利になるような選択肢を選ぶことでお互いウィン・ウィンになることもあります。相手を責めるための情報ばかりを準備するのではなく，お互いに有利になる選択肢を探すことに重点をおくべきです。

4.お互いがウィン・ウィンになる情報

　交渉は情報戦といわれるほど，たくさんの情報を持っているほうが交渉に有利に立つことができます。しかし，そのため，われわれは自分が交渉において有利になるような情報だけを考えてしまい，双方にとって有利になるような選択肢を提案できなくなります。したがって，準備の段階から相手のあら探しではなく，パイを大きくするために必要な情報を獲得することに焦点を合わせることが最も重要です（　**指針3**　→p.27）。また，自分が得た間違った情報をそのまま相手に伝えてしまうと，嘘つきと扱われ信頼を失う結果にもつながるので，交渉において情報を用いる場合は慎重になるべきです。逆に，相手の間違った情報を鵜呑みにしないためにも，情報収集は大事なのです。最後に，簡単に手に入る情報であっても，その情報には他人の大事な権利が付随しているという点にも注意しながら情報は収集及び利用すべきです。　（金　美善）

情報と話し合い　53

理論編

交渉と哲学・倫理

第6章　交渉と哲学・倫理
―交渉は公共を形づくる―

1.交渉は策略か

　「交渉」というと「交渉術」という言葉が使われたりします。それは何か"忍術"のようなもので，「億万長者になるために，やっかいな相手でも思い通りに動かして，自分に利をもたらす策略」といったイメージが思い浮かぶかもしれません。そして経済雑誌の記事等で，「凄腕のビジネスマンが，相手を操作する心理学的な知見を応用した（腹黒い）交渉で事業を成功させ，大金持ちになった」等と，まことしやかに吹聴されたりすることがあります。

　しかし，交渉はそのようなものであってよいのでしょうか。

　本章のテーマは「交渉と哲学・倫理」です。哲学は「物事の本質」を問います。ここでは「交渉の本質は何か」，私たちは「なぜ他者と交渉するのか（あるいは，交渉しなければならないのか）」が問われます。

　そして，具体的な場面での私たちの「よい生き方・取り組み方」を問うのが哲学の一分野である実践哲学，あるいは倫理学です。「交渉」は「実践」であり，他者（あるいは社会）に働きかけ影響を及ぼすものです。その在り方を問う「倫理」もまた，「他者（さらには社会）にどのような影響を及ぼすのか」を問題関心の中に位置付けるものになりましょう。その意味で，例えば「立場ではなく具体的な利害に焦点を合わせよう」といった交渉の指針は，倫理上の問いと関連するといってよいでしょう。

2.交渉を哲学せよ

　私は35年以上にわたって弁護士として，様々な社会生活上の問題の解決に取り組んできました。弁護士の仕事というと，裁判所で訴訟をするイメージが強いかもしれません。しかし実際には裁判ではなく，話し合い（交渉）による問題解決が弁護士の仕事の大きな部分を占めています。

54　理論編

私の場合，特に一つの柱として取り組んできた仕事として，倒産した企業の再建があります。企業の再建では，銀行等の債権者や取引先，顧客，従業員等の協力を得ることが必須なので，それらの方々との交渉が仕事の中心になります。倒産企業の再建の仕事で私を指導してくださった恩師の弁護士の教えは，「何のために交渉をするのか，究極の目的は何なのか，その目的のために今何をすべきなのか，今やろうとしていることは本当によいことなのか」ということを常に自分自身の中で問い続けよ，ということでした。今思い返すと，それは「交渉を哲学せよ」ということだったと思います。

3.交渉の哲学　—私たちはなぜ話し合う（交渉する）のか—

本書の随所で示されているように，現代の私たちの生活は（社会・経済・政治，また地域・国・世界の）あらゆる場面で，他者との話し合い（交渉）によってなりたっています。

それでは，交渉の本質は何でしょうか。なぜ私たちは他者と話し合い（交渉）をし，また，しなければならないのでしょうか。

私たちの社会は異なる人種・国籍・性別（LGBT等という課題もあります）・思想・信条・職業，社会的格差等，多様な背景のある個々人の集まりです。私とあなたも，互いに異なった個人です。人々は多様であり互いに異なっていますが，それぞれ独立の個々人として尊重され，各自にとってよい生き方を追求できなければなりません（憲法13条はこれを明記しています）。そのためには，各自がよいと思う生き方を他者との関係において実現できることが必要です。一人の個人が実現できればいいのではなく，すべての個人が実現できなければなりません。したがって，各自がよいと思う生き方を他者との関係において実現できるべきであることを，すべての個人が互いに承認し合わなければなりません（私も実現したいし，あなたも実現したいということを，私は認める必要があり，あなたにも認めてほしい）。この相互承認を前提として，個々人が他者との関係において各自のよい人生を実現するための基本的な方策は，（一方的な命令や暴力ではなく）互いを尊重し合いながら話し合い

をし，互いの思いに気付き合いながら，合意に従って行動すること（合意ができなければ，互いに相手の領域を侵害しない範囲で行動すること），すなわち「交渉」だということになります。「私的自治の原則」といわれるものも，個人の相互的な尊重をベースにして，各自の自己決定が社会の基本的な構成原理になることを説くものです。

交渉の本質をこのように理解するのは，リベラリズム（個人は自由であるべきであり，そのような個人の自己決定の尊重を社会運営の中心に据えるべきとする考え）に通じるものといえましょう。ただ，「相互的な尊重」という面では，共同体を意識する考え（社会は一つの共同体であり，個々人が自由だといっても，好き勝手に他者に害を及ぼしてはならず，ともに平和に生きるためには共同体としての一定の制約を考える必要があるという考え）にも通じるでしょう。

4.交渉の倫理

次に，「よい交渉」はどのような交渉でしょうか。前に述べたように，そもそも交渉は多様な個々人が互いを尊重し合い，各自のよい人生をともに生きるために行うものだと考えると，相互に各人がよいと思うことを実現できるような交渉がよい交渉ということになりましょう。

その意味で，ウィン・ウィンをめざす交渉（ 指針3 →p.27）はまさに，よい交渉そのものといえます。近時の進化生物学等の知見では，人類が今日まで地球上で集団をなして生きながらえてきたのは，長い間の進化や適応の過程で，（独り勝ちの戦略ではなく）互いを尊重し合いウィン・ウィンの社会関係を築くことが全体の生き残りにとって最適であることを無意識の知恵として身に付け，これが人間の本性となったからだという考えも示されています。これは功利主義的な理解（社会の最大多数の幸福をめざす→p.16）とも通じるものがあるかもしれません。

相手をだましたり，強迫したりする交渉はよい交渉ではありません。このことは，共通に理解できることだと思います（ただし戦争やその危機が絶えない国際社会ではしばしば，これと異なるアプローチも見られます）。では，AさんとBさんの間で交渉をしている際，Bさんが思い

56　理論編

違いをしていることに気付かずに合意しようとしており，Ａさんがその
ことを知ったとき，ＡさんはＢさんが思い違いをしていることを知らせ
ずそのままにして，自分に有利な合意をしてもいいでしょうか。このよ
うに個別の場面で，倫理としてどう考えるべきか迷うこともよくあるこ
とです。Ａさん自身としてあとになって後悔しないか，常に自省しなが
ら考える必要があります。

　また，「よい交渉」という観点からは，そもそも自分が交渉によって
実現しようとしていることが本当によいことなのかという課題もありま
す。他者に不当な不利益を与えたり，社会的に許されない関係を形成す
るような交渉はよい交渉ではありません。その意味で，ある問題につい
てそもそも交渉してよいかどうかも問題になり得ます（暴力団等の反社
会的勢力からの不当な金品要求に対し，拒絶ではなく，交渉してよいか
など）。

　倫理に反する交渉は，法律上も詐欺や強迫による意思表示の取り消し，
錯誤や公序良俗違反による合意の無効といった問題を引き起こす可能性
があります。また，例えば企業間の談合は，話し合いの仲間同士ではウィ
ン・ウィンのように見えますが，商品やサービスのユーザーに不当な不
利益を与える合意であり，独占禁止法違反とされます。

5.交渉は社会の公共を形づくる

　よい交渉者は，交渉とは何か，自分が実現しようとしていることはよ
いことなのか，また，自分の交渉の仕方はよいだろうかと常に自省しな
がら交渉します。そして，社会に生きるすべての人々はあらゆる場面で
交渉を通じて生活する「交渉者」であり，社会の人々が「交渉」を多様
な個々人が互いを尊重し合い，各自のよい人生をともに生きるために行
うものと理解して，あらゆる場面でよい交渉に取り組むことになれば，
その社会は多様な個々人が互いを尊重し合い，各自のよい人生をともに
生きることができる公共的な空間となるでしょう。

　その意味でよい交渉は，社会の公共を形づくり支えるものであり，社
会をよりよいものとする原動力となります。　　　　　　（大澤恒夫）

交渉と哲学・倫理　57

幸福・正義・公正と交渉

Column

　交渉とは，多様な利害を持った人たちが決定や合意をするために話し合うことです。交渉当事者の利害がうまく調整されて，双方の満足度（幸福度）が高まれば，よい交渉といえます。でも，公共工事の入札の際の業者らによる談合のように，交渉する業者らが全員**幸福**になっても，工事費が上昇して納税者が損をするようでは，社会的にはよい交渉といえません。

　刑法は「公正な価格を害し又は不正な利益を得る目的で」交渉することを禁止しています。独禁法も，**公正**な取引を確保するために談合を不当な取引制限として禁止しています。談合のように，一部の人が幸福になっても，その結果として交渉に参加しなかった他の人が不幸になるような交渉は，**不公正**だとか不当だと評価されるのです。

　交渉は，社会の対立する利害を調整し，限られた資源を効率的に利用し，人々が互いに協力して調和を保った秩序をつくるための基本的な手段です。しかし，そもそも交渉がなりたつためには，他人に強制されることなく自由に意思を決定して合意できる条件が整っていなければなりません。このため，憲法は生命，自由及び幸福追求に対する権利や財産権を保護し，法の下の平等と差別の禁止を定めているのです。また，民法も，詐欺や脅迫による意思表示は取り消すことができると規定して，個人の意思の自由の確保をはかり，自由な合意による契約を尊重する**契約自由の原則（私的自治の原則）**を認めています。

　しかしながら，個人の**自由**に関する権利は無制限に認められるわけではなく，**公共の福祉**という枠内で行使することが義務付けられています。契約自由の原則も，**公の秩序**又は**善良の風俗（公序良俗）**に反するものは認められません。では自由に関する権利を制限できるような公共の福祉とか公序良俗とはどのようなものなのでしょうか。最大多数の最大幸福（功利主義）のためなら少数者の基本的権利は制限してもよいのでしょうか。それとも，最も不利な立場におかれる人々の利益を保障すべきなのでしょうか（ロールズの公正としての正義）。私たちは，交渉について考えることによって，このような**正義**の問題についても考えなければならないと気付くのです。

(野村美明)

58　理論編

第3編
実践編

第1章　政治と話し合い

　この章では，中学校や高等学校で学ぶ「政治」の内容を話し合い（交渉）という観点から再構成したCASEの紹介と解説，授業づくりのヒントを紹介します。

　社会で生きる個人の利害を調整することで，人間の尊厳と平等，協働の利益と社会の安定性をはかることを学べるようになっています。

実践編　やってみよう模擬交渉

この実践編で行われる話し合いの方略として、「模擬交渉」というものがあります。以下の手順を参考にして取り組んでみてください。

〈模擬交渉の前に〉　オレンジ事件（→ p.13）等のわかりやすい事例を用いて、「交渉の七つの指針」（→ p.26）を説明しておきましょう。

【模擬交渉の説明】

国際的な紛争を解決するために模擬交渉としてＸ会談をしてみましょう。
まずは、三人一組になってください。そして、Ａ国首相、Ｂ国大統領、Ｚ大統領（両国の仲介人）の役を振り分けます。だれがどの役をやるのか決めてください。

はい。

（役割を決める）

役割が決まりましたか。
それではまずＸ会談に向けて、CASE（項目のはじめの囲み）をそれぞれ読んでください。

なるほど、状況は理解できました。

CASE を読み、ロールプレイのための状況を理解します。
歴史的背景等、状況の理解に補足説明が必要な場合もあります。

Ｘ会談に臨む三人には、それぞれ相手に伝えていない事情があります。それが、これから配付する「利害カード」（秘密情報）です。そのカード情報を踏まえて三人が納得できる解決策を交渉（話し合い）してください。
もちろん、「交渉の七つの指針」を使ってくださいね。
ポイントは、パイを広げて双方が満足できる選択肢を考え出すということです。
では、はじめてください。

（「利害カード」を配付する）

【模擬交渉の実践】

まず、Ａさんから話を聞きましょう。
どのようなことを主張していますか。

（CASE を読んで判断する）

Ｃ半島全域はわがＡ国に返還されるべきで、少しも譲れません。完全返還にこだわっています。

なるほど。Ｃ半島全域をＡ国に返還してほしいという主張ですね（確認する）。では、Ｂさんの話を聞いてみます。どのようなことを主張していますか。

C半島の支配を維持したいです。何度も戦争を経て獲得してきたのですから、ここは譲れません。

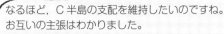
なるほど、C半島の支配を維持したいのですね。
お互いの主張はわかりました。
では、なぜそのように主張するのか、理由（利害）を教えてくれませんか。Aさんからどうぞ。
（「利害カード」を見ながら）

C半島は古代王朝の時代からわが国の一部なんですよ。何世紀にもわたる他国の支配からやっと取り戻したのに、まただれかに領土を譲る気はありません。

なるほど、領土が問題なのですね。

わがB国との国境付近にA国軍がいるでしょう。これが嫌ですね。なんとかしてほしいですよ。

なるほど、自国の安全が気になるのですね。
では、主張と利害を整理して、私たち三人が納得できる解決策についてブレインストーミングしましょう。
そのうえで、交渉して納得できる解決策を探りましょう。
（三人でブレインストーミングして交渉）

ブレインストーミングの際の注意
- **結論を出さない**　自由なアイデアを出すことが目的
- **自由奔放**　だれも思いつかないような、不可能と思われるアイデアを重視
- **質より量**　思いつきのような意見を尊重。様々な角度の意見を取り入れる
- **結合、便乗、連想**　他のアイデアに便乗して連想、発想を広げるのが大切

時間がきたようですので、話し合った結果を確認しましょう。
「B国はC半島から撤退し、主権はA国が持つこととします。
ただし、C半島でA国軍は活動しないようにする」ということでよろしいでしょうか。

はい。

【模擬交渉後、クラスで共有】

そろそろ時間がきたようです。それでは、各グループの交渉結果を教えてください。クラスで共有しましょう。
（交渉結果を各グループが発表、クラスで共有）

なかなか面白いアイデアがでてきましたね。
これは現実にあった会議にもとづいています。
（「CASEの解説」を参考に説明します。実際には（→p.158）を参照下さい）

実践編

第1章　政治と話し合い
基本的人権をめぐる交渉は可能か

1 基本的人権

CASE

　Aさんは，1963年3月に東北大学を卒業し，三か月の試用期間を設けて三菱樹脂株式会社に幹部候補として4月に入社しました。会社側はAさんが在学中に学生運動に参加したことを調査したうえで，Aさんが入社面接で虚偽の回答をしたことを理由に不適格とし，6月からの本採用を拒否しました。Aさんは思想・信条による差別であり，憲法第14条，第19条に違反するとして裁判に訴えることにしました。

　企業の「採用の自由」が優先されるべきでしょうか，はたまた労働者の「思想・信条の自由」が優先されるべきでしょうか。
　就職活動・採用活動は，じつに交渉的です。この問題に交渉で解決する余地はないでしょうか。あなたが当事者の企業ないし労働者であった場合，どのように交渉をするでしょうか。

※この事件は和解が成立し，Aさんは1976年に職場復帰した。のちに関連子会社の社長職に就いた。

このケースで学ぶ交渉の考え方や技能

解　説

指針1	人と問題を切り離そう
指針2	立場ではなく利害に焦点を合わせよう
指針4	客観的基準を強調しよう
指針7	よい伝え方（コミュニケーション）を工夫しよう

1.三菱樹脂事件と交渉

　CASEの三菱樹脂事件は，精神の自由に関する代表的な事例として「政治・経済」等の教科書で取り上げられています。三菱樹脂事件において最高裁判所は，特定の思想・信条を持っている人の採用を拒否する自由を企業に認め，かつ雇い入れに際して思想・信条の調査をしたり，そのための資料を提出させたりすることを許容する判決を出しています。この裁判で最高裁判所は，憲法が規定する思想・良心の自由は私人間に直接適用されないといいます。しかし，労働者の観点に立てば，思想・良心の自由が国に対する権利であるとか，企業に対しては有していないとか，割り切って考えられるのでしょうか。使用者の観点に立てば，どのような人を雇うかは企業に任せられるべきであって，なぜ労働者の自由権を考慮する必要があるのでしょうか。また，思想・信条がわからなければ評価のしようもないので，資料提出がなぜ問題になるのでしょうか。じつは，就職活動はとても交渉的なのです。

2.労働者はどう交渉すべきか

指針4	指針7

　三菱樹脂事件においてＡさんは，採用試験で提出した書類に虚偽の記載をしたとされます。その内容は，学生運動に参加したことがないというもので，面接の際にも同様の回答をしたことが採用拒否の理由とされました。この拒否は，試用期間中とはいえすでに勤務中であったことから，労働者としては不当に感じられることになりました。

　企業と労働者は対等ではありません。企業側の採用担当者はベテラン

政治と話し合い　63

が行い，情報収集力も段違いです。労働者は就職活動の経験があったとしても，企業とは比べものになりません。第一，就職希望者の中から合格者を選ぶわけで，企業側に極めて有利な状況です。このため，労働者として自身の採用に不利益となりそうな事実を隠すという考えに至ることは容易に想像できます。リーダーとして学生運動に参加していたとなれば，どのような評価を受けるかわからないからです。

　虚偽とされた内容は学生運動です。当時学生運動は日本社会において一大関心事であり，その参加者に対する警戒心は強くあったと思われます。しかし，学生運動に参加したりすることは当時の学生としてそんなに特異なことなのでしょうか。また，学生運動への参加といった履歴が仕事への従事に一体どのように影響するのでしょうか。ここで労働者は「**客観的基準を強調する**」ことで，個人の思想・信条の問題に踏み込まず，就職交渉をうまくやり抜くことが考えられます。

　とはいえCASEの場合，面接の際の学生運動に関する質問にも，「学生運動に参加したことはなく，さらに興味もなかった」と回答したとされており，このことが悪い印象を与えています。もちろん，交渉において堂々と嘘をつくことを推奨するものではありませんが，「**よい伝え方（コミュニケーション）を工夫する**」ことはできなかったのでしょうか。じつは高等裁判所は最高裁判所とは異なった見解を示していました。すなわち，Aさんは思想・信条について嘘をついたということではなく「秘匿した」ということであって，こうしたアンバランスな力関係にある場合，憲法が保障する思想・信条の自由をみだりに侵すことはできないというのです。また，そもそも通常の会社では労働者の思想・信条によって事業の遂行に支障をきたすとは考えられないとして，企業側の主張を退けています。労働者として，交渉の余地がまったくないというわけではないのです。

3.企業はどう交渉すべきか

指針1　**指針2**　**指針7**

　企業はどのように交渉すべきでしょうか。最高裁判所は，憲法が定め

64　実践編

る基本的人権は企業と労働者のような私人間に適用できないとしました。そのうえで企業には，同じく基本的人権のうちの経済活動の自由の一つとして契約締結の自由があり，採用に関して広く企業の裁量を認めました。三菱樹脂事件でも，企業が個々の労働者に対して社会的に優越した立場にあるとしつつも，企業における雇用関係は労働力の提供関係を超えるもので相互信頼に基づくものであることから，企業が労働者の思想・信条を調査し，それに基づいて採否を決定することはもっともなこととしたわけです。ただし，こうした状況は雇い入れの段階とあとでは異なるといいます。三か月の試用期間は企業にとっては合理的と考えられていますが，他方労働者は他企業への就職のチャンスを失っているわけですから，社会通念上認められる場合にのみ，雇い入れの拒否が発動されうるという解釈がなされることになります。

　CASEは確かに，高等裁判所の判決を覆し，企業の主張を全面的に受け入れるものとなっています。しかし，個別の争いに法廷で勝利することは企業の目的ではありません。では今回の場合，企業としてはどのような交渉の可能性があるのでしょうか。

　まず「**人と問題を切り離す**」ことについて考えてみましょう。企業には確かに裁判所が認めるように採用の自由はあるのでしょうし，経営者であれば自分が好きな人を雇用したいと思うかもしれません。しかし，企業は多様な人材でなりたっており，それが企業の懐の広さを示すものであるかもしれません。雇い入れ交渉で人と問題を切り離すのは矛盾しているようにも見えますが，学生運動参加の履歴にこだわらなければ労働者の能力を企業にいかすことが十分できるかもしれませんし，そのことがかえって労働者のやる気につながるかもしれません。そもそも「**立場ではなく利害に焦点を合わせる**」交渉のスタイルをつくることができれば，労働者の立場としては学生運動の主導的立場にあったことは，リーダーシップの発揚の証として評価の対象になる可能性すらあります。社会的に優位な立場にある企業として「**よい伝え方（コミュニケーション）を工夫する**」ことは，交渉のうえで重要であるといえます。

政治と話し合い　65

授業のために(授業の目安:2時間)

(1) 授業の目標
・三菱樹脂事件を踏まえて,立場の異なる企業と労働者の雇い入れ交渉/就職交渉の考え方を身に付けさせます。

(2) 授業の流れ
本授業の展開は,「Ⅰ.交渉で用いる技能や考え方を理解」→「Ⅱ.現実の事例で模擬交渉」→「Ⅲ.振り返り」となります。

【Ⅰ.交渉で用いる技能や考え方を理解】
①授業に際して,まずはCASEから,三菱樹脂事件の概要について解説します。そのうえで,最高裁判所では全面的に企業による採用の自由が認められたことについて理解させます。ただし,採用の自由が思想・信条の自由に優先するというようなことではなく,基本的人権は私人間に直接適用されるものではないということから,そのように結論付けられたことを説明します。
②次に,雇い入れないし就職活動は,そもそも交渉的状況であることを理解させます。そこで,企業側の交渉の目的と労働者側の交渉の目的について整理させます。統合型交渉について取り上げ,どういった技能や考え方が参考になるか,説明します。

【Ⅱ.現実の事例で模擬交渉】
①四人一組をつくらせます。二人は企業側,二人は労働者側で,労働者側の一人は労働者本人,もう一人は当該労働者の弁護士という役割分担をさせます。
②10分間の作戦タイムをとり,企業側には「上司からの指示」を踏まえて,作戦を練らせます。労働者側には「打ち合わせメモ」を念頭に,交渉に臨む準備をさせます。弁護士役の人には適宜,労働者役の人をサポートさせます。
③15分間の交渉後,企業側の人に労働者を雇い入れるかどうかたずねます。

【上司からの指示】（企業用）
・当該労働者が雇い入れ拒否について裁判に訴えようとしており，今回
　は最後の話し合いの場である。話し合いがまとまらなければ，おそら
　く裁判になるだろう。
・労働者が繰り返し述べてきたことによれば，思想・信条の自由を盾に
　交渉に臨んでくることが予測される。当社としては，憲法で認められ
　ている事柄で差別をする会社であるという評判が世間に広まるのは避
　けたい。
・他方，なんといっても学生運動参加の経験があり，かつ主導的立場に
　あったというのだから，この人物を雇い入れることのリスクは高い。
　そして，会社に対して嘘の経歴を述べたことはやはり許し難い。
・ただしやはり会社の評判は気になるので，交渉次第では雇い入れない
　わけではない。採否は担当者に任せる。

【打ち合わせメモ】（労働者用）
・雇い入れ拒否は不当だ。学生運動への参加は個人の思想・信条の自由
　の範疇にあって，会社がとやかくいうような性質のものではないとい
　う立場を基本的には堅持する。
・しかし現実的には雇ってもらわないといけないので，就職後の人間関
　係や仕事のことを考える場合，多少の譲歩は必要である。
・相手方は大企業なので，世間体を気にしているはずだ。幸い今回の問
　題はマスコミに取り上げられており，その行方が注目されている。裁
　判になれば先方も困るはずだ。
・こちらも裁判はいとわないが，時間もお金もかかることなので，でき
　れば裁判でなく本日の交渉でなんとかまとめたい。

【Ⅲ. 振り返り】
　①どのような交渉をしたかクラスで共有させます。具体的に交渉のな
　　かで双方からどのような意見がでたのか，それらが企業の採否にど
　　のように影響したのかまとめさせます。
　②最後に，三菱樹脂事件のその後について触れ，この事件の意味合い
　　について考えさせます。　　　　　　　　　　　　　　　　（久保山力也）

政治と話し合い　67

実践編

2 国会

民泊新法の成立には
どのような交渉が必要か

CASE

　年々増加する外国人観光客に対し，宿泊先不足が問題視されています。現在，無許可での民泊営業（闇民泊）が横行し，政府としてもこれを喫緊の課題と捉えています。2020年に東京オリンピックを控えていることも踏まえて，ホテルや旅館を増やすだけでなく，民泊に関する規制を緩和することで対応しようと考えています。

民泊に関する新法の概要：

- ・住宅宿泊事業を営もうとする場合，事前に都道府県知事へ届け出る。
- ・民泊営業は年間で180日以内を上限とする。
- ・地域の実情を反映するしくみを導入する。
- ・住宅宿泊事業の適正な遂行のための措置を義務付ける。
- ・家主不在型の住宅宿泊事業者に対し，住宅宿泊管理業者に住宅の管理を委託することを義務付ける。

　このような国の取り組みに対しホテル・旅館業界は，民泊参入時の衛生管理等が簡易なため不公平であり，ホテル・旅館業界全体にマイナスに働くと主張しています。それ以外にも騒音やゴミ出し，闇民泊をどのように取り締まるのか等の問題点があげられています。このような問題点を抱えるなかで民泊新法を成立させることはできるのでしょうか。

68　実践編

このケースで学ぶ交渉の考え方や技能

解 説

指針2 立場ではなく利害に焦点を合わせよう
指針7 よい伝え方（コミュニケーション）を工夫しよう

1.はじめに

　国会は選挙を通じて国民の意思を直接反映する合議体の機関です。国会では国民のために様々な議論が行われ，国の方針や法律が決定されています。つまり，交渉が盛んに行われている場です。CASEのような交渉場面を知ることで「国会」の役割や重要性が理解でき，学習の効果をより高められると考えます。

2.CASEの背景

　近年外国人観光客は四年連続で過去最高を更新し，2016年に２千万人を超えています。20年前に３兆円の赤字であった旅行収支は，2014年度に55年ぶりに黒字となり，2016年度は１兆３千億円を超える黒字，訪日観光客の消費は約３兆７千億円を超えるなど，日本国内の旅行環境は大きく変化をしています。2020年に東京オリンピックを控え，今後も増えるであろう外国人観光客に対して，宿泊先の確保が問題となっています。日本全国にはホテルと旅館から提供されている客室が142万室あり，2020年までに５万室程度増えると予想されていますが，現在都市部のホテル稼働率は八割から九割ともいわれ，宿泊先の確保は喫緊の問題であるといえます。この問題に対して，民泊の規制を緩和することによって訪日観光客の宿泊先を確保するという解決策が考えられています。すでにエアビーアンドビーのように海外サーバーを通して民泊のマッチングサービスを行っている業者もありますが，現状その民泊のほとんどが無許可営業いわゆる闇民泊です。このような状況を改善するために，政府は民泊に関するルールを改めて規定したうえで規制緩和を実行し，民泊を外国人観光客の受け皿の一つとしたいと考えているようです。

政治と話し合い　69

3.ピンチなのかチャンスなのか①

指針7

　この民泊新法に反対の方もいます。例えばホテル・旅館業界の方々です。ホテル・旅館業界は旅館業法が適用され，防災・衛生・安全面の条件をクリアしなければ営業できないため，初期コストと維持コストが非常にかかります。一方，民泊は旅館業法の適用外であるため，コストがそれほどかからずに営業できます。そのため公平でないとの指摘があります。特に旅館は，ホテルの稼働率が増える一方で五年間横ばいの35％と低迷が続いています。こうした状況での民泊の参入はフェアではなく，公正な運用ができないと主張されています。

　二つ目は，宿泊者・貸し主・近隣住民のトラブルです。外国人観光客が夜中まで大騒ぎをする，ゴミ捨てのルールを守らない等の事例があげられ，近隣住民から反対の声があがっています。貸し主には利益がありますが，近隣住民には利益がなく迷惑だけがかかる可能性があります。三つ目は，感染症の蔓延防止等の衛生面，防災面の問題です。旅館業法が適用されないため，どの程度衛生面が守られているのか，チェック体制が構築できないまま営業してしまうのではないかということです。これは観光客にとってもマイナスで，近隣住民の不安にもつながります。

　このようにホテル・旅館業界からすれば，客が逃げてしまうのではないかという不安もあります。近隣住民は，「外国人観光客が泊まるところがなくても困らない」と考えるかもしれません。法律を通すには「ホテル・旅館業界や近隣住民の理解を得られるように周知徹底していきます」というだけでは，反対派は納得してくれません。利害や不安を解消するような説明・提案を先回りして積極的に行う必要があります。

4.ピンチなのかチャンスなのか②

指針2

　民泊と聞いただけで，「自己の利益が損なわれる」と考えて反対する，あるいは「不利益を被るのではないか」と考える人もいます。しかし，そうではなく互いにとっての利害が何かに焦点を合わせることが重要で

す。現在，海外の業者による民泊仲介サービスにより2万を超える民泊が検索され，そのほとんどが法的にグレーゾーンで営業を行っています。この状態はよくないことです。一方，外国人は宿泊先を確保できなければ，日本への旅行を回避するかもしれません。これは，ホテル・旅館業界にとってもチャンスを逃すことになってしまうでしょう。また，日本国内の市場縮小の不安もあり，インバウンドの利益は日本経済にとって今後も重要性を増していきそうです。このように民泊に反対するだけでは，反対派の一部も不利益を被ることがあるかもしれません。互いの「**利害に焦点を合わせて**」議論を交わすことが重要になります。

5.期限を考えて解決に向かおう

指針2

民泊新法の問題点は以下のようにまとめられます。

①日本は今後も外国人観光客が増えることが予想され，特に2020年にオリンピックを控え宿泊施設の整備が急がれている。

②建設予定のホテルを加えても宿泊施設の不足は明白である。

③現状でも闇民泊が横行している。

④反対派の主張には，ホテル・旅館業界が主張するイコールフィッティングと近隣住民が主張する迷惑行為と不安の大きく二つがある。

　これらを踏まえ，宿泊施設の整備を急ピッチで進めなければいけません。じっくりとベストな状態をつくるのではなく，闇民泊が横行する現状をいち早く改善する必要がありそうです。そうでなければ，近隣住民とのトラブルは今後も増え続け，ホテル・旅館業界は利益拡大のチャンスを逃すかもしれません。つまり，民泊の整備にはスピード感が求められています。このことを踏まえると民泊新法の制定では，闇民泊をすべて取り締まることはすぐには不可能です（対応職員の不足等が理由）。むしろ規制緩和をすることで無登録の民泊を減らし管理しやすいようにする。民泊に関する苦情等を受け付けるセンターを立ち上げ住民の不安を解消する。ホテル・旅館業界に配慮し，営業を180日以内に制限する。以上の案をまとめ，将来的なチャンスを逃さないようにしています。

政治と話し合い　71

授業のために（授業の目安：1～2時間）

（1）授業の目標
- 法律がどのようにつくられているのか流れを理解させ，CASEを通し利害に焦点を合わせた交渉の考え方を身に付けさせます。
- 国民の代表者である国会議員がどのように答弁しているのか交渉を通して理解させ，それぞれの立場や条件を考察したうえで自分の意見をまとめさせます。

（2）授業の流れ
本授業の展開は，「Ⅰ．事前講義」→「Ⅱ．CASEで交渉について考える」→「Ⅲ．CASEで模擬交渉」→「Ⅳ．結果の共有とまとめ」となります。

【Ⅰ．事前講義】
①法律ができるまでの流れ（下図参照）を確認させます。CASEでは常任委員会である国土交通委員会での議論がもとになっています。

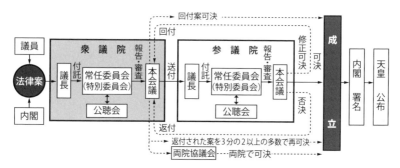

②外国人観光客についての報道記事や民泊に関する報道記事を配付して，簡単に基礎知識を講義します。外国人観光客が増えていることや受験生が宿泊先を確保できずに困っている等の記事を読ませることで，宿泊施設が足りていないこと，近隣住民が困っていること等を強調します。事前講義の段階では，民泊新法に対する反対運動の問題については触れなくても構いません。

【Ⅱ．CASEで交渉について考える】

①ワークシートを配り，CASEを読ませます。簡単に背景について説明し，民泊新法を通すべきかどうか意思表明をさせます。
②意思表明をさせたら，その理由をワークシートに記入させます。

【Ⅲ．CASEで模擬交渉】

①四人一組をつくらせ，CASEを使った模擬交渉に取り組ませます。一人は規制緩和を進めたい国会議員A役，一人はホテル・旅館業界の代表者である国会議員B役，一人は市民（近隣住民）の代表者である国会議員C役，もう一人は住民代表者の国会議員D役です。それぞれワークシートに交渉の準備を記したうえで，交渉をさせます。
＊先にした意思表明と考え方が別であったとしても，逆の立場で考えさせることで思考を深めることができます。模擬交渉は一回10分程度行いましょう。
②模擬交渉が終わったら，どのような結論になったかを確認させます。結論を出す過程で，自分の利害ばかり主張しなかったか，利害に焦点を合わせた交渉ができたかを確認させ，交渉に用いる技能や考え方を講義します。よい伝え方の工夫，利害に焦点を合わせる方法等を講義することで，より理解を深められると思います。
③考え方を確認したうえで，もう一度模擬交渉をさせましょう。時間は5分程度です。

【Ⅳ．結果の共有とまとめ】

①模擬交渉終了後，1回目と2回目で何が違ったのかをワークシートにまとめさせます。
②関連する報道記事を配付して，実際に民泊新法がどのように決まったのかを把握させます。
③民泊新法によって闇民泊が摘発された事例等もあげて，どのように運用されているかを共有します。

（末吉智典）

実践編 3 内閣（行政）

個人情報保護について
行政と企業はどのように交渉したのか

CASE

　個人情報保護法が成立する直前の2000年代初めのできごとです。
　A銀行は以前から膨大な顧客の個人情報を持っており，それを顧客管理や営業活動に利用してきました。同じ資本系列のB生命保険会社との間では，両社が持っている個人情報を共同利用しています。銀行と生命保険会社では必要とする個人情報とその使い方が違います。A銀行とB社は，すべての業種で一律に法が適用されるのは合理的でないと考えています。また，一律に過度な規制をかけられるのは避けたいとも考えました。そこで個人情報保護を推し進める経済産業省（旧通産省）等の行政と交渉を行うことにしました。
　経済産業省等の行政は，国際的にも個人情報保護を推進している国であると諸外国にアピールをしたいと考えています。
　行政とA銀行（やB社）は，それぞれどのように交渉をすればよいのでしょうか。

74　実践編

このケースで学ぶ交渉の考え方や技能

解説

指針3 双方にとって有利な選択肢を考え出そう
指針4 客観的基準を強調しよう
指針5 最善の代替案（BATNA）を用意しよう

1.行政と企業との交渉について

行政とは，内閣の統括のもとに実際の行政事務を行う中央官庁です。CASEでは，経済産業省等，個人情報保護を推進しようとする官庁と銀行（と生命保険会社）が交渉を行います。

行政と企業との交渉としては，行政の担当部局と企業や業界グループ等が直接交渉する場を設けるほか，行政が開催する審議会・委員会・研究会等の場における話し合いや，パブリックコメントによる意見提出等があります。

2.法の成立に向けて交渉

指針3 **指針5**

1981年にOECD（経済協力開発機構）からプライバシー保護と個人情報の国際流通についてのガイドラインに関する勧告が出され，行政はその当時から，日本においても真剣に個人情報保護体制を整備する必要があるとの認識を持っていました。さらに国民側から，個人情報が勝手に使われることやプライバシー保護に不安がある等の問題提起があり，法整備も踏まえた保護施策を検討する必要がありました。企業側は，日本で個人情報保護の必要性が議論されはじめた頃から個人情報保護法が成立するまで，一貫して過剰な規制は事業活動に大きな影響を及ぼすという考え方に基づき，可能な限り法規制を回避したいという立場で行政に対して交渉を行ってきました。

そこで企業側は政府の関係審議会等の場で行政の立場を勘案しつつ，ただちに法をつくるのではなく，自らが属する業界団体等ごとに個人情報保護の自主規制をつくり順守することで，当面の間法整備の必要がな

政治と話し合い　75

いという観点からの交渉を行うことになります。このためCASEにある
A銀行は銀行グループの団体を通じて，またB社は生命保険会社の団体
を通じて行政との交渉を進めました。

　この内容を交渉の観点から整理すると，行政の個人情報保護体制をつ
くる必要があるという立場と，その面目を損なうことなく罰則等がある
過剰な法規制を回避したいという企業側の立場との間で，「**互いの利益
を追求**」した交渉といえます。

　さらに，この場面では交渉の結果，合意しないという選択は想定され
ないので，法にかわるBATNA（最善の代替案）を考える必要があり，
行政のほうが立場上は上であることから，企業側が自主規制による対応
という「**BATNAを用意**」して交渉に臨んだという見方もできるでしょう。

　また，視点を変えると外形的には行政が交渉過程で業界の考えを受け
入れた形に見えますが，その後の状況から見て権限を有する行政が強引
に法をつくるという判断をせずに，まずは業界ごとに自主規制をつくら
せて企業側の環境を整えさせるという思惑で進められた交渉であったと
も考えられます。

　個人情報保護法は2005年4月から全面施行されています。この法が成
立した2003年前後は，民間企業においては個人情報の流出事件等が頻繁
に起こっていた時期です。当時の世論として個人情報保護法の整備が強
く求められ，これを受けて行政は法規制の整備と施行に至りました。日
本において個人情報保護制度の検討が開始されてから，長い時間を経て
法が施行された状況を考慮すると，この交渉は行政と企業にとって一定
の目的を果たしたといえるでしょう。

3.社会的な環境の変化

　　　　　指針3　　指針4

　1990年代に入り，情報化の進展により個人情報が大量に利用・流通さ
れる時代となると，個人情報の大量紛失や盗難という事件等が数多く起
こるようになりました。このため企業はどのようなレベルで保護対策を
行えばよいのか，利用と保護のバランスをどのようにはかるのかを考え

76　実践編

なければなりませんでした。CASEのA銀行も社員が大量の個人情報を盗み転売する事件や，個人情報に対する国民意識の高まりからA銀行と取り引きした顧客の情報がなぜB社に渡るのか，なぜそのようなことが可能なのか，といったクレームが増加する状況に晒されていました。同様の事例は多くの企業で発生し，社会的な合意形成がないままに個人情報の利用拡大が進展する状況に対して，行政には強い規制を求める国民の声が数多く寄せられました。また，1995年には「個人データ処理と自由な移動等に関するEU指令」が出され，「十分な保護レベルがない国には，個人データの第三国移転ができない」という課題を検討する必要が起きてきたことから，行政は改めて法整備の必要性を考えることになりました。

　このような社会環境の変化を受けて，個人情報保護法成立時には企業側は法の必要性を否定はしませんでした。ただ，業種ごとに個人情報の利用方法や保有している個人情報の数，保護するべきかどうかの基準が異なることから，業種ごとに個別の法を整備したほうがよく，一律に規制するのはかえって法律違反が増えると主張しました。これは交渉の観点から見ると，法を守るためという行政と企業の双方が納得できる客観的原則を強調して行った交渉といえます。いわば，個人情報の有用性に配慮しながら保護体制をつくるという原則立脚型交渉事例として理解できるでしょう。また，この交渉の場面では，行政も企業も当時の社会情勢から見て，国民の理解を得ることが交渉の目的という認識があったので，合意できる案を互いに考える必要がありました。このため，最終的に行政が企業の意見を踏まえてBATNAとして，大枠で一律に適用される個人情報保護法をつくり，それに基づく業種分野別ガイドラインで細かなルールを整備することになりました。

　これは，「**客観的基準を強調して**」，「**双方にとって有利な選択肢を考え出す**」交渉事例といえます。

授業のために（授業の目安：１時間）

（１）授業の目標
- 現実に交渉が行われた行政と企業の模擬交渉を通して，交渉で用いる技能や考え方を身に付けさせます。

（２）授業の流れ
　本授業の展開は，「Ⅰ．知識の習得」→「Ⅱ．交渉で用いる技能や考え方を理解」→「Ⅲ．CASEの事例で模擬交渉」→「Ⅳ．振り返り」となります。

【Ⅰ．知識の習得】
①CASEで登場する個人情報保護法について，教科書で確認させます。個人情報保護法の成立の背景を「解説」をもとに説明します。

【Ⅱ．交渉で用いる技能や考え方を理解】
①オレンジ事件（→p.13）等のわかりやすい事例で，「指針３　双方にとって有利な選択肢を考え出そう」「指針４　客観的基準を強調しよう」を理解させます。

【Ⅲ．CASEの事例で模擬交渉】
①二人一組をつくらせ，経済産業省等の担当者役，Ａ銀行の担当者役を決めさせます。
②「解説」のコピー（または，「解説」を簡単にまとめたもの），「主張と利害」をそれぞれ配付します。
③どのように法をつくり，運用すればよいかを考えさせ，模擬交渉に取り組ませます。その際，「指針３　双方にとって有利な選択肢を考え出そう」「指針４　客観的基準を強調しよう」を意識させます。

【行政の主張】
・個人情報を守る必要がある。
【行政の利害】
・OECDから個人情報についての勧告が出されている。
・国民から，個人情報が勝手に使われることやプライバシー保護に不安があるなど声がでている。

【A銀行の主張】
・業界団体等ごとに個人情報保護の自主規制をつくる。
【A銀行の利害】
・個人情報保護法が施行されれば，自由に個人情報を集めたり使ったりできなくなる。
・罰則があるのは困る。
・大量の個人情報を盗み転売する事件が起きている。
・A銀行と取り引きした客の情報がなぜB社に渡るのかというクレームが増えている。

【Ⅳ．振り返り】
①模擬交渉の結果についてペアごとに発表させて，クラスで共有します。
②実際には，大枠として一律に施行される個人情報保護法をつくり，それに基づく業種分野別ガイドラインで細かなルールを整備することになったことを説明します。
③交渉過程で難しかった点や反省点をそれぞれ発表させ，クラスで共有します。
④一見不可能に思える内閣（行政）との交渉も可能であったことを伝えます。

（岩瀧敏昭）

実践編

4

地方自治

市町村合併の交渉は
どのように行われたのか

CASE

　「平成の大合併」といわれる市町村合併が行われていた2000年頃のできごとです。

　埼玉県のＡ市，Ｂ市，Ｃ市の三市では，1983年からＤ市やＥ市も入れた「同5市まちづくり協議会」が設置されていた経緯から，五市の合併構想がでていました。しかし，Ｅ市は交通事情等の要素からこの合併に関心が低く，また財政基盤の豊かなＤ市は財政面の観点から合併を嫌って，2003年にＡ市，Ｂ市，Ｃ市で法定合併協議会を設置するという経緯をたどっています。

　そしてこのＡ市，Ｂ市，Ｃ市の三市で合併協議がまとまり，新市名を「ＶＮ市」とすることまで決まったのですが，Ａ市の住民投票でこの新市名案が否決され，合併後もＡ市の名前を望む市民が多数を占めたことから，この結果にＢ市が態度を硬化させ，三市合併協議は空中分解してしまいました。その後，Ｃ市がＡ市との交渉を継続し，この二市は合併に至っています。

　国，県，各市と各市住民など利害関係者が複雑で，問題が複合的に絡んでいるような場合，合併交渉をうまく進める方法はあったのでしょうか。

80　実践編

このケースで学ぶ交渉の考え方や技能

解 説

指針2 立場ではなく利害に焦点を合わせよう
指針3 双方にとって有利な選択肢を考え出そう
指針7 よい伝え方（コミュニケーション）を工夫しよう

1. 指針2：立場ではなく利害に焦点を合わせよう

「平成の大合併」といわれる市町村合併は，1999年に改正された旧合併特例法に基づき，行政の効率化や住民サービスの向上等を目的に，自治体の事業費返済負担を軽減する合併特例債の活用等を盛り込んで進められました。この結果，市町村数は1999年の3,229から2010年には1,727へと減少しています。この市町村合併においては，各地で合併協議会を設置して交渉が進められ，その交渉の内容には合併条件や新しい市町村の名称の問題等，様々なものが含まれていました。

政府は平成の大合併の目的として，①住民の広がる生活圏への対応，②少子高齢化社会への対応，③地方分権への対応，④厳しい財政状況への対応の四つを掲げていました。なかでも④の財政問題が最重要課題でした。各地の合併協議会設置から合併に至る経過を見ると，合併先の選択肢が少なく財政が緊迫している地域では比較的順調に合併が進みました。一方，財政力に恵まれ選択肢が多い大都市圏のような地域では，合併協議会の設置と解散を繰り返すなどスムーズにいかない場合が多かったようです。また，合併後の効果として行政効率化や住民サービスの向上が期待されましたが，合併の効果に疑問を持つ関係者や住民も多くいました。合併の交渉は，市町村内における住民・議会・首長等の多数関係者間による交渉と，その状況を踏まえての各自治体間の交渉という二段階に分かれ，さらに合併プロセスにおいて多くの市町村では，その是非を問う住民投票等が行われたことから，時間のかかる交渉であったことが推察されます。

この「平成の大合併」の背景には，政府が各自治体に対して政策に合わせて合併を行えば破格の財政的メリット等を与えるなどの特例を掲

政治と話し合い 81

げ，半ば強制的に合併協議の場を設けさせ，そこに自治体を誘導しよう
とする思惑がありました。

　さらに多くの県が，この政府の政策実行を高めるために当事者の考え
方を超えて，いかに各市町村を交渉のテーブルに着かせて話を進めるか
といった立場から根回しを行っていました。このため多くの地域で，関
係者が望まない合併協議会ができ上がったという不満もでていました。

　強い権限を持ち国としての政策を推進するという政府の立場と，地域
住民等の利益を守るという自治体の立場の違いが，CASEの本当の交渉
課題です。交渉に入る前提としてすべては地域住民のために行われるべ
きという，「**立場を超えて利害に焦点を合わせる**」基本的なスタンスが，
関係者全員に共有されていることが不可欠なのです。

2.　指針3：双方にとって有利な選択肢を考え出そう

　CASEの参考にした「埼玉県の市町村合併　―平成の大合併の現状と
課題」によると，2000年4月1日～2010年3月31日の間に合併の話し合
いを行う法定協議会の設置数は37（構成市町村115）で，合併に至った
ものが17協議会（構成市町村45）です。合併には至らず解散したものが
20協議会（構成市町村70）でした。この20協議会が解散した理由は，住
民投票の結果によるものが13協議会，住民意向調査によるものが1協議
会，協議項目等の調整が整わなかったもの等が3協議会，その他の理由
によるものが3協議会でした。他の調査でも，未合併市町村が合併しな
かった主な理由として「意見集約ができなかった」「単独で運営してい
こうと考えた」「合併を希望したが相手が否定的」といったものがあげ
られており，その交渉の難しさをうかがわせるものとなっています。

　CASEでは，じつはA市とC市が交渉を継続して最終的に合併に至り
ます。この状況から推測すると交渉前の準備段階として，様子見ばかり
や相手の問題に目を向けようとしない者が，交渉相手として本当にふさ
わしいのか，交渉利益の特定や優先順位の決定はできていたのかといっ
た，交渉に入る前のマネジメントに問題があったと考えられます。その
点から見ると，この交渉は初期の段階において互いの利害関係の見極め

82　実践編

とともに,「**互いにウィン・ウィンとなるような**」到達すべき複数の選択肢を考え出すことからはじめ,その後の交渉においては,行政効率化や住民サービスの向上等,地域住民のために行われるべきといった原則を厳格に貫く必要がありました。

また,合併に至らなくとも,その地域の抱える共通課題の発見や解決に近づくなど,交渉したことにより交渉しなかった場合よりも当事者の利益が増加していくことが望まれるところです。

さらに多数の当事者間による交渉においては,特に大局的な視点を忘れてしまっては賢明な交渉結果を得ることはできません。例えば,政府の都合や首長・議会の面子を保つこと,自治体間の主導権争いの様相を呈するなどの交渉は,本末転倒といわざるを得ません。

3. 指針7：よい伝え方（コミュニケーション）を工夫しよう

CASEでは,利害関係者の接点と課題が複合的に絡んで,三市の合併協議がまとまり新市名まで決まっていたものが,A市側の住民投票で判断が変わり,この結果にB市が態度を硬化させて合併協議は空中分解してしまうという経過をたどりました。この交渉経過には「**コミュニケーションの工夫**」という点で,二つの検討すべき要素が含まれています。

一つは,互いの市の名前を消して新しい名前にするという交渉が,双方の住民の価値観を十分把握せずに,交渉担当者間で痛み分けの発想からでてきたのではないかという点です。痛み分けの考え方は,ウィン・ウィンとなるような創造的な問題解決への道を閉ざしてしまう場合が多く,交渉においては十分に注意しなければならない内容です。また,二つ目は,よく地名や駅名の変更において地理的・歴史的背景等のない,足して二で割ったような唐突なものがでてくることが話題になりますが,CASEでは交渉に必要となる情報や認識を狭めてしまいます。

このような状態からでてきた交渉結果は,関係する当事者全員に不満を残し,相互の信頼関係を損なう危険があると考えられます。

また,CASEは最善の代替案（BATNA）に基づくリフレーミングに関するコミュニケーションの重要性を再認識させる内容でもあります。

政治と話し合い 83

授業のために（授業の目安：1時間）

（1）授業の目標
・現実に行われた市町村合併の交渉を分析することを通して、交渉で用いる技能や考え方を理解させます。

（2）授業の流れ
　本授業の展開は、「Ⅰ．知識の習得」→「Ⅱ．交渉で用いる技能や考え方を理解」→「Ⅲ．CASEを分析」→「Ⅳ．CASEから学べることを考察」→「Ⅴ．振り返り」となります。

【Ⅰ．知識の習得】
①CASEで登場する「平成の大合併」について、教科書で確認させます。平成の大合併の事例を「解説」をもとに説明します。

【Ⅱ．交渉で用いる技能や考え方を理解】
①オレンジ事件（→p.13）等のわかりやすい事例で、「指針2　立場ではなく利害に焦点を合わせよう」「指針3　双方にとって有利な選択肢を考え出そう」「指針7　よい伝え方（コミュニケーション）を工夫しよう」を理解させます。

【Ⅲ．CASEを分析】
　CASEを「解説」に基づいて分析させます。分析の視点は、以下の通りです。
①それぞれの市には、どのような主張と利害があるのだろう。
②なぜ交渉はもの別れに終わったのだろう。
③交渉をうまく進めるためにはどうすればよかったのだろう。
④CASEにおける「よい伝え方（コミュニケーション）」とは何だろう。

【Ⅳ. CASEから学べることを考察】
　CASEから学べることを考察させ，生徒に発表させます。CASEから学べることは以下の通りです。
①「平成の大合併」の背景にある交渉課題として，強い権限を持ち国としての政策を推進する政府と，地域住民等の利益を守る自治体という立場の違いがある。
②「すべては地域住民のために行われるべき」という利害に焦点を合わせることが不可欠である。
③交渉で得たい利益の優先順位を決めることが重要である。
④「痛み分け」ではなく，互いにウィン・ウィンとなるような到達すべき複数の選択肢を考え出すことが重要である。
⑤行政効率化や住民サービスの向上等，地域住民のために行われるべき原則を厳格に貫くことが重要。
⑥多数の当事者間による交渉においては，自治体間の主導権争い等ではなく，大局的な視点がいずれの当事者においても有利な交渉結果をもたらす。
⑦交渉結果が互いの主張を足して二で割ったようなものでは，関係する当事者全員に不満を残し，相互の信頼関係を損なう危険がある。

【Ⅴ. 振り返り】
①CASEを分析して考察した結果と，教員が提示した「CASEから学べること」を比較して，話し合いをするときに何が重要なのかを発表させます。
　　　　　　　　　　　　　　　　　　　　　　　　（岩瀧敏昭）

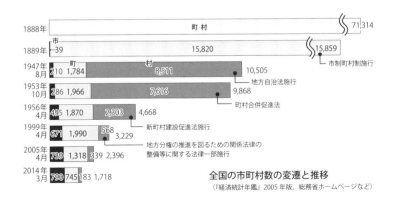

全国の市町村数の変遷と推移
（『経済統計年鑑』2005年版，総務省ホームページなど）

実践編

5 選挙

市長選挙
—投票のパラドクス—

CASE

　X市長選が公示されました。候補者は，A氏・B氏・C氏の三人です。X市の有権者は30万人で，経済団体・労働組合及び宗教団体が，それぞれ10万票の組織票を確保しています。これら三組織のどれにも属さない有権者はおらず，三組織の複数に属する有権者もいないと仮定します。また各組織は，票を分割して投票させることもできません。

[課題1] 三人一組をつくり，候補者A，B，Cの立場に分かれて，典型的な経済団体・労働組合及び宗教団体について調べ，その三組織のうち二つ以上から支持を得られるような公約を構築しなさい。二つ以上の組織の支持が得られなければ当選できないことになります。

[課題2] 構築した公約を前提として，それに反しないように，他の候補者と共同戦線を張れるように交渉しなさい（共同戦線の場合，市長と副市長）。交渉課題は公約の修正です。

[課題3] 三人組は，今度は三つの組織の役割を演じます。与えられた「優先度カード」に記載された順序で候補者A，B，Cを支持しているとし，それを秘密にしたまま三組織で話し合い市長を選びます。三者合意が無理な場合は多数決により決めますが，その際は候補者二人ずつに投票し，勝ち残り候補者と残りの候補者の決選投票をします。候補者A，B，Cの間の多数決投票の順序については，三者合意しなければならないので交渉し合うものとします。

86　実践編

このケースで学ぶ交渉の考え方や技能

解 説

指針1 **人と問題を切り離そう**
指針2 **立場ではなく利害に焦点を合わせよう**
指針3 **双方にとって有利な選択肢を考え出そう**
指針7 **よい伝え方（コミュニケーション）を工夫しよう**

1.選挙も交渉コミュニケーション

選挙で選ばれる人数には制約があり，候補者の間でのゼロ・サムゲームとなります（無投票選挙でない限り，だれかは落ちるので，自分が落ちないためにはだれかを落選させることになります）。できるだけ多くの有権者の選好に合致するような政策を立てるようにすることで当選へ近付きます。他の候補者との競争の場合にも合従連衡が可能で（選挙協力：政党間でよく見られるが候補者間でも可能），その意味で交渉可能であるといえましょう。選挙は勝つか負けるかでしょうが，その過程でウィン・ウィンな対応も可能であり，交渉過程でもあります。

選挙活動とは，候補者や候補者を立てた政党の間の政策をめぐる交渉，候補者と有権者との間の交渉としての政策提言と対話集会，有権者の間の合従連衡というように，多人数間かつ多元的で複雑な交渉過程と位置付けることができます。言葉で話し合うことだけが交渉ではないのです。

2. 指針1：人と問題を切り離そう

例えば，政治の能力はないが善人を市長にするか，嫌な奴だと評判が立っているが政治的に有能な者を市長にするかと問われれば，多くの有権者は後者を選ぶであろうと思われます。ただし脱税・不倫・犯罪等を行う者は，有能でも市長としてふさわしくないとも判断します。有権者の候補者選びには，それらの間でのバランスが必要となります。候補者の側でもこのバランスによる候補者選びを有権者が行うことを考慮して，公約を掲げて他の候補者と競争し合うことになります。

これは有権者の選択を考慮しての交渉であり，そこでは絶対的で客観

政治と話し合い　87

的な最適選択肢の選択を追求されることはないと思われます。候補者の間での相対的な望ましさの選択であり，情報や能力に限界があり，多様な選好を持つ選挙区の有権者を前提とした選挙戦略の選択が選挙でしょう。当然，候補者にとっても有権者にとっても「現実からの選択」を強いられるのです。

3. 指針2：立場ではなく利害に焦点を合わせよう

イデオロギー的な立場に固執することなく，社会にとってよりよいことを実現できる者を選ぶのが選挙であり，これは不完全な選択肢の中からベターな選択肢を選ぶという妥協にほかならないともいえます。このような妥協は，現実の世界では不可避であり，候補者の側でいくら崇高な政策目標をめざしていても，落選すれば何一つ実現できない面があります。他候補者や政党との妥協が必要となる場合がほとんどなのです。このような現実を考慮すれば，候補者は公約（ポリシー・ミックス：政策群の体系）を構築し，有権者は候補者の順序付けをしなければならないのです。政治・政策的な理想は必要ですが，実際には選挙において表にでてくるのは現実的な利害であることも多いのです。

4. 指針3：双方にとって有利な選択肢を考え出そう

そこで候補者としては，市長と副市長に役割分担（連立）して各自の理想への追求を実現することが，競合候補者として争って共倒れするよりもよいという方向で政策調整を追求します。それが不可能なら，互いに徹底対決するしかないからです。有権者の側も，合従連衡して自分に有利な候補者を当選させることのほうが，他に連立・結託されて，支持する候補者が選挙に負けるよりも望ましいと考えます。

すると，連立・結託の相手選びが重要となります。現実に「組織票」というものがあるのも，これが理由でしょう。個人の一票は貴重ですが，現実の選挙の趨勢に影響をそれほど与えるものではない面もあります。むしろ組織（宗教団体や政党や労働組合等）に所属して組織票として動くことで，選挙結果，そしてその後の政策実現により大きな影響を与え

ることが可能となると考える面が，選挙ではあります。組織票とは有権者の側の連立・結託の一つの形態であるともいえます。

5. 指針7：よい伝え方（コミュニケーション）を工夫しよう

　候補者から有権者への訴えは，1対多のコミュニケーションと位置付けることができます。最悪の場合は，宣伝・プロパガンダともなり得ますが。候補者は，有権者が候補者（自分）を信頼に足る人物であり，その掲げる政策も根拠・理由がしっかりした実効的なものであり，他の候補者よりも優れていると確信するように説得を工夫することが必要です。有権者の側でも，賛成できない政策や疑問点を，様々なチャネルを通じて候補者へフィードバックし，それを受けて候補者もポリシー・ミックスを改良する等の必要があります。様々なチャネルとしては，講演会での質疑の際の直接的質問・批判に限らず，候補者のブレーンや候補者のブログ等のSNSもあり得ます。その際も，根拠・理由をしっかり示してコミュニケーションをする必要があります。有権者としては，候補者の巧言令色のレトリックに惑わされることなく，事実と証拠に基づいて候補者を評価しなくてはならないといえます。

6. シミュレーション
―民主主義的な多数決に内在する問題に気付く―

　CASEの［課題3］のように，多数決で三人以上の選択肢の中から一人を選ぶ場合，最初の二候補者をだれにするか（アジェンダ・セッティング）で，結果が異なることに気付くことが大切です。候補者AとBの間の投票，その勝ち残りと候補者Cの間の投票という順番と，候補者BとCの間の投票，その勝ち残りと候補者Aの間の投票，候補者CとAの間の投票，その勝ち残りと候補者Bの間の投票で，結果がすべて異なります。

　じつは他組織の優先度の順番を知れば，自分に有利な戦略があることに気付くことができます。つまり投票の順番でだれのことをも勝者にできるのです。これは，投票のパラドクスとよばれています。

政治と話し合い　89

授業のために(授業の目安:2時間)

(1) 授業の目標
- 選挙も交渉の一形態であり,候補者側にも,有権者側にも,両者の間にも交渉が直接・間接に行われ,交渉理論が役に立つことを理解させます。
- 交渉決裂の場合に行われる民主主義的な多数決が,選挙での交渉のBATNAとなりますが,多数決には様々な問題が内在することに気付かせます。すなわち多数決における投票のパラドクス(コンドルセ・パラドクスともよばれます)です。これは民主主義的であるとされる投票による選択の正当性に,ときには重大な疑義をもたらすことがあることも理解させましょう。

(2) 授業の流れ
本授業の展開は,「Ⅰ.[課題1][課題2]の実施」→「Ⅱ.分析・検討」→「Ⅲ.[課題3]の実施」→「Ⅳ.分析・検討」→「Ⅴ.総括」となります。

【Ⅰ.[課題1][課題2]の実施】
① [課題1]と[課題2]に取り組ませます。政党間の選挙協力のための政策協議も交渉です。どの政策を譲歩し,どの政策は譲れないかの優先順位付けと,相手方の政策優先順位の見積りが重要となります。

【Ⅱ.分析・検討】
① 「指針1」~「指針3」,「指針7」に基づいて検討させてください。政策交渉にも交渉理論がそのまま適用できることを体験させてみましょう。

90 実践編

【Ⅲ. ［課題３］の実施】

①「優先度カード」を適当に配付します。カードの内容は互いに秘密にして，［課題３］に取り組ませます。三者のカードの内容は，投票のパラドクスの構造になっているようにしてみてください。

【優先度カード①】

候補者Aを強く支持する（第一順位），候補者Bはどちらでもよい（第二順位），候補者Cには反対する（第三順位）

【優先度カード②】

候補者Bを強く支持する（第一順位），候補者Cはどちらでもよい（第二順位），候補者Aには反対する（第三順位）

【優先度カード③】

候補者Cを強く支持する（第一順位），候補者Aはどちらでもよい（第二順位），候補者Bには反対する（第三順位）

【Ⅳ. 分析・検討】

①投票の順番を変えると結果がどうなるか，実際に試させましょう。候補者のだれでも，勝者になれることを体験させてください。もしもアジェンダ・セッティングの権利を一人が持ち，その者が他者の優先度の順番を知っていた場合には，投票の順番によって自分に都合のよい結果を導けることを実際に試させてください。

【Ⅴ. 総括】

①選挙と交渉について，広く様々な観点から議論させてください。時間があれば，映画『All the Way』を鑑賞して議論させることをすすめます（→p.92）。　　　　　　　　　　　　　　　　（太田勝造）

政治と話し合い　91

Column

映画『All the Way』

　1963年のケネディ大統領暗殺を受けて副大統領から大統領となったジョンソンが，公民権法案の議会での可決と自己の大統領再選とをめざして，二枚舌，三枚舌の交渉をするという実話に基づいた2016年の映画です。ブロードウェイの演劇として2014年に初演され，主演のブライアン・クランストンはトニー賞の演劇主演男優賞を受賞しています（映画でもクランストンが主演）。

　政治家としてのジョンソンは権謀術数に長けており，1950年代に上院の院内総務として数多くの法案を通し，交渉術の達人としての評価を確立していました。1960年の大統領選挙では，その政治手腕を買われてケネディによって副大統領候補に指名されたのです。

　大統領としてのジョンソンの懸案は，反対の根強い公民権法案をどうやって連邦議会で成立させるかでした。当時のアメリカ合衆国では，レストランやバス，学校等が白人用と黒人用とで区別され，法的にも黒人は差別されていました。人種差別廃止を求める黒人のデモや蜂起が相次ぎ，他方，人種差別主義のK.K.K.（クー・クラックス・クラン）等による黒人に対する虐待や殺人が頻発して，世情不安の頂点にありました。暴動や民主党分裂を示唆して法案を通すことを強要するキング牧師，法案に頑強に反対する南部民主党の有力議員（ジョンソンはテキサス州出身），より保守的な代替法案を提出する右派共和党員，代替法案に反対するリベラル派と，相容れない立場の者たちとジョンソンは丁々発止の交渉をして法案を成立させました。その交渉技法は，拝み倒し，おだて，籠絡，懐柔，泣き落とし，脅しすかし，さらには詐欺・脅迫まがいの説得等，手段を選ばないありとあらゆる交渉テクニックを駆使したものであったといいます。

　こうしてジョンソンは，公民権法案の1964年の議会通過を達成するとともに，大統領選では共和党候補に圧勝し，1965年に投票権法も成立させます。ベトナム戦争での北爆との関係から批判者も多いですが，社会改革に大きく貢献した大統領としての実績はもっと評価されてしかるべきだといわれています。

　この映画は，このようなジョンソン大統領の辣腕発揮を鮮烈に描写しており，交渉の教材としても非常に有益なものです。　　　（太田勝造）

第3編
実践編
第2章 法と話し合い

　この章では，中学校や高等学校で学ぶ「法」単元の内容を話し合い（交渉）という観点から再構成したCASEの紹介と解説，授業づくりのヒントを紹介します。

　法の意義や役割，多様な契約，司法参加などにかかわって，適正な手続きに則って個人や社会の紛争を解決することで，権利や自由が保障されることを学べるようになっています。

実践編

1

ルールやきまり

第2章　法と話し合い

学校からでる騒音の問題を
どう解決するか

CASE

　A高等学校は地方都市の住宅街にあります。県大会や全国大会にでたこともある吹奏楽部・応援団・剣道部・野球部・テニス部等は，いずれも活動に熱心で，練習には大きな音が伴います。付近の住宅には高齢者も多く住んでいて，10年ほど前から匿名の電話による「騒音がうるさいから，何とかしてほしい」という苦情が月に十数件寄せられています。最近では毎月30～40件程度に増加し，時には匿名の投書もくるようになりました。

　吹奏楽部や剣道部は夏でも体育館や道場の窓を閉め切って練習し，応援団は和太鼓やバチをタオルで覆ってできるだけ音が響かないように練習するようにしたほか，練習時間も短くするようにしています。しかし，苦情は減るどころか，最近ではエスカレートし，電話口で「何度いったらわかるんだ！　うちは夜勤の仕事をしているんだ。音が響いてきて眠れやしない。ノイローゼになりそうだ！

　練習は別の所でやれ！」といった，激烈なクレームまで寄せられるようになりました。電話には教頭が対応し，「各部ともできるだけ音がでないようにいろいろ工夫をしています。何とか理解してもらえないでしょうか」と説明するが，「窓を閉めていても，音が響いてきてイライラする」といい，取り合ってもらえません。これはもう，「クレーマー」といってもよいのではないでしょうか。

　地域社会では様々な場面で環境に影響を及ぼす活動があり，このような事例は珍しくありません。どのように解決したらよいでしょうか。

94　実践編

このケースで学ぶ交渉の考え方や技能

解 説

指針1 **人と問題を切り離そう**
指針2 **立場ではなく利害に焦点を合わせよう**
指針7 **よい伝え方（コミュニケーション）を工夫しよう**

1.「悪辣なクレーマー」か

指針1

　私たちは，社会生活上の問題が紛争に発展する過程で激しいクレームに直面すると，クレームをいう相手方を悪辣なクレーマーではないかと思い込んでしまうことがあります。紛争が生じる場合，しばしば関係者が感情的になり，大きな声で怒鳴ったり罵倒したりする場面に遭遇することがあります。しかし，相手をクレーマーと決めつけることは問題の解決につながらず，場合によっては紛争をこじらせ，一層解決を困難にすることにもなりかねません。CASEのような事例の場合，様々な人から寄せられる多数の苦情を真摯に受け止めて解決に取り組む姿勢を持つことが，まずもって必要です。そこで「**人と問題を切り離そう**」という指針1が重要で，出発点となります。

　人はだれでも自尊心を含め感情を持っており，相手から尊重してほしいと思っています。そこで，問題解決に取り組むにあたっては，相互に相手の感情に配慮する必要があることを理解すべきです。感情的になってクレームをいう住民には，それなりの理由があることに留意し，真摯にその声を聴く用意があることを示し，困っていることをできるだけ冷静に語りかけてほしいことを理解してもらう姿勢が求められます。

　学校・生徒側の課題としてもう一つ重要なことは，住民からの苦情の問題をどこまで「自分たちの問題」と考えるかです。例えば，生徒が「この問題は学校と住民の問題であり，生徒（＝自分たち）の問題ではない」という考え方をするとすれば，生徒は「うるさいことをいって，自分たちを困らせる人々だ」と住民を無視する，あるいは対立する態度をとるかもしれません。そうではなく，あくまでもこの問題は自分たちが発し

法と話し合い　95

ている音が住民に迷惑を及ぼしており，まさに自分たちの問題だと捉えることが必要です。

2.「学校の立場」「住民の立場」ではなく，「地域でともに生きる生徒と住民の具体的な利害」に焦点を

指針2

　CASEのような事案では，話し合いを通じた解決が望ましいことはだれも否定しないでしょう。その話し合いをする際に，ときとして陥りがちなことは，「立場」への固執です。「学校として部活動は教育上非常に重要なものなので，止めさせるわけにはいかない」とか，逆に「住民を無視して行われる部活動はなんらの価値もなく，許されない」といった議論の立て方です。特に迷惑を受けている住民の声は，より具体的にどのようなことに困っているのかを掘り下げて聴く必要があります。

　例えば，「三交代で仕事をしていて，眠れない」という場合，住宅の位置，どの部活動の音か，三交代の仕事のシフトと寝る時間（何曜日の何時に帰ってきて，何時に眠りにつき，起床はいつか），仕事の大変さ等を具体的に聴くべきでしょう。そうすると，部活動の場所や時間の調整等でその住民の直面する問題に対応できるかもしれません。また，学校・生徒側は部活動の具体的な状況や部員たちの熱意・夢，これまでの成果等を住民に具体的に語り，また実際に見てもらい，交流することも有益でしょう（住民は赤の他人から迷惑をかけられていると思っているかもしれませんが，交流を通じて互いに知っている人同士と思えるようになれば，対応も違ってくる可能性があるでしょう）。

3.わかり合うコミュニケーションのために

指針7

　人は感情の生き物であり，相互に尊重されることを望んでいます。話し合いによる問題解決をするためには，相互に相手を尊重した「**よい伝え方**」が必要です。そこでまず，CASEのような事案を話し合いで解決しようとする場合，その話し合いの場をセッティングする必要がありま

96　実践編

す。どのようにセッティングするかは，その後の話し合いの在り方に大きな影響を及ぼすので，「よいセッティング」ができることが重要です。よいセッティングのためには，だれからだれに話し合いを申し入れるか，話し合いへの参加メンバーや議題，場所をどうするか等，考えるべき課題は多方面にわたります。また当然ながら，話し合いの場での発話や聴き取りは相手を尊重する姿勢でなされることが必要です。

4.松本深志高校での住民・生徒・教員協議会

CASEで取り上げた事案は，2017年7月31日付の毎日新聞で報じられた長野県松本深志高等学校での事例をモデルにしたものです。松本深志高校では，生徒たちを主体とした自発的なプロジェクトとして「地域フォーラム『鼎談深志』」が設立され，関係する住民（町内会長ら九人），生徒代表十人，校長・教頭の三者が参加して，住民の困っていることや部活動の在り方等について意見交換をする場が持たれ，部活動の発する音をめぐる問題の解決に取り組んでいるということです。

5.地域の環境に影響を及ぼす活動や施設をめぐる紛争事例

地域環境に影響を及ぼす活動や施設をめぐる紛争は多方面にわたってあります。例えば，近年報道される認可保育園設置計画について周辺住民が反対し，計画断念に至った事案等では，話し合いの場の設定がうまくいかなかったり，具体的な利害や問題の解決方法についての話し合いがうまくいかなかったり（周辺住民の感情への配慮が十分でなかった可能性もあり得ます）したものがあるようです。

「鞆の浦景観訴訟」の事案では，広島地裁の判決がでて広島県が控訴したあと，新たに選出された県知事の発案で，埋め立て架橋に賛成する住民と反対する住民が対話を行う住民協議会が設置され，18回にわたり話し合いが行われました（私はそのファシリテータを務めました）。これは，「この問題は住民の生活上の不便等の課題を，どのように解決すべきかというものであり，それは住民同士が具体的な利害に焦点を合わせて冷静に話し合って決めるべきだ」という知事の考えで行われました。

法と話し合い　97

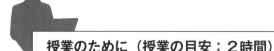

授業のために（授業の目安：2時間）

(1) 授業の目標
・相手をクレーマーと決めつけるのではなく，「自分たちの問題」として相手の意見を受け入れ，相互に相手の感情に配慮しながら，交渉で用いる技能や考え方を身に付けさせます。
・互いがよりよい話し合いをするためには，どのような話し合いの場を設ければよいのか，「よいセッティング」を考えさせます。

(2) 授業の流れ
本授業の展開は，「Ⅰ．騒音問題と話し合いの事例を理解する」→「Ⅱ．自分の身の周りから具体例を考える」→「Ⅲ．模擬対話を行う」→「Ⅳ．応用・提案・参加」となります。

【Ⅰ．騒音問題と話し合いの事例を理解する】
①地域の環境に影響を及ぼす活動や施設をめぐる紛争の事例として，「認可保育園設置計画」や「鞆の浦景観訴訟」を取り上げ，実際にどのような問題が起こり，どのような経緯をたどっているのかを理解させます。

【Ⅱ．自分の身の周りから具体例を考える】
①CASEで取り上げられた，長野県松本深志高校での事例を確認させます。
②自らの学校生活を振り返りながら，近隣住民が迷惑だと思っているようなことはないか，具体例をあげながら考えさせます。
③そのうえで，CASEで取り上げられた，学校の部活動の騒音問題は，「自分たちの問題」でもあることを理解させます。

98 実践編

【Ⅲ．模擬対話を行う】

①【Ⅱ】で確認したCASEの事例から，三人一組をつくらせ，それぞれ生徒側，住民側，教員側の役割分担をさせ，相手の利害を引き出すように，模擬対話に取り組ませます。このとき，相互に相手の感情に配慮することが大切です。生徒・住民・教員の利害は，例えば以下のようなものが考えられます。

【生徒の利害】
・高校三年間の集大成である大会にどうしても勝ちたい。
・高校三年生であるため，夕方は早く帰り塾に行きたい気持ちもある。けれど，朝の練習だけは必ず行いたい。

【住民の利害】
・夜勤の仕事が多く，寝付くのは6時過ぎである。
・昼の12時には起床し，仕事に向かわなくてはならず，体力仕事であるため，朝はゆっくりと眠りたい。

【教員の利害】
・部活動の顧問として大会で勝たせてあげたい思いがある。
・部活動の顧問は，日々の仕事を圧迫する一つの要因ではある。
・生徒の部活動と学習のバランスを考えたい。

【Ⅳ．応用・提案・参加】

①それぞれ，模擬対話を行ったあとで，どのようにしたら，相手の利害を引き出すことができるのか，模擬対話を行ったグループで振り返りを行わせます。

②よりよい話し合いのためには，参加者や議題，場所をどのようにセッティングするのが望ましいのか考えさせます。　　　　　　（大澤恒夫）

法と話し合い　99

実践編 2 契約

マンションの共用設備にかかる費用をだれがどのように負担するか

CASE

　郊外にあるマンションＡはエレベーターのない十階建てで，各階にはそれぞれ五世帯が暮らしています。住民のほとんどはマンションが建築されたときに入居した人たちで，最近は高齢化が進んできています。こうした状況を踏まえ，住民たちで構成するマンション管理組合は，マンションにエレベーターを設置することを決議しました。エレベーター設置業者から見積もりをとったところ，エレベーターの設置費用は500万円とのことです。管理組合は，この500万円をどのように負担するかについて，各階から代表を一人ずつ選出し，代表十人の話し合いで決めることとしました。各階の代表が話す内容は各階の世帯の総意と見なされます。

　あなたは代表の一人としてこの話し合いに参加することになりました。参加するにあたり気を付けなければならないのは，このマンションの住人は，決して悪気はないのですが，忘れっぽいところがあるということです。各階の代表者が納得でき，かつ今後，エレベーターの設置とその費用負担がつつがなく行われるようにするには，この話し合いをどのようにしたらいいのでしょうか。

このケースで学ぶ交渉の考え方や技能

解 説

指針2 立場ではなく利害に焦点を合わせよう
指針3 双方にとって有利な選択肢を考え出そう
指針4 客観的基準を強調しよう
指針6 約束（コミットメント）の仕方を工夫しよう

1.契約とは何か

　契約とは，それにかかわる人たちが交わす約束＝合意です。近所のコンビニでサンドイッチを購入するのも，料金を払ってバスや電車に乗るのも，スマートフォンにアプリをインストールして使うのも，CASEで住民たちが話し合った結果，エレベーター設置費用をどう負担するかを決める合意も契約です。

2.エレベーター設置費用負担についての契約の在り方

　CASEにおけるエレベーター設置費用の負担について，各階の代表は話し合いのなかで次のようなことを述べるでしょう。

10階代表「500万円を10階×5世帯＝50で割って，一世帯10万円ずつ負担すればいいじゃないですか」

1階代表「エレベーターの設置費用は2階以上で負担すべきです」

2階代表「エレベーターを使う階数で差を設けるべきです。2階は上がる階数が1階分，10階は9階分ですから，1：9にすべきです」

9階代表「上がる階数の違いではなく，エレベーターを使う回数で差を設けるべきです。使う回数は，2階以上なら同じですね」

（1）費用負担をするか否かについて

指針2

　このように，それぞれの階の立場から発言している限り，この問題は解決しません。ここでは，「**立場ではなく利害に焦点を合わせる**」ことが有効です。1階代表が費用負担を拒むのは，エレベーターを設置しても1階住人が使うことはないので，メリットがないと考えているからで

法と話し合い　101

す。であれば，1階住人にもメリットがあることを示せれば，費用を負担しないという立場からは抜け出してくれそうです。例えば，エレベーターを設置することでマンション全体の価値が上がるから，1階の各部屋の価値もそれに伴って上がるというメリットがあることを示します。

（2）費用負担の割合について

指針4

「**客観的な基準**」を示すことが有効な手の一つです。2階代表や9階代表の発言の趣旨はこのあたりにあるといえます。まず，使う回数について，確かに2階以上であれば階数の違いが反映するとはいえません。しかし，使う回数の違いは，設置費用ではなく，その後の維持費の差に反映すべきといえそうです。次に，上がる階数については，これが多いほど，すなわち，上層階ほどエレベーターを設置するメリットが高そうです。しかし，（1）の観点を加えると，設置費用全額を上がる階数で割り振るのではなく，エレベーターを設置することでマンションの価値が上昇する分は，各階で均等に負担するというほうが納得を得やすそうです。例えば，エレベーターを設置する前のマンションの価値が4千700万円，エレベーターを設置することでマンションの価値が300万円上昇するとします。そうすると，上昇分300万円を各階均等に負担し，残りの200万円について，2階以上の階で段階的に負担割合を多くするというのが合理的な基準の一つといえそうです。また，価格上昇率300万円／（4千700万円＋300万円）＝6％分，すなわち，500万円×6％＝30万円を各階均等に負担し，残りの470万円について，2階以上の階で段階的に負担割合を多くするというのも合理的な基準の一つといえそうです。

（3）他の考慮要素

指針3

（2）のようなやりとりの結果，客観的な基準同士の争いになってしまいその決め手がないという場合，エレベーター設置費用以外の要素を組み込んで「**双方にとって有利な選択肢を考え出す**」のも有効です。例え

ば，300万円を均等負担，200万円を２階以上で段階的に負担するとの案
をとる場合，負担額が大きくなる１階の住人には不満が生じやすいとい
えるでしょう。そこで，エレベーターに関する今後の維持費については，
２階以上で負担するという合意をあわせて行う方法が考えられます。逆
に，30万円を均等負担，470万円を２階以上で段階的に負担するとの案
をとる場合，２階以上の負担が大きくなるので，今後の維持費は各階均
等負担とするという合意をあわせて行う方法が考えられます。

（4）契約を守らせることについて

指針6

　以上のようなやりとりを通じて各階代表に合意が形成されても，それ
がきちんと守られなければ苦労して合意をした意味がありません。法律
上の制度としての契約は，このようなニーズに応えるためにあります。
すなわち，相手が約束を守らないときに，国家権力を使って強制的に約
束の内容を実現する，それと同じ状態をもたらすのに必要な金銭を賠償
させることができるものをいいます。こうした強制力により，法律上の
制度としての契約がされると，相手は簡単には約束を破らなくなります。
マンションＡでも，合意内容が守られるように，法律上の契約として認
められるための形式をとっておくことが大切です。具体的には，合意の
内容を記載した書面を作成し，合意にかかわった人たちがこれに署名し
て，紛失しないように保管しておくべきでしょう。

※CASEについて
　CASEは架空の設定です。現実には，おおよそ７階（高さ31m）以上の建
物でエレベーターの設置が必要とされています（建築基準法第34条）。また，
サービス付き高齢者向け住宅では，３階以上になるとエレベーターを設置す
る必要があります（高齢者の居住の安定確保に関する法律第34条１項８号）。
現実社会を重視した授業を展開したい場合には，マンションＡを５階と設定
して行うことも一つの方法です。CASEのまま実施すれば，十人で，少しず
つ利害関係が異なるダイナミックな模擬交渉を行うことができます。現場に
合わせて実践してみてください。

法と話し合い　103

授業のために(授業の目安:2時間)

(1) 授業の目標
・交渉で用いる技能や考え方を用いて多角的に考察させ,自分の考えを他者に伝えさせます。
・他者との交渉を通して契約の概念を理解させます。

(2) 授業の流れ
本授業の展開は,「Ⅰ.CASEについて個人で考える」→「Ⅱ.CASEで模擬交渉」→「Ⅲ.振り返り」→「Ⅳ.前時の振り返り」→「Ⅴ.契約を守らせるにはどうすればよいか」となります。

【Ⅰ.CASEについて個人で考える】
①CASEを読ませ,エレベーターの設置費用が問題になっていることを確認させ,ワークシートに自分の考えをまとめさせます。生徒は,設置費用と維持費用を混合して考えている場合もあるので,混合しないように適宜説明をします。また,なぜそのように考えたのか生徒の思考が見えるように,理由をしっかり書くよう指示をしましょう。ワークシートの記入時間は約7分です。

【Ⅱ.CASEで模擬交渉】
①十人一組をつくらせ,各グループで模擬交渉に取り組ませます。次に,くじ引き等で何階の代表者になるかを決めさせます。1階,2階,9階,10階の代表者に「各階の世帯意見」を渡します。

【各階の世帯意見】
1階代表「エレベーターの設置費用は2階以上で負担すべきです」
2階代表「エレベーターを使う階数で差を設けるべきです。2階は上がる階数が1階分,10階は9階分ですから,1:9にすべきです」
9階代表「上がる階数の違いではなく,エレベーターを使う回数で差を設けるべきです。使う回数は,2階以上なら同じですね」
10階代表「500万円を10階×5世帯=50で割って,1世帯10万円ずつ負担すればいいじゃないですか」

②交渉で用いる技能や考え方のポイントを伝えます。「指針2　立場ではなく利害に焦点を合わせよう」と「指針4　客観的基準を強調しよう」が特に重要であることを伝えましょう。交渉前に，代表者としての意見を5分程度考えさせます。その後，15分間で交渉を行わせます。交渉がまとまらなくてもいったん止めて，振り返りに移ります。

【Ⅲ．振り返り】
①【Ⅱ】の交渉の結果，【Ⅰ】から【Ⅱ】の振り返り，交渉の自己評価等をワークシートにまとめさせます。このとき，自分の考えが交渉を通してどのように変容したのかに注目させ，それについて記述させると深い学びにつながります。交渉で用いる技能や考え方をどれくらい使えたかについて自己評価させることも効果的です。
②ワークシートがまとまったら，クラスで結果を共有しましょう。

【Ⅳ．前時の振り返り】
①CASEと交渉で用いる技能や考え方について復習をさせます。各チームからでた結果から多面的・多角的に考えさせ，交渉で用いる技能や考え方を使って結論を出せているかを講評します。
②契約という概念について，身近な例を用いて講義します。このとき，契約が身近であることを実感させましょう（例えば，携帯アプリの利用規約等を用いて説明するなど）。
③契約についての概念を理解させたら，問題となっている事例が単なる契約の問題にとどまらず，高齢化という問題の側面もあることを確認させます。現実社会では，様々な形で高齢化にあわせなければならない場合があることを，事例を用いて認識させます。

【Ⅴ．契約を守らせるにはどうすればよいか】
①エレベーター設置費用の負担についてなんらかの合意をまとめさせたあと，「契約を守らせるためにはどうすればよいか」を議論させてワークシートにまとめさせます。具体的には，契約書を作成して，守るべき人たちに署名・押印させることが，のちに無用な紛争を避ける方法です。
　　　　　　　　　　　　　　　　　　　　　　　　　（樋口正樹）

法と話し合い　105

実践編

裁判になってからの交渉とは
どのようなものか

3 裁判所

CASE

　郊外にあるマンションAはエレベーターのない十階建てで，各階にはそれぞれ五世帯が暮らしています。住民のほとんどはマンションが建築されたときに入居した人たちで，最近は高齢化が進んできています。こうした状況を踏まえ，住民たちで構成するマンション管理組合は，マンションにエレベーターを設置することを決議し，エレベーター設置業者から見積もりをとったところ，エレベーターの設置費用は500万円とのことでした。管理組合は，基本負担分として各世帯6万円（10〈階〉×5〈世帯〉×6＝300万円），加算分として，2〜6階が各世帯4万円（各世帯の負担額合計10万円，2〜6階の加算額5×5×4＝100万円），7〜10階が各世帯5万円（各世帯の負担額合計11万円，7〜10階の加算額4×5×5＝100万円）とする決議をしました。

　ほとんどの世帯はその負担額を支払いましたが，203号室に居住するBさんだけは支払いません。やむを得ず，管理組合の管理者Cさんは，裁判所に対し，Bさんを被告として，負担額の支払いを求める訴訟を提起しました。

このケースで学ぶ交渉の考え方や技能

解説

指針1 **人と問題を切り離そう**
指針3 **双方にとって有利な選択肢を考え出そう**
指針4 **客観的基準を強調しよう**
指針7 **よい伝え方（コミュニケーション）を工夫しよう**

1.交渉への第三者の介入

交渉は通常，その当事者同士だけで行うところからはじめますが，当事者同士だけでの交渉で問題解決がうまくできない場合，中立的な第三者を介入させることがあります。その典型例が裁判所を介入させる裁判です。ほかにも，仲裁人を介入させる仲裁手続きや，調停委員を介入させる調停手続き，あっせん員を介入させるあっせんがあります。後三者のように，裁判以外の方法によって第三者を介入させる方法がADR（裁判外紛争解決手続き）です。

裁判とADRの最も大きな違いは，介入者に強制的な判断権があるかどうかです。すなわち裁判では，当事者間に合意ができなかった場合，裁判所がその問題について判断をして，紛争解決基準を示します。この判断は当事者を法的に拘束します。ADRではこうしたしくみにはなっていません。

2.裁判における交渉

指針1　指針4

裁判にまで至ってしまえば，もう交渉の余地はないと多くの人が思い込んでいます。しかし，そうではありません。裁判の利用とは，交渉のステージが①裁判官という調整役たる第三者が介入する可能性と，②最終的にはその裁判官による強制的な裁定がされる可能性という二つの条件が付加された場に変わることを意味します。

この二つの条件の付加は，交渉に対する制限ではなく，裁判という場や裁判官の存在がツールとして利用できるようになったことを意味しま

法と話し合い　107

す。すなわち，裁判官が判決をするには，その紛争において最も根幹となっている争点がどこにあるのかを，裁判の当事者双方及び裁判官の三者間において共有する必要があります。その争点を探索する作業は，裁判の当事者双方が向かい合う形で対立して行えるものではありません。裁判の当事者双方が共通して抱えている問題を，裁判官を利用し，互いに協力して解きほぐしていく作業なのです。事実の有無や位置付け，その裏付けとなる証拠の有無やその価値を整理し，その紛争において最も根幹となる争点，問題の焦点について共通認識を形成していくのです。この作業は，それ自体が交渉の前提を提供するとともに，作業の結果（紛争の整理と争点の共有）は交渉成立の可能性を相当高めるのが通常です。これらの状況を利用し，または，これらの作業結果が明らかになる前の段階で，交渉を行い，合意形成による紛争解決をはかるのか，これらの状況を踏まえ判決を得たうえで紛争解決をはかるのかの選択肢が，裁判を利用する当事者には提供されているのです。

3.CASEでの具体的な交渉の在り方
指針3　指針7

　それではCASEの場合，ＣさんやＢさんの交渉に，裁判官がどのように関与することになるのでしょう。

　Ｃさんとしては，Ｂさんの負担分を今日にでも支払ってほしいと主張するでしょう。ただ，エレベーター設置工事を行うことにした経緯からすると，できるだけ早く工事を開始してほしいというのがマンションの住人の共通認識でしょう。しかも，負担分を支払っていないのはＢさんだけという状況からすれば，Ｂさんの負担分は，管理組合が立て替える，または，工事業者への支払いは着工前と工事完成後の二回に分けるのが通常なので，完成後の支払い分にあてることとするなどして，工事をすでに開始させていることも考えられます。そこで，裁判官としては，工事の進捗状況をたずねたり，Ｂさんの負担分の処理をどうしているのかをたずねたりして，支払いの時期を遅らせることができるのではないか，どこまで遅らせることができるのかをＣさんが気付くよう仕向けます。

108　実践編

他方，Bさんには，なぜ支払いをしないのか，その理由をまずはたずねることになるでしょう。Bさんとしては，エレベーターを設置すること自体には賛成だが，何の説明もなく各階の負担額を管理組合が決めてしまったのが納得いかない，2階の住人の負担額も他の階に比べて高すぎるといったことを主張することが考えられます。そうだとすると，それぞれの負担額を決めるに至った経緯や根拠をCさんから説明すれば，Bさんは納得して支払うかもしれません。また，Bさんとしては，急に親が介護状態になってしまって，施設費や医療費の負担が重く，すぐには負担額全額を用意することができないと主張することも考えられます。この場合，裁判官としては，すぐに用意できる金額や支払いができる見込みをBさんから聞き出し，支払い時期を遅らせる選択肢や分割で支払う選択肢があることをBさんが気付くよう仕向けます。

　このように双方から，Bさんの負担額についての希望やその背後にある事情を聞き取ったうえで，裁判官は，和解案の提示を双方に促していきます。ここで大切なのは，第一に，いきなり裁判官が和解案を提示するのではなく，まずは当事者が提示するように仕向けることです。裁判官が和解案を示してしまうと，それを柔軟に変えるのが難しくなり，交渉の幅を狭めることになります。また，当事者が裁判所に解決を委ねる傾向を強め，自らの問題を自ら解決するという姿勢を弱めてしまうのです。第二に，支払い時期を遅らせるという案が出されたらその案について当事者双方の意見を聞くというように，一つひとつの案を順に検討するのではなく，支払い時期は直近だが，金額を減らす案や，分割で支払う案，分割で支払うことにしたうえ，繰り上げて支払った場合には合計額を減らす案など，複数の案を俎上に載せてから様々な組み合わせを検討するという方法をとることです。

法と話し合い　109

授業のために（授業の目安：1時間）

（1）授業の目標
　・身近な民事紛争を解決するために，模擬交渉を通して交渉で用いる技能や考え方を身に付けさせます。

（2）授業の流れ
　　本授業の展開は，「Ⅰ．交渉で用いる技能や考え方を理解」→「Ⅱ．CASEで模擬和解」→「Ⅲ．議論」→「Ⅳ．振り返り」となります。

【Ⅰ．交渉で用いる技能や考え方を理解】
　①わかりやすいシンプルな「オレンジ事件」（→p.13）のような事例で，「指針1」「指針3」「指針4」「指針7」を理解させます。

【Ⅱ．CASEで模擬和解】
　①三人一組をつくらせます。
　②Bさん役，Cさん役，裁判官役を決めさせ，それぞれに「情報カード」を配付します。
　③裁判がはじまり，裁判の途中で裁判官が和解を促すシーンを想定していることを説明します。
　④模擬和解に取り組ませます。模擬和解では，裁判官の役割がとても重要です。それぞれの言い分と利害を明らかにさせましょう。

> 【Bさんの言い分】
> ・2階の住人の負担額が他の階に比べて高すぎる。
> 【Bさんの利害】
> ・エレベーターを設置すること自体には賛成だが，何の説明もなく各階の負担額を管理組合が決めてしまったのが納得いかない。
> ・急に親が介護状態になってしまって，施設費や医療費の負担が重く，すぐには負担額全額を用意することができない。
> 【Bさんの秘密情報】
> ・すぐに支払える額は5万円で，残りは1か月1万円ずつしか支払う余裕がない。

110　実践編

【Cさんの言い分】
・Bさんの負担分を今日にでも支払ってほしい。
・できるだけ早くエレベーター工事を終わらせたい。
【Cさんの秘密情報】
・工事はすでに発注・着工しており，工事費は契約時と完成時に半分ずつ支払うことになっている（契約時の半分は支払い済み）。

【裁判官の話の進め方】
・工事の進捗状況をたずねる。
・Bさんの負担分の処理をどうしているのかたずねる。
・支払いの時期を遅らせることができるのか確認する。
・どこまで遅らせることができるのかをCさんが気付くよう仕向ける。
・Bさんに，なぜ支払いをしないのかたずねる。
【裁判官の対応】
・裁判官としては，すぐに用意できる金額や支払いができる見込みをBさんから聞き出し，支払い時期を遅らせる選択肢や分割で支払う選択肢があることにBさんが気付くよう仕向ける。

【Ⅲ．議論】
①和解させるために，裁判官として当事者のどちらにどのような働きかけをするのがいいのか，議論してまとめさせましょう。
②和解させるために，当事者として裁判官にどのような働きかけをするのがいいのか，議論してまとめさせましょう。

【Ⅳ．振り返り】
①クラスで共有した議論をもとに，個人の考えが学習の前と後でどのように変化したか振り返らせ，発表させます。 　　（樋口正樹）

法と話し合い　111

Column

交渉における裁判の使い方

実践編第2章**3**「裁判所」でも触れた通り，交渉の過程で裁判を利用する目的は，交渉に第三者を介入させることにあります。

しかし，それ以外の目的から，交渉の過程で裁判を利用することがあります。公害訴訟，原爆認定訴訟，C型肝炎訴訟，議員定数不均衡訴訟，諫早湾干拓訴訟，辺野古沖埋め立て訴訟，原発訴訟等がその例です。テイラー・スウィフトさんが起こした1米ドルの損害賠償を求めるセクハラ訴訟（http://www.huffingtonpost.jp/2017/08/15/taylor-swift_n_17755848.html）もその一つといえるでしょう。

これらの訴訟は，個別的な法的紛争を解決するという本来的な訴訟の本質（紛争解決機能）を超え，国の政策に対する是非を問い，新しい政策を提起・形成するという機能的特徴（政策形成機能）を持っています。立法や行政によって対応されるべき問題が対応されないままでいる場合，立法府や行政府にしかるべき対応を行うよう交渉するのが本来予定されている姿です。具体的には，その問題への対応を政策として掲げる立候補者や政党への支援や投票をする，議員や管轄官庁に対してロビー活動を行う，請願権（憲法16条）を行使するといった方法がこれにあたります。しかし，それだけでは立法府や行政府の対応が鈍い，または遅い場合，裁判を利用して問題意識を社会に広め，世論を形成するなどの方法で，立法府や行政府に対し圧力をかけるわけです。

こうした訴訟は，世間の耳目を集めることを手段の一部としているため，広く報道されることが多く，一般には裁判の利用方法として違和感なく受け入れられる傾向があります。しかし，こうした訴訟が多く提起されると，裁判所のリソースの多くがこうした事件の審理に割かれ，紛争解決とそれによる権利救済という本来裁判所が果たすべき機能が後退する事態を招きかねません。そのため，訴訟のこうした利用方法に対しては，批判的な考えを持つ法律実務関係者も少なくありません。

交渉の手段は様々にあり得ますが，それが他にどのような影響を与えるのかも考える必要のある問題といえるでしょう。

（樋口正樹）

第3編
実践編
第3章　経済と話し合い

　この章では，中学校や高等学校で学ぶ「経済」単元の内容を話し合い（交渉）という観点から再構成したCASEの紹介と解説，授業づくりのヒントを紹介します。

　市場経済の機能と限界，財政の役割，少子高齢社会における社会保障の充実・安定，金融の働き，雇用と労働にかかわって，市場経済システムの向上と政府の役割によって，資源の効率的な配分がなされることなどを学べるようになっています。

第3章 経済と話し合い
M&Aはどのように検討されるのか

実践編

1

企業

CASE

　A社は日本のソフトドリンクメーカーです。A社の商品は日本国内で若者に人気があり，販売も順調に伸びています。しかし，昨今の海外メーカーの日本市場進出，日本国内の他社の新商品開発等で飲料市場の競争は激しく，長期的に見れば「このままではいずれA社はつぶれてしまう」とA社社長は考え，会社の次の成長戦略に頭を悩ませていました。ちょうどその頃，A社社長はドイツの炭酸ドリンクメーカーのB社の社長と国際展示会で知り合い，すっかり意気投合しました。B社社長もまた，B社の「次の一手」に苦労しているところでした。

　A社にとって，日本国内だけでなくヨーロッパの国々に商品を売ることは市場を拡大する成長戦略と捉えていました。B社もアジアに進出したいと思っています。A社社長はA社とB社が合併して一つの会社になり，商品開発や販売・市場戦略を一緒に練るのが一番合理的だと考えていました。そこで，A社社長はA社の幹部を緊急会議に招集し，意見を聞きました。幹部のほとんどは，今のままではA社は生き残れないとは感じていますが，B社との合併には消極的です。なぜなら，B社の存在は知っていたが，詳しいことは知らない，外国の企業に支配されてしまうのではないかと不安に思ったからです。

　そこでA社社長は，合併の可能性を分析するタスクフォースチームを社内の専門家で立ち上げることにしました。このチームは何を検討すべきでしょうか。

114　実践編

このケースで学ぶ交渉の考え方や技能

解　説

指針2 立場ではなく利害に焦点を合わせよう
指針5 最善の代替案（BATNA）を用意しよう

1.CASEの背景と意義

　近年，縮小する国内市場への危機感からM&A（合併）の「海外志向」が強まっています。2017年1～6月の買収額は3兆7千億円と前年同期比で96％増えています。特に成長性に期待して多額の資金を投じる案件が目立っています。もちろんM&Aにはリスクもつきものです。東芝や日本郵政等が世間で話題になりましたが，M&Aの「海外志向」は今後も継続されることが予想されます。一方で，日本企業間のM&Aは19年ぶりの低水準となっています。

　教育現場で，M&Aを取り扱うときには国内企業による事例が多く，なかなか海外の事例を取り上げることが難しいという声を聞きます。CASEは，日本企業が現在どのような状況におかれ，M&Aを検討する際にどのような見方に基づいて考え行動しているのか知ることで，よりよい社会の形成に自ら参画していく資質や能力を育成するためのものです。

2.A社がおかれている立場は客観的にどうなのか

指針2

　A社社長はA社の成長戦略に悩んでおり，B社との合併が成功の鍵であるように思っています。しかし，これは本当に客観的な基準に基づいて導き出されている結論なのでしょうか？　タスクフォースチームのメンバーは，まずこの点について詳しく調べなければいけません。

　A社社長の考えの背景には，次のようないくつかの仮説が存在します。

　しかし，これらの仮説を一つひとつ調べたところ，必ずしもすべてが正しいわけではないことが判明します。

経済と話し合い　115

社長の考える背景（仮説）
・A社の商品販売は日本の外（海外）にいかないと伸びない。
・海外のなかでもドイツが最適な市場であり，B社と組むのがよい。
・B社との組み方にも色々な方法（単なる契約上の提携関係，合弁事業の
　立ち上げ，合併等）があるが，合併が一番よい方法。

タスクフォースチームの分析結果
・A社の商品の販売は国内でもこれからも継続的に伸びる。しかし，海外
　にいったほうが大幅に伸びる。
・海外のなかでもヨーロッパはこれから伸びる市場である。そのなかでも
　ドイツは有力な市場である。
・ドイツのなかではB社に並んでC社も有望である。
・いきなり合併するより，まず合弁会社を設立して合弁事業を立ち上げる
　ほうが現実的。会社の規模を考えるとA社が支配権を握るべきである。

3. A社はどのようにB社との交渉の準備をしたのか（その1）

指針5

　A社社長の仮説を客観的に検証し，自らがおかれている立場をより具体的に把握することができた結果，B社との交渉準備もより内容の濃いものとなります。つまり，B社と合併しなくともA社がただちに破綻しないことが交渉の前に検証できたわけです。そのため，何が何でも（どんな条件でも）交渉を成功させる必要がないことが事前にわかったのです。このように，交渉が仮にうまくいかないことがどのような結果をもたらすか（もたらさないか）を事前に理解することは，交渉の準備において最も大事なことです。そうでないと，実際に交渉をはじめてからでは交渉を成功させることにばかりに目がいってしまい，どこで交渉を中断・終了するべきかがわからなくなってしまいます。要は，交渉をはじめる前に「**BATNAを用意**」しておいて，その範囲内で交渉をすることが大切，ということです。CASEではドイツ市場においてはB社だけでなくC社も有望であることがわかっているため，BATNAをC社との合弁会社設立をめざすとすることができます。

116　実践編

4. A社はどのようにB社との交渉の準備をしたのか（その2）

指針2

　以上のことをもとにA社幹部は社長を説得します。社長は「このままではいずれ会社はつぶれてしまう」と考え，成長戦略としてB社との合併を考えていました。一方で，A社幹部は会社が今のままでは生き残れないとは思っているが，外国の企業との合併は会社を支配されるのではないかおそれています。そこで，A社幹部はタスクフォースチームの分析結果により合弁会社を立ち上げることが最適であり，A社が合弁会社を支配するべきだと社長を説得します。なぜ業務提携ではなく合弁かというと，業務提携ではA社の人気商品の生産や販売戦略等のノウハウが流出すると危惧したからです。またM&Aを実施すると，B社の回収額が多額になり大きなリスクを背負うことがわかりました。そのためM&Aでなく合弁事業の立ち上げが一番よい選択であると考え，社長を説得しました。

　社長の説得後は，B社との交渉です。B社との交渉において重要な山場となり得るのが，どちらがこの合弁事業を支配するか，という点です。B社もきっと合弁事業を支配したいと主張するでしょうし，この点に関して合意に至らない場合には，交渉が決裂する可能性も大きいでしょう。A社が合弁事業をコントロールしなければならない，というのがA社の主張・立場ですが，これではB社と言い合いをして終わってしまいます。CASEでの最重要利害はA社・B社，そして合弁事業が成長・成功することです。A社が合弁事業を支配すると，なぜこれが可能になるのか。自己の**「立場ではなく，利害に焦点を合わせ」**ながらB社といかに交渉できるかが成功の鍵となります。

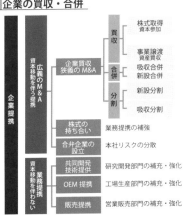

企業の買収・合併

経済と話し合い　117

授業のために（授業の目安：2時間）

(1) 授業の目標
- 現代企業の特徴であるグローバル化を捉えM&Aの役割を知り，M&A，合弁会社，業務連携の違いを理解させます。
- グローバル化する国際社会の課題を知り，問題解決に向け探究させます。
- 交渉と講義を通して，論拠に基づいた考え方を用いた議論をさせます。

(2) 授業の流れ
本授業の展開は，「Ⅰ．事前講義」→「Ⅱ．CASEで交渉について考える」→「Ⅲ．CASEで模擬交渉」→「Ⅳ．結果の共有とまとめ」となります。

【Ⅰ．事前講義】
①日本経済の発展と産業構造の変化について講義を行い，現在の日本企業が抱える国内市場縮小の危機について理解させ，日本企業が海外企業とのM&Aを積極的に実施している事例を紹介します（CASEはあくまでもフィクションですが，例えば，サントリーやアサヒ等，日本の飲料メーカーの海外進出の事例等があります）。

【Ⅱ．CASEで交渉について考える】
①ワークシートを配り，CASEを読ませます。次に「社長の考える背景」と「タスクフォースチームの分析結果」を資料として読ませます。
②生徒一人ひとりにA社社長をどのように説得させるか，生徒がタスクフォースチームの代表者になったつもりで考えさせ，考えをワークシートにまとめさせます。

【Ⅲ．CASEで模擬交渉】
　①二人一組をつくらせ，CASEを使った模擬交渉に取り組ませます。一人はA社社長役で，もう一人がタスクフォースチームの代表者役です。
　②タスクフォースチームの代表者役の生徒に，社長役の生徒を納得させられるように分析結果を伝えさせます。一回５分程度行わせましょう。模擬交渉が終わったら，社長役の生徒は納得できたかどうかをタスクフォースチームの代表者役の生徒に伝え，納得できなければ何が足りないと感じたのかも伝えます。
　③その後，ペアごとにどのように伝えるのがよい交渉かを考えさせ，ワークシートにまとめさせます。

【Ⅳ．結果の共有とまとめ】
　①ワークシートにまとめたことをクラスで発表させます。発表を踏まえて交渉で用いる技能や考え方を講義します。
　②BATNAや主張でなく，利害に焦点を合わせることが重要であることを伝え，CASEの場合ではB社との合弁をどう考えればよいのかを考えさせ，交渉を成功させるポイントを理解させます。
　③日本経済のおかれている状況についてもう一度確認し，海外企業とのM&Aが今後も増えていくことを確認させ，それが与える影響について考察させます。

（茅野みつる）

実践編

2 市場経済

市場での取引
—うまくいく場合と失敗する場合—

CASE

　市場での取引は1対1，1対多，多対多など様々です。取引主体も個人消費者から大企業，さらには国家まであり，市場での取引量や価格は交渉を通じて決まります。市場取引がうまくいく場合と失敗する場合について，以下の課題に取り組みましょう。

[課題1：1対1の売買ゲーム]二人一組になってジャンケンで売り手役と買い手役を決めます。「売り手の秘密」と「買い手の秘密」のカードが渡されたら，各自，秘密の事情を考慮しながら教員が準備した商品の売買交渉を行い，合意したら成約価格を紙に書いて提出します。教員は各ペアの売買の成否と，成立した場合の価格及びすべての秘密の事情を板書し，売買の成否や価格の大小についてみんなで議論します。

[課題2：多対多の市場ゲーム]三人以上の買い手グループ（買い手G）と，三人以上の売り手グループ（売り手G）で机を向かい合わせて座り，中央に商品をおき，各自に「秘密カード」が渡されたら売り手Gと買い手Gで交互に価格をつけ合います。各自，自分の価格がグループ内の他の人に見えないようにします。まず売り手Gの各自が価格を示し，各買い手は買うとしたらどの人からかを全員に見えるように指で示します。秘密の事情に鑑みて買える場合は「○」も示して売買成立です。だれも買えないなら，各買い手が同様の方法で価格を示します。売り手がどの買い手に売りたいか指で示し，売り手が売却できる価格の買い手がいれば売買成立，不成立なら各売り手が改訂版の価格を提示します。売買が成立するか制限時間まで繰り返します。

120　実践編

このケースで学ぶ交渉の考え方や技能

解 説

指針1	人と問題を切り離そう
指針2	立場ではなく利害に焦点を合わせよう
指針3	双方にとって有利な選択肢を考え出そう
指針4	客観的基準を強調しよう
指針5	最善の代替案（BATNA）を用意しよう
指針7	よい伝え方（コミュニケーション）を工夫しよう

1. 取引交渉の総体が市場である
―市場がうまくいく条件とは―

　築地市場や東京証券取引所等だけが経済学における市場ではありません。市場の概念は非常に広く，すなわち，社会の中での取引の総体が市場取引で，市場におけるすべての取引は交渉を通じてなされます。電車の乗車券を販売機で購入するのも，自動販売機で飲み物を購入するのも取引であり，貨幣の投入は極度に形式化された交渉であるといえます。

　市場がうまくいくのは，①そもそも市場が存在して取引交渉が可能であり（完備市場，外部性の不存在），②市場に売り手と買い手が十分に多数いて，一人ないし複数の結託が一方的に価格を操作できない（独占や寡占がなく，全参加者がプライス・テイカーとして市場で形成される価格をそのまま受け入れる），③市場参加者全員が財の品質などに十分な情報を持っている（完備情報）等の条件がみたされる完全競争市場において，合理的な市場参加者が取引交渉を行う場合です。取引交渉にかかるコストはゼロないし無視しうる程度のものでなければなりません。これらの条件がみたされるなら，市場の結果は全員にウィン・ウィンの効率的合意となります（厚生経済学の基本定理）。すなわち，市場が到達する社会状態は効率的で安定的な均衡となります。

2. 指針1：人と問題を切り離そう

　市場がうまくいくには，十分情報を十分に活用できる能力が市場参

経済と話し合い　121

加者全員に必要です。思い込みや怠惰によって情報収集を怠ったり，都合のよい情報ばかり集めてはいけません。人間は思い込みを安易に形成し，それを補強するような証拠やデータばかり収集し，思い込みを否定する証拠やデータは，たとえそれが明白であっても無視する傾向があるからです。情報収集のみならず，客観的な情報分析も必要なのは，人間は都合のよい解釈に走りがちだからです。さらに，市場参加者は全員が，合理的であることが求められ，自分にとっての最適の選択肢を判断でき，それを正しく追求できなければなりません。すなわち，交渉相手との人間関係で毛嫌いしたり依怙贔屓をしたり，相手の美醜や性別・学歴・出自・年齢・肩書・性格等に迷わされてはならないのです。

3. 指針2：立場ではなく利害に焦点を合わせよう

　合理的な交渉者たる市場参加者は，自己利益の最大化に努め，相手の利害との摺り合わせによってウィン・ウィンの合意をめざします。当初の立場や面子に固執することなく，柔軟に交渉しなければなりません。そのためには，自分の側の利害のみならず，相手の側の真の利害への情報収集，推測と洞察に努めなければなりません。

4. 指針3：双方にとって有利な選択肢を考え出そう

　合理的市場参加者にとって市場取引は，必ず利益をもたらすものです（そうでなければ合意しません）。したがって，市場で成立する取引は必ず「**双方にとって有利な選択肢の選択**」結果であるといえます。

5. 指針4：客観的基準を強調しよう

　すべての市場参加者が十分な情報を持つ状態（完備情報）が望ましいので，取引交渉では「**客観的基準**」としての「相場」が重要です。「相場感覚」のない者は，情報あるいはその判断に偏りがあるので，相場情報の収集に努め，相場感覚を磨く必要があります。

　厚生経済学の成果によれば，市場がうまくいくには取引交渉にかかるコスト（取引費用）がゼロか無視しうる程度でなければならないとされ

122　実践編

ています。互いに合理的な相場感覚があれば，過剰な駆け引きに走って無用なコストをかけることなく，スムーズにウィン・ウィン合意に至ることができます。相場感覚は取引費用の節約にも役立つのです。

6. 指針5：最善の代替案（BATNA）を用意しよう

　売り手はより高く買う買い手を探し，買い手はより安く売る売り手を探します。特定の相手と交渉を続けている最中においても，これは必須です。現在の取引相手との交渉が失敗したとき，次の相手と交渉することになるからです。次の相手との間で見込まれる取引内容が，こちらにとってより有利なほど，今回強気で交渉できるのです。なぜなら，交渉決裂のコストが小さい，つまり，次善の策であるBATNAがより有利だからです。よって，よりよい「**BATNAを用意する**」ことこそ，より大きな交渉力を持つことなのです。したがって，交渉の準備段階のみならず，交渉の最中においても，常によりよい代替的選択肢（交渉相手）の探索を続けなければなりません。もしも，現在の交渉相手よりも有利な取引が可能であるような代替的取引相手が見つかったならば，躊躇なく相手を取りかえる機敏さも，市場経済がうまくいくためには必要です。

7. 指針7：よい伝え方（コミュニケーション）を工夫しよう

　交渉に誤解や錯誤があっては市場取引はうまくいきません。誤解のリスクが生じる曖昧で多義的な表現や思わせぶりな表現，誇張した表現も慎む必要があります。さらに，感情的になってもうまくいきません。理性的で自制的な交渉態度が必要とされます。互いが正確にスムーズに迅速に交渉を成立させられるように，「**よい伝え方を工夫**」しなければなりません。そのためには，自分が何を知っているか（コミュニケーションの前提たる自己の知識と能力・分析力の総体）のみならず，相手が何を知っているか（相手のコミュニケーションの全体である相手の知識と能力・分析力の総体）についても情報収集して洞察を深め，相手の能力と情報量に応じたコミュニケーション手段を工夫しなければなりません。

経済と話し合い　123

授業のために(授業の目安:1時間)

(1) 授業の目標
- 交渉の典型例である市場取引により,厚生経済学の基本定理と交渉理論の密接な関連を理解させます。
- 市場取引を通じてウィン・ウィンの結果としての社会状態が実現できることを確認し,市場経済の合理性を理解させます。

(2) 授業の流れ
本授業の展開は,「Ⅰ.[課題1]の実施」→「Ⅱ.分析・検討」→「Ⅲ.[課題2]の実施」→「Ⅳ.分析・検討」→「Ⅴ.総括」となります。

【Ⅰ.[課題1]の実施】
①相手の手の内を知っていることがいかに交渉のうえで有利となるかを実体験させます。二人一組を三つつくらせ,模擬交渉に取り組ませます(A,B,Cとします)。

【Aの秘密カード】
買い手「あなたは1,100円以下で買わなければならない」
売り手「あなたは900円以上で売らなければならない」

【Bの秘密カード】
買い手「あなたは1,100円以下で買わなければならない。相手は900円までは値引きするはずだ」
売り手「あなたは900円以上で売らなければならない」

【Cの秘密カード】
買い手「あなたは1,100円以下で買わなければならない」
売り手「あなたは900円以上で売らなければならない。相手は1,100円まで譲歩するはずだ」
さらに複雑化するならば,グループDを設け,そこでは,「相手方はあなたの手の内をほぼ把握している」という追加情報を与えます。

【Ⅱ．分析・検討】

①「指針１」～「指針５」，「指針７」に基づいて検討させ，市場取引が効率的でウィン・ウィンとなる条件との関連性に注目させます。

【Ⅲ．[課題２] の実施】

①市場取引という集団行為を理解させます。売り手は他の売り手のオファーを知りませんが，買い手は全売り手のオファーを知っています。逆に買い手は他の買い手のオファーを知りませんが，売り手は全買い手のオファーを知っています。しかもそのような状態であることを全員が知っていることを理解させます（現実の市場では買い手は他の買い手の一部のオファーを知り，売り手は他の売り手の一部のオファーも知っていますが，複雑すぎるのでここでは簡略化しています）。

【秘密カード】

売り手「あなたは７万円以上で売らなければならない」

買い手「あなたは８万円以下で買わなければならない」

なお，売り手グループに６～８万円の各自異なる最低販売価格を与え，買い手グループに７～９万円の各自異なる最高購入価格を与えても構いません。

【Ⅳ．分析・検討】

①複数の売り手と複数の買い手が価格を提案し合うなかでのダイナミクスを話し合わせます。売り手は，買い手のリアクションから他の売り手のオファーの内容を推測し，次の価格を決めます。買い手は，売り手のリアクションから他の買い手のオファーの内容を推測し，次の価格を決めます。この繰り返しによって，市場の価格が自ずから決まってくることを実体験させます。

【Ⅴ．総括】

ZOPA（→p.23）やBATNAが市場の調整機能の中でどのような結果をもたらすか体験できるでしょう。現実の取引交渉ではZOPAが存在しないことがあり，その場合は合意が不可能で，交渉を続けることは時間と費用の無駄となるため，素早く離脱しなければなりません。ZOPAが存在しない交渉事例を与え，それを実体験させることも教育的意義が大きいのです。

（太田勝造）

経済と話し合い　125

実践編

3

金融

どのように交渉して資金を調達すればよいか

CASE

　日本のある刑務所の収容率は100%を超えていました。そこで国は，民間の資金と知恵を利用して安くＡ刑務所を建設し，運営する方法を考えました。これは，従来の法規制では民間に委託できなかった業務ができるようになった構造改革特区の制度を利用したものです。従来の刑務所の建設は，国が刑務所施設の細かな仕様（設計の要点）を決め，建設会社に対して入札募集を行い，最も安い価格で落札した建設会社に発注する，というものでした。

　Ａ刑務所建設で国は，例えば個室の数や必要付帯設備等の刑務所の主要な仕様だけを決め，その他の設計は落札者の創意工夫に任せることとしました。当然ながら価格だけではなく，機能や使い勝手等の価格以外の要素も総合評価されて落札者が決まります。そして，建物施設の建設のみならず，刑務所全体の管理運営及び逃亡を企てた受刑者を取り押さえるなどの，刑務官しかできない行政上の作業等を除いた刑務所の管理運営業務を，民間会社が20年間にわたって提供するという条件がついています。落札者は，まず刑務所を自己の資金で建設し，20年間にわたって刑務所運営の業務委託料を受領して，そのなかから刑務所の建設コストと，刑務所運営業務の費用と適正利潤とを回収します。20年で建設コストを回収すると，刑務所の建物や施設の所有権は国に移転する，というしくみです。このようにして，国は初期投資なしで刑務所を建設し，運営することができます。

※山口県の美祢（みや）社会復帰促進センター（刑務所です）の実例を参考にしています。

126　実践編

このケースで学ぶ交渉の考え方や技能

解 説

指針3 双方にとって有利な選択肢を考え出そう

1.CASEの背景

　現在日本政府の歳出は約半分を国債で補っています。少子高齢化社会が進むなか，社会保障の負担は増え国債依存状態から簡単には抜け出せない状況にあり，国として大きな問題を抱えています。国は，小さな政府として舵を切りつつあります。その一つの方法がPFI方式です。PFI方式とは，民間が事業主体としてその資金やノウハウを活用して，公共事業を行う方式です。こういった背景をもとに，今後日本においてPFI方式が増える傾向があるようです。

2. 指針3：双方にとって有利な選択肢を考え出そう

　この事業を落札した事業者は，警備保障会社と建設会社と教育関連会社が設立した合弁会社でした。合弁会社は，どのような刑務所を提案したのでしょうか。まず，コンクリートの高い塀をなくし，センサーを取り付けた二重のフェンスにしました。受刑者には，ICタグを取り付けた制服を着ることを要求し，生体認証装置とあわせてその位置や動きが管理室で常に把握できるようにしました。この刑務所では，社会復帰のための職業訓練を行っていますが，そこには教育関連会社がノウハウを提供しています。受刑者の部屋はすべて個室で，テレビ・ベッド・机及びトイレが備え付けられています。窓には強化ガラスが使われ，鉄格子がありません。施設内の一般食堂は，一般市民も利用できます。普通なら250人前後の職員が必要である規模の刑務所が，123人の職員で済んでいます。また，同規模の他の刑務所に比べ，全体で10%程度の経費が削減されています。刑務所の運営は，完全には民間会社に委託されず，国と民間が協働して行っています。刑務所管理の行政責任は国が負うが，特区に設置されたことから，施設の警備，収容監視，職業訓練及び健康診断等が民間に委託できるようになりました。

経済と話し合い　127

この刑務所は，BOTとよばれる方式で建設と運営がなされています。BOTとは，Build Operate Transferの略であり，民間業者が施設を建設し（build），運営し（operate），国からの運営業務委託料で管理費をまかない，建設費と合理的利益を回収すると施設の所有権は国に移転される（transfer）方式です。国は，当面の資金を用意せずとも，必要な施設や社会基盤（インフラストラクチャ，以下インフラ）を建設することができます。

　このような官民協働の事業推進方式はPFI（Private Finance Initiative）とよばれ，イギリスでサッチャー政権時代の1992年頃に生まれました。サッチャー時代のイギリスの財政事情は非常に苦しい状況でしたが，必要なインフラの建設は必要です。そこで考え出されたのが，このPFI方式で，民間業者が資金を調達して必要なインフラを建設し，それを自ら運営して収益を上げ，建設コストと適正利潤を回収し，その回収が済んだら，そのインフラの所有権を国に移転するという方式でした。さらに建設については，民間の知恵を出させるような入札方式を採用しました。入札者は，それぞれ知恵を絞って効率がよく経費の安い方

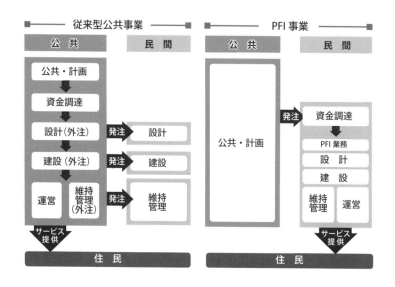

式を考え出し，応札します。国は価格だけではなく，アイデアも含めて交渉を通じて総合判断で落札者を決めます。この方式によって，インフラを建設する「官」と新たな事業機会を求める民間企業が，「**ウィン・ウィンの関係を形成**」しつつ投下資金に比べて価値の高い事業を生み出すことができました。このような方式で，学校や橋，有料高速道路や刑務所等が建設されました。この方式は，その後世界に広まります。日本でもPFI法と呼ばれる民間資金等の活用による公共施設等の整備等の促進に関する法律が1999年に制定され，PFI方式による公共施設の建設が盛んになっています。

　ただ，PFI方式の利用はいいことづくめではありません。この刑務所の例では，国からの刑務所の運営業務委託料は毎年定額であり，確実に支払いがなされるので，民間刑務所運営会社は安定した経営が期待できます。民間事業者にとってリスクの少ないPFIです。しかし，有料高速道路をPFI方式で建設する場合はどうでしょうか。高速道路を民間企業が自己資本で建設し，通行料収入で建設費と高速道路の管理費をまかない，一定期間経過後に，高速道路の所有権あるいは管理権を国に返還するというPFI方式が考えられます。しかし，運営会社の収入の基本は，高速道路の通行料なので，一定額の収入は保証されません。並行して新しい一般道ができるかもしれません。高速料金の設定と利用車両数の正確な予測は難しく，リスクを伴ったPFIとなります。20年間となると不確定要素も多分にあります。このようにこのPFIでは，民間業者は予測が難しい高速道路の経営リスクを負担するので，大変難しい事業とならざるを得ません。そこで，民間業者は道路公社とリスクを回避するための交渉を行っています。例えば，ある県の道路公社の有料道路建設プロジェクトでは，高速道路の交通量予測の±6％以上の下振れリスクと上振れメリット，巨大地震などの不可抗力によるリスク及び競合路線新設等のリスクは道路公社の負担とすることで，民間会社が高速道路を安定して管理運営できるようにしています。このように交渉を通じて互いに知恵を出し合い，ウィン・ウィンの関係をつくり出す点がPFI方式の特徴の一つです。

経済と話し合い　129

授業のために（授業の目安：2時間）

(1) 授業の目標
・日本の財政状況を踏まえ，PFI方式を理解させることで交渉で用いる技能や考え方を身に付けさせます。

(2) 授業の流れ
　本授業の展開は，「Ⅰ．CASEを理解する」→「Ⅱ．民間業者のPFI方式のリスクについて」→「Ⅲ．PFI方式をどう利用していくのか」→「Ⅳ．分析・振り返り・まとめ」となります。

【Ⅰ．CASEを理解する】
①CASEを読ませます。補足として日本の受刑者の数が増加し，刑務所が足りないこと，受刑者が100％を超えると相部屋になり，ひどいところでは一人につき１畳分のスペースしかないことを説明し，生徒がイメージをしやすくします。
②CASEの背景を説明します。財政状況が厳しさを増すなか，インフラの老朽化対策や大規模災害に対する防災・減災対策が課題となっていることを確認させます。必要な社会資本の整備・維持・更新と財政健全化を両立させるために，民間の資金・ノウハウを活用することが有効であり，その方法がPFI方式であることを説明します。PFI方式が官と民が適切に連携することにより最適な公共サービスの提供を実現できること，できるだけ税財源に頼ることなく，かつ，民間にとっても魅力的な事業を推進することにより民間投資を喚起し，必要なインフラ整備・更新と地域の活性化，経済成長につなげられる可能性があることをCASEを通じて理解させます。つまり，民間の資金・ノウハウを活用することにより，インフラの運営・更新等の効率化，サービスの質的向上，財政負担の軽減がはかられる事業についてはPFI事業を積極的に活用することが今後求められていることをおさえさせます。

【Ⅱ．民間業者のPFI方式のリスクについて】
①CASEの刑務所の例では，国・民間企業・国民にとって「三方よし」であることを確認します。そのうえで「民間業者にとってすべての

事例がメリットのあるPFIではないのではないか」と問います。続けて「例えば高速道路をPFI方式にすると，民間業者にとってどのようなリスクがあるか」と問いかけ，予想をワークシートに書かせグループで議論をさせます。このとき，刑務所の事例と比較させて違いを明確にさせましょう。高速道路の場合には通行料収入によって運営しなければいけないため，刑務所の事例よりもリスクが高くなることを理解させます。ワークシートにPFI方式が有効な場合とそうでない場合があることを整理させます。

【Ⅲ. PFI方式をどう利用していくのか】
①「高速道路におけるPFI方式を成功させるにはどのようにすればいいか」という題で，どのように民間業者のリスクを減らせるかをグループで考え，ワークシートにまとめさせます。
＊交渉の題材は高速道路だけに限らず，給食・図書館・スケートリンク等，別のものを用意して行っても大丈夫です。自分の住んでいる地域のPFI方式を探して事例として扱ってみてください。

【Ⅳ. 分析・振り返り・まとめ】
①CASEと高速道路，その考え方について復習させます。各グループからでた結果を取り上げながら多面的・多角的に考えさせ，交渉で用いる技能や考え方を使って結論を出しているかを講評します。
②PFI方式の事例を紹介（PFI方式ではありませんが官民協働のTSUTAYA図書館等を紹介してもよいかもしれません）し，日本でも事例が増えてきていることを確認させます。もう一度日本の財政状況を確認し，「今後日本がPFI方式をどのように活用すべきか」をワークシートにまとめさせます。

（柏木　昇）

経済と話し合い　131

実践編

4 財政

**新国立競技場の工事費用を
どのように負担するか**

CASE

　2020年開催の東京オリンピックのメイン会場となる新国立競技場の建設が進められています。文部科学省所管の独立行政法人日本スポーツ振興センター（JSC）が運営管理を担当しており，当初は総工事費が1,600億円ほどかかる見込みでした。

　このように総工事費の金額が大きいため，国としては建設予定地かつオリンピック開催地である東京都にも，一定の費用負担をしてもらいたいと考えています。そこで，2015年に文部科学大臣は，東京都知事に対して1,600億円のうちの600億円の支出を要請しました。これに対して都知事は，なぜ国の施設に東京都（都民のための財政）から金を出さなければならないのか，出せるとしてもせいぜい50億円程度だと主張し，国からの要請を拒否したのです。費用負担の合意をめざして交渉してみましょう。

参考情報：

　①東京都の年間予算は約7兆円，国は約97兆円（一般会計）。

　②国による道路の新設・改築や河川の改良工事等の事業については，「国：都道府県」の費用負担の割合が原則「2：1」と，法律で定められている。

　③JSCが運営するスポーツ振興くじ（サッカーくじ「toto」）の年間売上金額は約1,000億円（つまり，2016〜19年までの4年間で合計約4,000億円の見込み）。法律によって，totoの売上金額のうち5％までは，「国際的な規模のスポーツの競技会」の開催のための緊急な「スポーツ施設の整備等」の費用にあてることができると定められている。

132　実践編

このケースで学ぶ交渉の考え方や技能

解説

指針3 双方にとって有利な選択肢を考え出そう
指針4 客観的基準を強調しよう

1.CASEの背景

　2020年開催の東京オリンピックのメイン会場となる新国立競技場の設計と建設については，文部科学省所管のJSCが責任者として対応にあたってきました。当初は，2012年のデザインコンペで最優秀賞に選ばれた事務所のデザイン案をもとに進められました。流線形を多用した美しいデザインでした。しかし，大型建築物の発注に慣れていないJSCの進め方には様々な問題があり，あとになってから，同案そのままでは総工事費が高くなりすぎることが判明しました。総工事費は1,300億円程度を予定していたところ，3,000億円を超える試算になってしまったようです。そのため，2015年に当初の計画を破棄して，改めてコンペをやり直した結果，当初とは別の事務所（共同チーム）が設計と建設を受注することになりました。新たな設計案は，デザインとしては斬新さに欠けるものの，工事費と工期の堅実さを重視したものでした。

　しかし，依然として総工事費が1,600億円ほどかかる見込みとなり，この財源確保の問題を解決する必要がありました。文部科学大臣から知事への協力要請のあと，「新国立競技場の整備に関する国・東京都の財源検討ワーキング・チーム」（WT）が設置されて，費用負担の在り方についての検討がなされました。CASEは，WTにおける実際の合意形成の経緯（東京都が公開している議事録と資料を参照）を簡略化して，交渉題材にしたものです。CASE中の金額も，基本的には実際の数字です（模擬交渉をしやすいように端数は切ってあります。また，各情報カードの一段落目は架空の設定です）。現実のWTでは，「国：東京都：toto財源」を「2：1：1」で負担（約1,600億円を800億円，400億円，400億円ずつ負担）するという内容で合意に至りました。

経済と話し合い　133

2.負担割合をどう決めるか

指針4

CASEでは，国と東京都の負担割合が最大の争点です。国としてはなるべく東京都にも多く負担してもらいたいし，東京都としてはなるべく負担額は小さくしたい状況です。数字についての交渉なので，「**客観的基準を活用する**」ことが有効です。ですが，競技場工事についてどんぴしゃりの基準があるわけではなく，基準の活用には工夫が必要です。

参考にできる基準として，道路や河川等の工事の場合に「国：都道府県」の費用負担の割合が原則「2：1」という基準があります（道路法，河川法等）。WTでは，国がこの基準を強調して東京都を説得する形で議論がなされました。模擬交渉では，この基準を競技場工事に当てはめることが適切かどうかについて，自由に考えさせるとよいでしょう。東京都民が恩恵・便益を受ける工事という点では，新国立競技場も道路・河川と類似しているかもしれません。他方で競技場は娯楽性の強い施設であり，道路・河川とは性質が違う（だから「2：1」とは違う基準にすべきだ）という考えもあり得るかもしれません。

またWTでは，東京都側はもっと自己に有利な基準として，高速道路の工事（新直轄方式）においては国と都道府県の負担割合が「3：1」であるという別の基準も持ち出しました。この基準については，国側から，高速道路は都道府県外も含めた広い範囲の人が利用するという広域性が理由で「3：1」になっているところ，新国立競技場の場合には東京都民が受ける恩恵が大きいので，高速道路の基準を使うのは適切ではないという旨の反論がなされました。もっとも，模擬交渉では，国際的な競技場で日本中・世界中から観客が集まる場所になるという広域性を強調して，「3：1」の基準を使うべきだと考えることも可能でしょう。

次に，国と東京都の費用負担の割合を「2：1」（あるいは「3：1」）にするとして，toto財源の位置付けが問題になります。WTでは，国側は当初はtoto財源を国の費用負担の一部として計算することを主張していました。つまり，totoを運営しているJSCは文部科学省の所管下にあるため，totoの売上金は税金による国の収入と同様に考えてよいという

134　実践編

主張です。このようにtoto財源を国の費用に含めて計算するほうが,「2：
1」の割合で東京都の費用負担を算出するときに,東京都の負担が大き
くなります。これに対して,東京都側は,JSCはあくまでも独立行政法
人として国からは独立した法人であるし,totoの売上金はJSC内部で会
計処理されているのだから,国の収入として扱うのはおかしいと反論し
ました。最終的には,東京都の反論が認められ,toto財源は国の費用負
担とは別個のものとして位置付けられました。

3.法律を変えてしまおう

指針3

　さて,WTの合意内容のように約1,600億円の総工事費を「国：東京都：
toto財源」を「2：1：1」の割合で負担することにすると,じつは
toto財源が足りません。toto財源の負担分は400億円ですが,今後4年間
の計約4,000億円の売上見込みのうち5％では,200億円にしか届かない
のです。この点,WTでは,売上金額のうち5％ではなく10％まで「スポー
ツ施設の整備等」の費用に使うことができるように,法律(独立行政法
人日本スポーツ振興センター法)を変えてしまう対応をとりました。

　toto財源からの新国立競技場への支出を拡張することは,その分,ス
ポーツ団体・アスリート等へのtoto財源からの助成金が減ってしまうこ
とになるので,純粋にパイを大きくする解決策ではありません。ですが,
国と東京都双方の費用負担は軽減できます。toto財源からの支出の増加
は,当事者**「双方にとって有利な選択肢」**であり,双方の合意を促進す
る柔軟な対応だといえます。

　たしかに法律では,売上金額のうち5％までと定められていました。
しかし,法律で定められていることであっても,絶対的な決まりごとで
はありません。特にこの独立行政法人日本スポーツ振興センター法とい
う法律は,単にJSCの事業や会計についてのルールを明確にするための
ものにすぎません。国が当事者になっているときには,法律は,交渉の
必要に応じて柔軟に変えることができる場合があるのです。

経済と話し合い　135

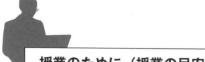

授業のために（授業の目安：1～2時間）

(1) 授業の目標
・新国立競技場の総工事費負担の模擬交渉を通して，特に客観的基準を活用した交渉で用いる技能や考え方を身に付けさせます。
・現実の数字を用いた費用負担の模擬交渉を体験することで，国や地方の財政の予算規模や意思決定過程について理解させます。

(2) 授業の流れ
　本授業の展開は，「Ⅰ．事前講義」→「Ⅱ．CASEで模擬交渉」→「Ⅲ．結果の共有と応用」となります。

【Ⅰ．事前講義】
①最初に，国と都道府県の財政についての基礎知識を講義します。また，新国立競技場の設計・建設をめぐる経緯についても，関連する報道記事等を配付して簡単に講義しておくことが望ましいです。

【Ⅱ．CASEで模擬交渉】
①二人一組をつくらせ，CASEを使った模擬交渉に取り組ませます。一人は国側担当者役で，もう一人は東京都側担当者役です。両者に，それぞれ「情報カード」を配付します。「CASE中の参考情報やそれぞれの情報カードをよく読んで，合意をめざしてください。双方が合意できない場合には，新国立競技場は建設できず，東京オリンピックは開催できなくなります」と教示して，模擬交渉を開始させます。
②CASEや「情報カード」に記載がない事項については，事前に講義した新国立競技場の設計・建設をめぐる基礎知識を踏まえて，自由に考えさせて構いません。

【国側担当者に配る情報カード】

　1,600億円全額を国の予算から捻出することは不可能ではない。だが，国の財政は全国民の血税からなるものなので，<u>できるだけ国の予算から出す費用は小さくしたい</u>。オリンピック開催地の東京都に<u>できるだけ多くの費用を出してほしい</u>。文部科学大臣が要請した通り，600億円程度が理想である。最低でも300億円程度は出してもらいたい。

　ところで，totoの売上金額というのも<u>国の費用の一部として活用できないだろうか</u>。JSCの担当者に聞いたところ，totoの売上金額については，10％までであれば競技場の工事費用に使ってもらっても構わないとのことだった。ただし，現在の法律上は５％までしか使えない。

【東京都側担当者に配る情報カード】

　東京都は財政に余裕があるため，財政上は新国立競技場の総工事費の半分，つまり800億円の支出いは可能ではある。だが都の財政は，納税者の都民のためのお金なので，<u>できるだけ東京都の費用負担は小さくしたい</u>。少なくとも600億円以下にしたいし，300億円程度が理想だ。

　ところで，JSCではtotoの売行が好調らしい。<u>国の費用とは別に</u>，totoの売上金額の何％かを競技場工事にも使うことはできないのだろうか。そうすれば，国の負担も東京都の負担も減るのではないか。

　なお，高速道路の工事（新直轄方式）においては，道路・河川の場合とは異なり，国と都道府県の負担割合が「３：１」である。

【Ⅲ．結果の共有と応用】

①交渉結果についてペアごとに発表させて，クラスで共有します。また，実際のWTの結論もクラスで共有したうえで，法律自体を変えるという柔軟な発想による対応もあり得たことを解説します。

②交渉過程について，道路・河川の「２：１」の基準をどのように交渉の中で用いたかについてペアごとに発表させて，クラスで共有します。

③「自分の生活や社会の中のどのような場面で，客観的基準を用いる交渉の技能や考え方をいかしていくことができるか」といった問いで，社会の他の場面への応用を考えさせます。

（齋藤宙治）

経済と話し合い　137

実践編

5 社会保障

保育園建設に反対する住民とどのように交渉するか

CASE

　A市では近年，保育園が常に満員状態です。希望しているのに保育園に入ることができない待機児童が急増し，市内で300人にも達しています。そこでA市は，福祉サービスとして若い世代の育児支援に特に力を入れることを決め，定員100人の保育園（名称：たぬき保育園）を新しくつくることを計画しました。現時点の建設計画の概要は次の通りです。

　住宅街の中にあるA市みどり公園の東側半分をとり壊して，現在第2ゲートボール場がある場所に園舎を，第3ゲートボール場がある場所に園庭を建設します。

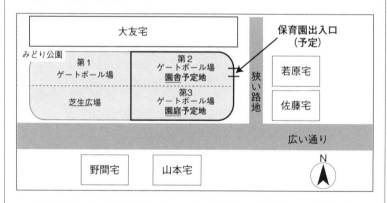

　ところが，A市が計画を練っている途中で近隣住民に情報が漏れ伝わり，「保育園の建設は認めない！」と抗議する電話が市役所に殺到するようになってしまいました。どうすれば住民の理解が得られて，保育園の建設ができるのでしょうか？

このケースで学ぶ交渉の考え方や技能

解説

指針2 立場ではなく利害に焦点を合わせよう
指針3 双方にとって有利な選択肢を考え出そう
指針7 よい伝え方(コミュニケーション)を工夫しよう

1. CASEの背景

　近年，子どもを保育園に入れるための親の「保活」という言葉をよく耳にします。特に都市部において，待機児童の問題が深刻化しています。2017年4月時点の待機児童数は全国2万6,081人で，そのうち東京都が8,586人です。市区町村別では，東京都世田谷区が最多の861人です（厚生労働省）。少子化が進んでいるにもかかわらず，保育園の需要が高まっている背景には，共働き世帯の増加があります。この問題に対応するために，各地方自治体では保育園の新設等を進めています。

　他方で，近隣住民が保育園の建設に反対することがしばしばあります。実際に反対運動によって，保育園の建設・開園を断念した事例も多くあります（例えば，東京都武蔵野市，千葉県市川市，名古屋市中川区，大阪府豊中市での事例等）。もちろん最後まで理解が得られない場合もあるでしょうが，交渉・話し合いのやり方次第で，保育園の建設・開園がうまくいくこともあるのではないかと思います。

2. 反対住民との話し合いをどのように進めるか

指針7

　CASEで重要なのは，交渉に臨むときの双方の立ち位置がまったく異なるということです。A市側は，待機児童解消のために，A市みどり公園に保育園を建設しなくてはならないという切迫した状況です。一方で，自身に子どもがいない住民や年配の住民は，保育園ができなくても自分が困ることはありませんし，話し合いを急ぐ必要もありません。交渉・話し合いのテーブルに着くことにさえ，乗り気ではないわけです。

　ここで，「A市は丁寧に事前説明をして，対話を重ねることで，住民

経済と話し合い　139

の理解を得る必要があります」と口でいうのは簡単ですが，実際には，どのように進めればよいのでしょうか。一つの方法として，住民の利害や不安を解消するような説明・提案を先回りしてA市側から積極的に行う，という進め方が有効だと考えられます。簡単な説明だけをして住民からの質問を待つ，という受動的な方法では不十分でしょう。

3.反対住民の利害は何かを考える

指針2

先回りして提案を行うためには，A市側はまず，住民が反対している理由が何なのかを検討する必要があります。考えられる住民の利害をすべてリストアップします。そのうえで，A市側の利害（＝満足のいく保育園の建設）を確保しつつ，それぞれの住民の利害を解決するための解決策をあらかじめ考えておくことが有効です。

具体的には，CASEでは音・道路交通・日照・公園利用という四つもの利害が問題になります。この四つは，実際の反対運動であげられたことのある反対理由を一つの架空ケースにまとめたものです。

第一に，佐藤さんは，園庭が自宅の目の前に設置されることになるため，児童のはしゃぎ声等の音を不安視しています。これに対しては，園庭の場所を路地から遠い西側に配置したうえで，音の壁として園舎を路地側に配置する対応が考えられます。

第二に，若原さんは，自宅の前が保育園出入口になっていることから，児童の送り迎えの車で狭い路地が混雑するのではないかと心配しています。出入口を広い通り側に変える対応が考えられます。

第三に，大友さんは，自宅のすぐ南側に園舎が設置されることになるため，自宅に日光が当たらなくなってしまうのではないかと心配しています。この点は，園舎の位置を北側から南側に変えればよいでしょう。

第四に，公園利用の問題です。山本さんは耳が遠いので音は気にしませんが，ゲートボールができなくなるのは困ると思っています。ゲートボール場を二つ残すには，かわりに芝生広場をつぶせばよさそうです。しかし野間さんは，芝生広場を散歩できなくなるのは嫌だと思ってい

140　実践編

す。現在の建設計画では，芝生広場は残るので問題ありませんが，芝生広場をつぶす形に変更しようとすると問題が生じてしまいます。

4.反対住民の利害を解決する柔軟な発想

指針3

　住民全員の利害に配慮しながら，保育園の設計を変更する必要があります。例えば，公園の南側半分をとり壊して，第3ゲートボール場の跡地を園舎，芝生広場の跡地を園庭にし，出入口は広い通りに面した側につくることが考えられます。この場合，芝生広場を残してほしいという野間さんの問題が残ります。うまく解決できない場合は，保育園の規模を半分（50人）に縮小して第3ゲートボール場の場所だけに建てる形で合意するしかありませんが，もう少し柔軟な発想で考えてみましょう。

　芝生広場をそのまま公園の一部として残しておき，園舎との間に垣根をつくらずに，保育園の児童が園庭のかわりに芝生広場を使うという案はどうでしょうか。そうすれば，野間さんも芝生広場を使うことができますし，児童と住民の交流にもつながるかもしれません。この場合，公園の半分をつぶしてその跡地に保育園を建設するのではなく，公園の中に園舎をつくる形になるでしょう。公園内に設置できる施設は都市公園法で厳格に制限されており，以前は保育園をつくることは認められていませんでした。しかし都市部での保育園の用地不足が深刻なため，2015年9月から，国家戦略特区の指定を受けた地区では公園内に保育園を設置できるようになりました。さらに，都市公園法が改正され，2017年6月からは全国で公園内に保育園を設置することが可能になっています。

　ところで，第3ゲートボール場も残すことはできないでしょうか。保育園の園舎の屋上にゲートボール場をつくれば，ゲートボール場の面積を減らさずに済みます。園舎とゲートボール場はじつは両立し得るのです。

　このような公園の中を園庭がわりに使ったり，園舎の屋上にゲートボール場をつくったりといった柔軟な対応は，実際の事例でも行われているものです（住民の反対運動はなかった事例ですが，東京都荒川区「にじの森保育園」の事例を参照。朝日新聞，2017年4月2日付朝刊）。

経済と話し合い　141

授業のために(授業の目安:1~2時間)

(1) 授業の目標
- 当事者が乗り気でない場合の交渉で用いる技能や考え方を身に付けさせます。
- 保育園建設問題の模擬交渉を体験することで,社会保障に関する問題について主体的に考察させます。

(2) 授業の流れ

本授業の展開は,「Ⅰ.事前講義」→「Ⅱ.CASEで模擬交渉」→「Ⅲ.結果の共有と解説」となります。

【Ⅰ.事前講義】
①待機児童の問題について,関連する報道記事等を配付して,簡単に基礎知識を講義します。保育園が足りていないことや,働く女性が困っていること等を強調します。

【Ⅱ.CASEで模擬交渉】
①二人一組をつくらせ,CASEを使った模擬交渉に取り組ませます。一人はA市担当者役で,もう一人は住民代表者役です。両者にそれぞれ異なる「情報カード」を配付して,カードの情報を活用して交渉させます。
②模擬交渉が序盤で行き詰まってしまっている様子のときには,「A市担当者は,各住民が反対する理由をいろいろ考えて,修正案を積極的に提案してみよう」と追加で教示します。

【A市担当者に配る情報カード】
他によい候補地がないので,みどり公園内に保育園を新しくつくることが絶対に必要である。どうにか,反対住民を説得しなくてはならない。もっとも,みどり公園内であれば,どこに建設してもよい。なお,最悪の場合は,保育園の定員を半分の50人にしてもよい。その場合は,公園の半分ではなく,4分の1の面積で建設できる。

---

142 実践編

【住民代表者に配る情報カード】
あなたは，住民みんなの代表だ。住民全員が納得できる形なら，保育園を受け入れてもいいと思っている。全員が納得できない限り，保育園建設に強く反対し続けよう。相手に付け込まれるおそれがあるので，相手から積極的な修正案が提案されるまでは，みんなの意見はなるべく相手には知らせないようにしよう。

住民みんなの声：

佐藤さん「園庭がすぐ目の前にあったら，ガキどもがうるさすぎるだろう。園庭が路地に面しているような保育園は絶対にダメだ」

若原さん「細い路地沿いに保育園をつくると，子どもの送り迎えで路地が大渋滞するのではないか。さらに出入口が路地側にあるなんてあり得ない」

大友さん「私の家は平屋だから，すぐ南隣に保育園ができると，家に日光が全然当たらなくなってしまうじゃないか」

山本さん「私は耳が遠いから子どもの声は気にしないけど，ゲートボール場がなくなるのは困る。このへんの年寄りはみんなゲートボールが大好きなんだから，ゲートボール場は三つないと。私たち年寄りだって市民なんだから，これまで通り公園を使う権利があると思う。まあ最悪二つでもいいかもしれないけど，一つになってしまうのは許せない」

野間さん「私は芝生広場さえあれば別にどうでもいいよ。芝生広場で毎日散歩することが私の生きがいなんだ」

【Ⅲ. 結果の共有と解説】

①交渉結果についてペアごとに発表させて，クラスで共有します。関連する報道記事を配付して，保育園建設に対する反対運動の実情について講義します。また，前記「にじの森保育園」の事例等を紹介し，柔軟な発想による対応があり得ることを解説します。

②交渉過程について，A市担当者役に難しかった点やどのように進めればよかったかを発表させ，クラスで共有します。相手の利害を自ら予想し，積極的に解決策を伝えていくことの重要性を確認させます。

（齋藤宙治）

経済と話し合い　143

実践編

6 労働

アルバイトを休むために
どのように交渉するか

CASE

　日本では少子高齢化が進み，労働力不足が問題化されています。コンビニではアルバイトの欠勤に対して罰金を課したことが世間でも話題となりました。コンビニ業界では，アルバイト確保の難しさ（人不足）と利益確保のため，店長の長時間労働や深夜のワンオペ（ワン・オペレーション：従業員一人でシフトに入ること）も問題となっています。

　コンビニXでは夕方の時間は三人の従業員で営業しています。夕方の従業員は高校生三人・留学生一人・大学生一人と店長が担当しています。高校生三人は同じ時期にテストがあり，テスト一週間前から休みたいと申し出ました。しかし，高校生三人が休みをとってしまうとお店がまわらなくなりお客さんに迷惑をかけます。かわりを大学生・留学生・店長に頼みましたが，断られてしまいました。高校生の主張を実現させる有効な選択肢はあるのでしょうか。

　従業員の勤務の概要は次の通りです。高校生のうち二人が週に三日，一人が二日働いています。留学生と大学生はそれぞれ週に四日働き，店長は五日働いています。留学生も大学生も週に四日以上は働きたくありません。店長は深夜勤務もしているため，できれば休みを確保したいと考えています。

	月	火	水	木	金	土	日
高校生A	○					○	○
高校生B		○	○				○
高校生C					○	○	
大 学 生	○	○	○	○			
留 学 生				○	○	○	○
店 　 長	○	○	○	○	○		

このケースで学ぶ交渉の考え方や技能

解 説

指針2 **立場ではなく利害に焦点を合わせよう**
指針3 **双方にとって有利な選択肢を考え出そう**
指針7 **よい伝え方（コミュニケーション）を工夫しよう**

1.CASEの背景

　労働問題は，労働者の権利や現代の労働環境を学ぶのに非常に需要な単元です。一方高校生にとっては，自分ごととして捉えづらい単元でもあります。そこで，生徒に身近なアルバイトの労働問題を題材にしました。2017年1月には高校生が労働問題の被害にあうケースがでています。コンビニの店長が二日間（10時間）欠勤した高校生に対して不当に「9,350円」を給与から引いた問題です。この問題では，その後店長が高校生に謝罪し「9,350円」の返金を行っています。労働基準法91条には「就業規則で，労働者に対して減給の制裁を定める場合においては，その減給は，一回の額が平均賃金の一日分の半額を超え，総額が一賃金支払期における賃金の総額の10分の1を超えてはならない」とあり，就業規則に減給の有無があったとしても全額を減給しているので違法行為にあたります。このように生徒がトラブルに巻き込まれる可能性もあり，学習の必要性が強まっています。また，労働力不足も社会問題となっています。政府は女性の社会参画促進や，「改正高年齢者雇用安定法」で65歳までの雇用確保措置を行っています。しかし，待機児童等の問題もあり，労働力不足が解消されるにはまだまだ時間がかかりそうです。こうした状況が改善されなければ，このような事例がでてきてしまうかもしれません。政府や企業の努力以外に，現場の関係者の間で交渉・話し合い次第で労働環境を改善させることはできないのでしょうか。

2.交渉の糸口を見つけよう

指針2　指針7

　CASEでは，高校生の主張をどこまで受け入れ，営業に支障がないよ

経済と話し合い　145

うにするかが問題となっています。労使交渉によくあるように，経営側が「これが労働者，使用者両方の様々な事情を客観的かつ公平に考慮したうえでの正しい解決策だ」といいきってしまい，相手の言い分や提案を一切受けずに「のむか，蹴るか」の二者択一を迫る交渉があります。このような交渉はよい交渉とはいえません。では，どのように考えればよいのでしょうか。CASEでは，高校生は休みたいと主張するだけでは話が進みません。大学生や留学生の利害，店長の利害に着目し交渉をする必要があります。大学生・留学生・店長が断った理由が何なのかを考える，あるいは具体的に聞く必要がありそうです。聞くことによって，「大学生は休みの日は大学のゼミや実験で忙しい」「留学生はアルバイトのない日に日本語を勉強するサークル活動をしている」「店長は従業員不足のため，夕方の勤務に引き続いて深夜も勤務している」等がわかり，どのような手段が考えられるのか明確になってきます。しかし，これでもまだ情報は不十分です。大学生が何時までゼミなのか，留学生は何時からサークルなのか等を明らかにする必要がありそうです。そうすることで，より調整がしやすくなります。**「立場ではなく利害に焦点を合わせる」**ことで，それまで見えなかった理由が見えてきます。

3.双方にとって有利な選択肢を考え出そう

指針3

高校生三人が休んだ場合には，以下の図のようなシフトになります。

	月	火	水	木	金	土	日
高校生A							
高校生B							
高校生C							
大 学 生	○	○	○	○			
留 学 生				○	○	○	○
店　　長	○	○	○	○	○		

146　実践編

この状態では木曜日以外は人手が足りません。人手が足りなければ忙しさも増します。つまり高校生が休むと，残された大学生・留学生・店長も困ることになるわけです。また，来店したお客さんにも迷惑がかかることになってしまいます。では，このような状態をなるべく避け，互いがウィン・ウィンな状態になるように考えさせていきましょう。生徒に自由に考えさせると「高校生はテスト前に一週間休んで，残りの三人がその間働いて，テストが終わったら高校生がかわりに働けばいい」というかもしれません。

労働基準法では以下のように規定されています。

> 35条1項　　使用者は，労働者に対して，毎週少くとも一回の休日を与えなければならない。
> 　同2項　　前項の規定は，四週間を通じ四日以上の休日を与える使用者については適用しない。

2項の要件をみたしていれば，高校生以外の三人が七日間連続で勤務することは可能です。しかし，それでは互いにコミュニケーションをそれほどとることなく交渉が成立してしまうかもしれません。その場合には以下の説明をして，もう一度考えさせてもいいかもしれません。

2項の内容からチェックが煩雑になり，期せずして悪条件の中で働かざるを得ない労働者がでる，といったことも考えられます。このような理由から，36協定により企業は労働者に毎週少なくとも一回の休日を与えている場合が多いのです。36協定とは，労働基準法第36条が根拠になっていることからよばれる名称で，正式には「時間外・休日労働に関する協定届」といいます。この場合，三人が七日間連続で勤務することはできません。「どんな解決法が考えられますか？」と問いかけて，よりよい交渉に臨ませてみましょう。より互いの立場に立った交渉ができるようになると思います。また，自己の短期的利益から「**双方の利益をみたす視点**」に生徒を導いてあげましょう。

経済と話し合い　147

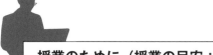

授業のために（授業の目安：2時間）

（1）授業の目標
- CASEを通して労働問題を自分ごととして捉え，労働基準法の大切さや36協定について理解させます。
- 交渉で用いる技能や考え方を身に付けさせます。

（2）授業の流れ
本授業の展開は「Ⅰ．事例について考える」→「Ⅱ．交渉で用いる技能や考え方を理解する」→「Ⅲ．模擬交渉」→「Ⅳ．結果の共有」→「Ⅴ．振り返り」→「Ⅵ．まとめ，労働問題について」となります。

【Ⅰ．事例について考える】
①CASEの背景にある，コンビニでの欠勤したアルバイトについて説明し，この事例が法律違反であったことを伝えます。労働力不足や店長の長時間労働等，問題の背景について説明します。

【Ⅱ．交渉で用いる技能や考え方を理解する】
①はじめて授業に交渉を取り入れる場合は「オレンジ事件」（→p.13）について説明し，対立する立場（主張）ではなく利害に焦点を合わせること，双方にとって有利な選択肢は何かを考える視点を持つことが重要であると説明します。

【Ⅲ．模擬交渉】
①CASEを読ませ，模擬交渉に取り組ませます。六人一組をつくらせ，役割分担を決めさせます。高校生三人，大学生一人，留学生一人，店長一人です。
②普段の勤務表と「利害カード」を渡します。その情報をもとに，互いに納得のいく交渉を班で行わせます。このとき，カードを見せるのではなく交渉して聞き出すことを伝えます。

148　実践編

【高校生Ａ・Ｂの利害カード】
・アルバイトは週に三回
・テスト前の一週間は休みたい
・一日の勉強計画は三時間を予
　定している

【高校生Ｃの利害カード】
・アルバイトは週に二回
・テスト前の一週間は休みたい
・一日の勉強計画は五時間を予
　定している

【大学生の利害カード】
・アルバイトは週に四回
・アルバイトのない日はゼミ等
　で18時すぎまで大学にいる
・大学からアルバイト先は約10分

【留学生の利害カード】
・アルバイトは週に四回
・火曜と水曜は日本語サークル
　で20時まで活動している
・月曜は特に用事はない

【店長の利害カード】
・週に五日勤務
・夕方だけでなく深夜勤務も週
　に四日こなしている
・体力的に休みはなるべく確保
　したい

【Ⅳ．結果の共有】
　①交渉が終わったらクラスで結果を共有します。共有の際に５Ｗ１Ｈ
　　を意識させてどのように交渉した結果，なぜそのようになったのか
　　を盛り込んで説明をさせましょう。

【Ⅴ．振り返り】
　①交渉の課程と結果について振り返らせ，どのように交渉することが
　　よい交渉につながるかという観点で実施します。

【Ⅵ．まとめ，労働問題について】
　①１時間目の総括を実施しながら前時の復習を行います。労働基準法
　　がなぜ必要なのか，36協定とは何かなど，労働者の権利や雇用に
　　関するルール，現代の労働問題について学習を行わせます。

（末吉智典）

経済と話し合い　149

複数ステージの交渉

　交渉の仕方には色々なやり方があります。一回の話し合いで決めることもあれば何回も話し合いをすることもあるでしょう。後者のように交渉に複数のステージがある場合，どのようなことが起こるか考えてみましょう。ＡさんとＢさんは10個のケーキを持っていて，それらを分けるとします。まず，初日にＡさんが分け方を提案し，Ｂさんが同意すれば，提案通りにケーキを分け，そこで終了します。Ｂさんが同意しない場合は，次の日にＢさんが分け方を提案し，Ａさんが同意すれば提案通りに分け，同意しなければ交渉は決裂します（ＡさんもＢさんもケーキをもらえません）。なお，二日目には10個のケーキのうち２個は腐ってしまうとします。Ａさん，Ｂさんともに分け前がゼロになるよりは交渉が決裂したほうがいいと思っているとします。このとき，この交渉で何が起こるか思考実験してみましょう。

　まず，二日目から考えます。Ｂさんは交渉が決裂しないようにしながら，自分の取り分を最大化しようとして，Ａさんの取り分を１個，Ｂさんの取り分を７個と提案します。Ａさんは交渉が決裂して取り分がなくなるよりはケーキを１個もらったほうがいいのでこの提案を受け入れます。次に，これを前提にしたときに，初日にＡさんはどのように考えるでしょうか？　二日目までいくと，Ｂさんの取り分は７個です。したがって，第１ステージではＢさんの取り分が７個以上でなければＢさんはＡさんの初日の提案を拒否して，次の日の交渉にいこうとするでしょう。そこで，Ａさんは初日に，Ａさんの取り分が３個，Ｂさんが７個と提案するでしょう。この提案をＢさんは受け入れるでしょう。仮にこの交渉が初日の部分だけ行われるとしましょう。その場合，Ａさんは交渉が成立する範囲で自分の取り分を最大にするために，Ａさんが９個，Ｂさんが１個で提案するでしょう。Ｂさんは交渉が決裂すると取り分がなくなるのでこの提案を受け入れるでしょう。

　このように複数のステージがあると，交渉結果は変わる可能性があります。ここでは，全体のパイの大きさは増えず，時間とともに減る例を取り上げましたが，このような配分型の交渉についても研究成果が蓄積されています。

（松行輝昌）

第3編
実践編

第4章　国際政治・経済と話し合い

　この章では，中学校や高等学校で学ぶ「国際」単元の内容を話し合い（交渉）という観点から再構成したCASEの紹介と解説，授業づくりのヒントを紹介します。

　国家間の相互の主権の尊重と協力，軍縮や資源・エネルギーなどの課題解決には，国家間の合意を目指した交渉が必要であることを具体的に学べるようになっています。

実践編 1 経済のグローバル化

第4章　国際政治・経済と話し合い
グローバル企業再建のためにどのような交渉がされるのか

CASE

　日本の電機メーカーA社は液晶技術で世界的に有名な会社です。しかし、リーマンショック等により財務状況が悪化し、2014年度は2,223億円の赤字でした。A社は、日本のB銀行から2,250億円の追加融資を受けましたが、自力での再建は難しい状態です。このとき、台湾の精密機器メーカーC社がA社に対し、C社の支援を受けるかわりに、C社グループの傘下に入らないか、との提案を持ちかけました。同グループは、売上高がA社の5倍という巨大グループです。アメリカD社のスマートフォンの組み立てを受注していましたが、液晶は自社グループで製造できず、A社の製品を購入していました。C社は、2012年にもA社との間で出資を合意していました。しかし、直後にA社の巨額損失が明らかになり株価が下落したため、C社は出資を見合わせました。

　今回は日本の産業革新機構（革新機構）からも、5千億円の支援の申し出がありました。革新機構は支援のかわりに、A社から液晶事業を分離させること、B銀行に合計2千億円の貸付を実質上放棄させること、従業員のリストラを提案してきました。

　A社とC社とはどのような交渉を行うべきでしょうか。なお、A社にはB銀行から取締役が派遣されており、A社の意思決定にはB銀行の意向が大きく影響します。

このケースで学ぶ交渉の考え方や技能

解　説

指針2 **立場ではなく利害に焦点を合わせよう**
指針3 **双方にとって有利な選択肢を考え出そう**
指針5 **最善の代替案（BATNA）を用意しよう**
指針6 **約束（コミットメント）の仕方を工夫しよう**
指針7 **よい伝え方（コミュニケーション）を工夫しよう**

1.それぞれの利害は何か

指針2　指針3

　経済のグローバル化により，日本の企業が交渉を行う相手は日本の企業だけに限られなくなっています。CASEのもととなったのは，日本のシャープ（A社）と台湾のホンハイ（C社）との間の交渉事案です。

　A社とC社との間には，過去に出資に関する話が失敗に終わったという経験があります。その経験から，両者の関係は必ずしも良好とはいえませんでした。また，日本の企業A社が外国企業C社の傘下に入ることは，日本の技術の外国への流出という点からも懸念が示されていました。他方，それぞれのメリットを見るとどうでしょうか。まず，C社のメリットを考えてみましょう。C社は，アメリカD社のスマートフォンの組み立てを受注していますが，液晶は自社グループ内で製造できませんでした。A社を傘下に入れれば，スマートフォンの基幹部品である液晶等の技術力，そして，A社の知名度も手に入れることができます。他方，A社のメリットはどうでしょうか。A社がC社グループに入れば，巨大なグループの規模をいかして，まず，部品の調達面でコストの削減ができ，そして，液晶の最大顧客であるD社との間でも交渉力を高めることができるでしょう。つまり，A社・C社の双方ともに，A社がC社グループに入ることにメリットを見出すことができるのです。

　一見すると，CASEでA社が，C社と革新機構のいずれを選ぶかは，どちらが多くの金額を出資するかによって結論がでそうにも思われます。確かに，出資の金額は大きな判断の要因の一つでしょう。しかし，

国際政治・経済と話し合い　153

A社が判断の基準とするのは，それだけではありません。まず，革新機構の事業の分解，従業員のリストラの提案に対し，A社は，事業の分解は再建のプラス要因になるとは考えておらず，リストラも避けたいと考えていました。他方，C社は，事業分解・リストラも不要との提案をしました。さらに決め手の一つは，A社に貸付をした銀行の利害への配慮と考えられます。A社には，銀行から取締役が派遣されていて，A社の意思決定に大きく影響を与えていました。革新機構が銀行に貸付の放棄をさせようとしたのに対し，C社は銀行に貸付の放棄を求めない提案をしました。

現実事案では，出資の金額についてもホンハイが革新機構を上回っていました。しかし，以上の点からは，出資金額を別にしても，ホンハイの提案はシャープにとって，革新機構の提案よりも魅力的なものであったといえるでしょう。

2.それぞれのBATNAは何か

指針5　指針6

A社とC社との間で交渉がまとまらないとき，A社とC社にはそれぞれどのような代替案（BATNA）が考えられるのでしょうか？　C社のBATNAとしては，A社を傘下におくことをあきらめ，同様の技術を持った別の会社を買収すること等が考えられます。他方，A社のBATNAとしては，革新機構の申し出を受け入れることが考えられるでしょう。しかし，A社のBATNAは，革新機構が交渉から降りてしまうことで機能しなくなってしまいます。現実事案では，シャープがホンハイと優先的に交渉する態度を見せたことで，革新機構はシャープとの交渉から降りてしまいました。ホンハイはこの時点で，当初提示していた出資額から2千億円程度の減額を主張しました。シャープは，倒産を避けるためにホンハイと交渉を続けるしかなく，結局，出資額の千億円の減額とその他の条件の変更を認めざるを得なくなってしまったのです。

CASEの場合，交渉当初，C社から提案された条件がA社にとって魅力的なものであったとしても，この条件がそのまま実現されるとは限り

154　実践編

ません。まず合意前の段階で，現実事案のように他の競争相手（今回の場合は革新機構）がいなくなったことを契機に，条件の変更が突きつけられるおそれがあります。そして，合意後の段階でも，その条件が確実に守られるかどうかはわかりません。交渉においては，相手の提示した魅力的な条件をどのように守らせるか，「**約束の仕方**」が重要になってくるのです。

　合意の内容を相手に守らせるために，訴訟による方法をとることもあります。国際的な事案では，どこの国で訴訟を行うか，どこの国の法が適用されるかも問題となります。そのため多くの場合，契約書には，紛争が生じた場合に備えて，紛争を解決する地やどこの国の法が適用されるのかが明記されます。

3.自分の意思の伝え方

指針7

　交渉においては，「**相手方にいかに自分の意思を伝えるか**」も重要です。現実事案では，ホンハイの会長はシャープとの交渉において，自家用ジェット機でシャープ本社を訪れました。会長自身が，自らの言葉で自信にみちたプレゼンをしたことで，シャープの社外取締役からホンハイの提案を支持する声が一気に広まったとされています。

4.CASEのその後

　2016年8月に経営危機で東証2部に降格したシャープは2017年12月，東証1部に復帰しました。企業再生に外部資本を活用して，海外の巨大な需要を取り込もうとしたシャープの戦略はあたりました。ホンハイによる買収から一年がたった2017年は，シャープにとって再生から成長に転換する一年となりました。

国際政治・経済と話し合い

授業のために（授業の目安：1時間）

（1）授業の目標

・身近な民事紛争を解決するために，模擬交渉を通して交渉で用いる
技能や考え方を身に付けさせます。

（2）授業の流れ

本授業の展開は，「Ⅰ．前提知識の理解」→「Ⅱ．交渉で用いる技
能や考え方を理解」→「Ⅲ．CASEで模擬交渉」→「Ⅳ．クラスで共
有」→「Ⅴ．振り返り」となります。

【Ⅰ．前提知識の理解】

①経済のグローバル化について教科書で確認させます。そのうえで，
実際の事例としてCASEを紹介します。

【Ⅱ．交渉で用いる技能や考え方を理解】

①シンプルな「オレンジ事件」（→p.13）のような事例で，「指針2
立場ではなく利害に焦点を合わせよう」「指針3　双方にとって有
利な選択肢を考え出そう」「指針5　最善の代替案（BATNA）を
用意しよう」「指針6　約束（コミットメント）の仕方を工夫しよう」
「指針7　よい伝え方（コミュニケーション）を工夫しよう」とい
う交渉で用いる技能や考え方を理解させます。

【Ⅲ．CASEで模擬交渉】

①二人一組をつくらせます。
②A社役とC社役を決めさせます。
③それぞれに「交渉カード」を配付し，模擬交渉に取り組ませます。

156　実践編

【A社の交渉カード】
2012年に出資を受けられなかったことで，A社内ではC社に対する不信感が強い。また，C社の傘下に入ることで，日本の技術が外国に流れてしまうことも心配される。

【C社の交渉カード】
A社の株価の時価総額が2,223億円であることを考えると，A社の技術力や知名度を考えても，5千億円以上の出資は難しい。A社には3千億円程度の潜在的な債務があるため，さらに出資額を引き下げることも考えられる。

「交渉カード」をもとに，二者が納得できる解決策についてブレインストーミングさせます。そのうえで交渉をして，二者が納得できる解決策を探らせます。
④グループごとに交渉結果を発表させて，クラスで共有します。
⑤実際の交渉結果を提示します。

【Ⅳ．クラスで共有】
①各グループの交渉結果をクラスで共有します。

【Ⅴ．振り返り】
①クラスで共有した結果をもとに議論し，個人の考えが学習の前と後でどのように変化したか振り返らせ，発表させます。　　　（藤澤尚江）

実践編

なぜキャンプデービッドで合意できたのか

2 地域紛争

CASE

　1978年，アメリカのキャンプデービッドでエジプト・イスラエル両国がやっと和平交渉の席に着きました。1967年の第三次中東戦争でイスラエルがエジプトのシナイ半島を占領して以来，シナイ半島はイスラエルが支配しています。このシナイ半島をめぐって，両国の意見は真っ向から対立していました。イスラエルはシナイ半島の支配を維持することを強く主張し，エジプトはシナイ半島全域はエジプトに返還されるべきで，少しも譲れないと主張しました。

　幾度となくシナイ半島を分けるように国境線は書き直されましたが，エジプトは受け入れませんでした。一方，イスラエルは第三次中東戦争以前の状態に戻すことを望みましたが，エジプトにはまったく受け入れ難いことでした。どうすれば合意できるでしょうか？

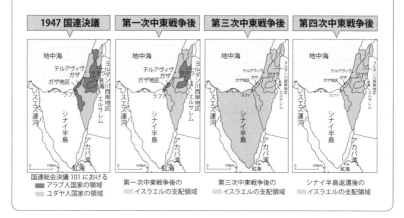

このケースで学ぶ交渉の考え方や技能

解　説

指針2 立場ではなく利害に焦点を合わせよう
指針3 双方にとって有利な選択肢を考え出そう

1.イスラエルとエジプトの「立場」と「利害」は何か

指針2

　1978年，アメリカ大統領カーターを仲介人として，アメリカ大統領別荘のキャンプデービッドでイスラエル首相ベギン（ユダヤ人）とエジプト大統領サダト（アラブ人）による和平交渉が行われました。

　ここで，どのような話し合いが行われたのか見ていきましょう。ベギンはシナイ半島の支配権を強硬に主張しました。一方サダトは完全返還にこだわりました。そのため，会談は難航し到底合意が期待できる状況ではありませんでした。カーターは『回顧録』に「あらゆる自制はどこかに消え去った。二人の顔は紅潮し，外交儀礼ははぎ取られてしまった」と書いています。

　こうした状況を打破するのにカーターが提案したのが，「**立場ではなく利害に焦点を合わせる**」というものでした。イスラエルが求めていたのはシナイ半島の非武装化，アラブ一の大国エジプトとの和平，イスラエル国家の承認でした。一方エジプトが求めていたのはシナイ半島における主権を取り戻し，膨大な資金を軍事費とする必要性を低下させることでした。

2.イスラエルとエジプトはどのように合意したのか

指針3

　利害に焦点を合わせ，パイを広げることを意識した話し合いの結果，二つの合意文書「エジプト・イスラエル平和条約締結のための枠組」と「中東和平のための枠組」が三首脳によって調印されました。

　前者は，①イスラエルのシナイ半島からの完全撤退，②シナイ半島でのエジプト軍の展開制限，③スエズ運河およびアカバ湾の航海への出口

国際政治・経済と話し合い　159

にあたるシラン海峡のイスラエル船舶の自由航行の制限，を盛り込んだうえで，三か月以内に平和条約に調印するというものです。

後者は，❶五年間を超えない過渡期間を設け，その間ヨルダン川西岸・ガザ地区住民は選挙によって自治のための期間を樹立し自治を行う，❷自治機関樹立のため，エジプト・イスラエル・ヨルダンの間で交渉を行う，❸自治機関樹立の方法やその権限・責任は交渉で協議する，❹自治機関が樹立され次第，イスラエルは撤退し，イスラエル軍は特定の安全保障地区に再展開する，❺過渡期間開始から三年以内に，ヨルダン川西岸・ガザ地区の最終的な地位，及びイスラエル・ヨルダン間の平和条約締結のための交渉を，イスラエル・エジプト・ヨルダン及び西岸・ガザ地区住民代表の間で行う，というものでした。

これによって，イスラエルはエジプトにイスラエルの存在を認めさせ，シナイ半島のエジプト軍の展開を制限させることに成功します。またエジプトは，シナイ半島における主権を取り戻すと同時に，西側の国となりアメリカの支援を潤沢に得るようになります。

3.アメリカの利害は何だったのか

冷戦期の戦略上，アメリカとしては西側諸国への安定したエネルギー供給のためにアラブ産油諸国に配慮する必要がありました。これは，石油危機によってパレスチナ問題の重要性が改めて認識されたという背景があります。石油危機は，イスラエルとの戦い（第四次中東戦争）でアラブ諸国が団結し非友好国に対して石油輸出制限をしたため，石油の需給バランスが崩れ価格が急上昇して引き起こされました。アメリカには，こうしたことがないようにパレスチナ地方を安定させたいという思いがありました。

また一方で，アメリカ国内のイスラエルロビーに配慮し，イスラエルとの戦略的な同盟関係を維持する必要がありました。

4.キャンプデービッド合意後はどうなったのか

ベギンとサダトの間で合意がなされた背景には，エジプトの経済的行

160　実践編

き詰まり，冷戦の進行，サダトの人柄，カーターの粘り強い説得がありますが，統合型交渉の技能や考え方を用いた点が大きな理由の一つといえるでしょう。

　このあとにサダトの暗殺もあり，現在に至るまでパレスチナ問題は解決していません。しかし，中学校・高等学校でパレスチナ問題を扱う際には，対立の構図だけでなく，キャンプデービッド合意やオスロ合意等，和解のための話し合いも行われていること，そこで用いられた技能や考え方から学ぶことを教えるのも大切ではないかと考えます。

【参考資料】－パレスチナ問題の背景－

　パレスチナという土地は，かつてユダヤ人のヘブライ王国があった場所です。しかしその後，ローマによって支配され，ユダヤ人は世界中に散らばっていきます（ディアスポラ）。その後，約２千年間パレスチナで暮らしていたのがアラブ人でした。

　19世紀末から20世紀にかけて，ユダヤ人がパレスチナに戻る動きが活発になりました（シオニズム）。第二次世界大戦後，それまでパレスチナ地方を統治していたイギリスは財政的余裕がなくなり，1947年の国連総会でパレスチナ分割決議案が採択されます。ユダヤ人60万人がパレスチナの土地の57%を統治し，アラブ人は137万人で43%の土地を統治するという内容でした。これによって1948年にイスラエルが建国されます。イスラエル建国を認めないアラブ側はイスラエルに侵攻し，中東戦争が勃発します。中東戦争はこれ以降四回繰り返されました。

　そして1977年，選挙で建国以来の政権交代が起こり，イスラエルの新首相にはベギンが就任しました。一方のアラブの盟主であるエジプト大統領のサダトも和平路線をとり，エジプト和平がはじまりました。これを仲介したのがアメリカのカーター大統領でした。こうした背景からキャンプデービッド会談は行われたのです。

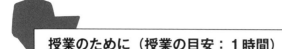

授業のために(授業の目安:1時間)

(1) 授業の目標
- 現実に統合型交渉が用いられた国際紛争の事例の模擬交渉を通して,交渉で用いる技能や考え方を身に付けさせます。
- 身に付けた交渉で用いる技能や考え方を他事例に応用させます。

(2) 授業の流れ
本授業の展開は,「Ⅰ.交渉で用いる技能や考え方を理解」→「Ⅱ.現実の事例で模擬交渉」→「Ⅲ.応用」→「Ⅳ.振り返り」となります。

【Ⅰ.交渉で用いる技能や考え方を理解】
①授業の最初に,わかりやすいシンプルな「オレンジ事件」(→p.13)のような事例で,対立する立場(主張)ではなく,その背景にある利害(理由)に焦点を合わせる「指針2 立場ではなく利害に焦点を合わせよう」と,限られたものを取り合うのではなく,どちらも満足できるようにいくつかの解決法を考える「指針3 双方にとって有利な選択肢を考え出そう」を説明します。

【Ⅱ.現実の事例で模擬交渉】
①「模擬交渉をするために,まずはパレスチナ問題を理解しよう」として,第四次中東戦争までのパレスチナ問題の基礎知識を講義します。
②CASEを読ませ,模擬交渉に取り組ませます。その際,三人一組をつくらせます。一人目はベギン首相役,二人目はサダト大統領役,三人目はカーター大統領役です。
③「三者にはそれぞれ相手に伝えていない事情があります。それを踏まえて三者が納得できる解決策を交渉して考えてください。学習した交渉で用いる技能や考え方を使うんですよ」といって,「利害カード」を配付します。

【イスラエルの利害カード】
・大国エジプトとの和平，シナイ半島の非武装による安全確保，国家の承認を達成したい。

【エジプトの利害カード】
・最大の関心は土地の主権。シナイ半島は古代からエジプトの一部。他国の支配からやっと取り戻したのに，まただれかにわれわれの領土を譲る気はない。
・四回の戦争が財政を圧迫している。経済を建て直すために，アメリカの経済援助が必要。

【アメリカの利害カード】
・二か国は和平を結んでほしい。経済混乱は困る。紛争が長引くとソ連が介入してくるかもしれない。早く安定させたい。

④「利害カード」をもとに三者の事情を考えて，三者が納得できる解決策についてブレインストーミングさせます。そのうえで，交渉をして三者が納得できる解決策を探らせます。

⑤グループごとに交渉結果を発表させて，クラスで共有します。

⑥実際の交渉経過，実際の合意結果を提示します。

⑦その後のパレスチナの先行きが不透明な動向を説明します。

【Ⅲ．応用】
①交渉で用いる技能や考え方が身に付いたか，他の事例で模擬交渉を行わせて確認します。

【Ⅳ．振り返り】
①「交渉で用いる技能や考え方は自分の生活にいかしていけそうか」や「どのような場面で交渉で用いる技能や考え方をいかしていくことができるか」といった問いで学習を振り返らせます。　（小貫　篤）

国際政治・経済と話し合い　163

実践編 3 国際連合

国連分担金をどのように配分するか

CASE

2000年秋,アメリカ連邦議会は延滞している約10億ドルの国連分担金の支払いを拒否していました。分担比率を変えることを求めていたのです。アメリカ連邦議会の要求は,分担比率を25%から22%に引き下げることを条件に,延滞している約10億ドルの分担金を支払うというものでした。一方,このまま延滞している累積未払い金の増加が続くと,アメリカは国連総会での投票権を失う可能性がありました。

アメリカ国連大使のリチャード・ホルブルックは,国連総会で投票権を失うことを避けるために何とかしようと考えました。ホルブルックが直面した問題は以下の三点でした。第一に諸外国は分担金の引き上げに簡単には応じないこと,第二に分担比率を変えるためには189の加盟国の全会一致の承認が必要なこと,第三に延滞金の予算として確保している約10億ドルが2001年1月1日に失効することです。

あなたがホルブルックだったとしたら,どのようにアメリカ連邦議会や各国政府に働きかけて危機を脱しますか？

164 実践編

このケースで学ぶ交渉の考え方や技能

解 説

指針2 立場ではなく利害に焦点を合わせよう
指針3 双方にとって有利な選択肢を考え出そう

1.CASEの前提

　中学校・高等学校公民の教科書や資料集には、国連分担金の割合のグラフが必ず載っています。そして、私たち教員は「国連は、その活動範囲の割に財政規模が小さく、慢性的な資金不足に陥っている。国連の財政は、二年ごとに作成される通常予算、PKO予算、自発的拠出金等の特別勘定によってなりたっている。このうち、通常予算は総会で決定され、加盟国で分担される。分担金は国民総所得や人口等を参考に決められる。アメリカはこの分担金を滞納しており、その額は10億ドルを上回る。日本の分担比率は少しずつ引き下げられているが、依然としてアメリカに次ぐ二位である」と説明することが多いです。

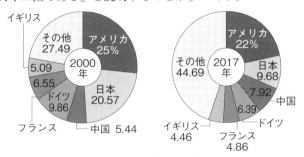

国連分担金の比率

　上記のような説明は間違っていませんし、必要な知識だと思います。しかし、なんとなく面白くなく興味を持たない生徒がいることも事実です。分担金をめぐる熾烈なやりとりを実感させることで、より生徒が面白いと感じられる学習にならないか、あるいは交渉で用いる技能や考え方を身に付けさせるための題材として国連分担金が使えないか、そのような発想から見直してみましょう。

2.各国の利害は何か

指針2

　当時，アメリカの分担比率は約25％でした。アメリカはそれだけでなく，PKOでも約30％を分担していました。当時起こっていたソマリア，ルワンダ，ボスニアの紛争によって，さらに負担が増えることへの批判がアメリカ国内からあがっていました。さらに，上院の一部の議員が国連からの脱退を要求する事態となっていました。ホルブルックらは，日本やヨーロッパ諸国に分担比率の引き上げを求めました。日本は第二位の拠出国で，ただでさえこの負担は大きいと主張しました。また，ヨーロッパ諸国も分担比率の引き上げには極めて消極的でした。これを受けてホルブルックらは，なぜ分担金を増やせないのか，各国から理由を聞き出す努力をしました。その理由は様々でしたが，一つ共通している理由がありました。それは，たとえ分担比率の引き上げに応じられても，2000年度がまもなく終了し，2001年度の予算はすでに決まっていることから今は応じられないという国が多かったのです。それにもかかわらず，ホルブルックらは2001年1月1日までに分担金を見直すように求めていました。期限が，合意できない一つの大きな理由だったのです。

3.どのように合意したのか

指針3

　ホルブルックは2000年12月末に全加盟国との合意にこぎつけました。

　合意の内容は，以下のようなものです。第一に，アメリカは分担比率を25％から22％に引き下げて，延滞金の10億ドルを支払う。第二に，加盟国には2002年まで分担金の引き上げを求めない。第三に，2001年度分担金の不足分を埋めるために，実業家で億万長者としても知られるテッド・ターナーが率いる国連財団から3千万ドル以上の寄付を受ける。ターナーはもともとリベラル派として知られており，共和党は寄付を受けたがらなかったのですが，この危機を脱するためならと最終的に承認することになりました。こうして，アメリカの得た減額幅を守りつつ，再び延滞金が増加する事態を避けたのです。

166　実践編

4. 国連分担金に関する交渉

　CASEの交渉は，国連分担金をどこが負担するかというゼロ・サムの交渉に見えます。確かに，分担比率だけに注目すればそうなるでしょう。しかし，ホルブルックらが着目したのは，分担比率，時期，アメリカ連邦議会への影響力を保ちたい事業家，共和党の思惑等，複数の事柄でした。このように，一つの点だけでなくパイを広げて交渉をすることで，合意に至ることができたのです。

　今後，国連分担金をめぐる交渉はどのようなことが論点になるでしょうか。2016年度の日本の分担比率は10%を下回りました。順位はアメリカに次ぐ二位を維持しているものの，中国が六位から三位に上昇しています。イギリス・フランス・ドイツ等の分担比率が下がるなか，中国は大幅に上昇しており，いずれ中国が日本を抜いて二位になる可能性が高まっています。

　日本ではこれまで，安全保障理事会の常任理事国でないにもかかわらず高い分担金を支払ってきた，という批判が国内からなされてきました。その一方で，国連分担金の負担が減れば，国連における存在感がますます薄くなるのではないかという指摘もあります。どのように国連における外交を展開していくかということが，今後の日本外交の大きな課題となっています。

国際政治・経済と話し合い

授業のために（授業の目安：1時間）

(1) 授業の目標
　・実際の国際交渉を考察するために，模擬交渉を通して交渉で用いる技能や考え方を身に付けさせます。

(2) 授業の流れ
　本授業の展開は，「Ⅰ．前提知識の理解」→「Ⅱ．交渉で用いる技能や考え方を理解」→「Ⅲ．CASEで模擬交渉」→「Ⅳ．クラスで共有」→「Ⅴ．振り返り」となります。

【Ⅰ．前提知識の理解】
　①国連についての基本的知識を教科書で確認させます。そのうえで，実際の事例としてCASEを紹介します。

【Ⅱ．交渉で用いる技能や考え方を理解】
　①シンプルな「オレンジ事件」（→p.13）のような事例で，「指針2　立場ではなく利害に焦点を合わせよう」「指針3　双方にとって有利な選択肢を考え出そう」という交渉で用いる技能や考え方を理解させます。

【Ⅲ．CASEで模擬交渉】

①四人一組をつくらせます。

②「主張と利害カード」を配付し，自分がホルブリックだとしたら，どのように交渉するか話し合わせます。

③その際，「解説」をもとに主張と利害を考えさせます。

【ホルブリックの主張】

日本とヨーロッパ諸国にアメリカの分担金の穴埋めをしてほしい。

【ホルブリックの利害】

アメリカの得た減額幅を守りつつ，再び未払い金が増加する事態を避けたい。

【各国の主張】

アメリカの埋め合わせなどできない。

【各国の利害】

2000年度がまもなく終了し，2001年度の予算はすでに決まっているから，ホルブリックに協力できない。

---

④グループごとに交渉結果を発表させて，クラスで共有します。

⑤実際の交渉結果を提示します。

・アメリカは分担比率を25％から22％に引き下げて，延滞金の10億ドルを支払う。

・2002年まで分担金の引き上げを求めない。

・2001年度分担金の不足分を埋めるために，実業家で億万長者から3千万ドル以上の寄付を受ける。

【Ⅳ．クラスで共有】

①各グループの交渉結果をクラスで共有します。

【Ⅴ．振り返り】

①クラスで共有した議論をもとに，個人の考えが学習の前と後でどのように変化したか振り返らせ，発表させます。 　　　　　　（小貫　篤）

国際政治・経済と話し合い　169

実践編 4 軍縮

戦争と平和は取引できるか

CASE

なぜ軍縮がなかなか進まないのか考えるために，次の課題に取り組みましょう。

［課題１：軍拡ゲーム］クラス全員で実施します。先生が核弾頭の搭載された大陸間弾道ミサイル（ICBM）を持っているとします。生徒各自はこれを購入し，核大国と対等になりたいと希望しているとしましょう。先生はこうした状況をふまえオークションをします。そのルールは，①最高値の入札者が落札者として二番目の入札価格で核ミサイルを購入でき，②第二順位入札者は何も獲得できないけれど入札額は支払わなければならないというものです。参加表明をした人は途中でやめたり，支払わずに逃げることはできません。あなたはいくらで応札しますか（応札しなくても構いませんが，核ミサイルを持っていないので国際的発言力が乏しくなります）。

［課題２：先制攻撃ゲーム］A国元首役とS国元首役の二人一組をつくり，「A国の秘密」と「S国の秘密」に基づいて交互にカードを出し合います。カードは「停戦維持」と「全面核攻撃」の二種類です。ジャンケンで勝ったほうからはじめます。

このケースで学ぶ交渉の考え方や技能

解 説

指針1	人と問題を切り離そう
指針2	立場ではなく利害に焦点を合わせよう
指針3	双方にとって有利な選択肢を考え出そう
指針4	客観的基準を強調しよう
指針5	最善の代替案（BATNA）を用意しよう
指針6	約束（コミットメント）の仕方を工夫しよう
指針7	よい伝え方（コミュニケーション）を工夫しよう

1.軍縮交渉は国際交渉であるとともに内政交渉である

　軍縮交渉による核廃絶は人類存亡の必要条件です。にもかかわらず，核兵器の廃絶の方向性すら見えないのはなぜでしょうか。

　それは，核兵器廃棄による戦略的地位の低下（及び先制攻撃を受けるリスク上昇）という国際交渉上の問題があるからです。それとともに，内政問題として弱腰と見られれば政権の維持が危うくなるからでもあります（保守派とともに軍部も軍事関連業界も軍縮に反対）。世界世論の非難を無視して，核実験や大陸間弾道ミサイルの実験を繰り返す国まででてくる事態となっています。仮想敵国を創設して国家危機を煽ることで体制批判を圧殺し，崩壊寸前の政権の存続を画策する，国民の人権を無視した政策と位置付けるべきです。

2.首脳同士の人間関係

指針1

　核戦争の抑止のための軍縮交渉は，不幸な歴史や，国家元首や交渉担当者といった人の問題で左右されるにはあまりに重大です。もちろん，国家元首間の人間的信頼関係の重要性を否定するものではありません。国家元首同士が，相手のことを「ロケットマンは自殺の道をたどっている」とか「国民を飢えさせ，殺すことを気にもとめない狂った男」とけなし，他方が「前代未聞で無知で粗暴」「歴代のどの大統領からも聞け

国際政治・経済と話し合い　171

なかった犬のほえ声」「政治家ではなく，火遊びが好きなちんぴら」と
けなしたりこきおろして応戦するようでは，国際関係は子どものけんか
以下でしょう。国際社会の永続的な平和のためには，利害の対立とイデ
オロギーの相剋を超える最低限の「文化的対応」が必要です。だからこ
そ，サミット等によって各国の指導者が頻繁に個人的に対話をして信頼
関係の涵養に努めているのです。

3. 国際社会における真の利害

指針2

　自由主義や共産主義などのイデオロギーを立場とすれば，そのような
意味の立場に焦点を合わせれば，相手国やその体制は「悪の帝国」にな
り，軍縮交渉は暗礁に乗り上げます。冷戦下の米ソの対立においては，
互いにそのような認識・評価から出発していました。これは不幸な歴史
です。自国民の生存のためには，相手国との平和共存が必要不可欠であ
るという厳然たる事実こそ真の利害なのです。

4. 国際社会における「有利な選択肢」

指針3

　核の冬に鑑みれば，双方にとって有利な選択肢が平和的な共存共栄で
あることは疑い得ません。その阻害要因の探求と議論も軍縮交渉の要素
です。問題を複雑化させているのは，国際関係が多元的であることです。
われわれは米ソや日米とよんで，あたかもそれぞれの国が一枚岩の合理
的個人であるかのように評論していますが，これは出発点から間違って
います。一つの国には何千万，何億もの人々が住んでおり，その経済・
政治・文化，その他様々な点で異なっています。国家間の差異よりも国
内での差異のほうが通常は遥かに大きいことも多いですが，あたかも「個
人」であるかのように見なすことで，この最も重要な事実を看過してし
まうことになります。双方にとって有利とは，国際関係においてはじつ
は，個人・組織・企業・政府行政・指導者等，多様で雑多な利害関係者
全員にとってより有利な選択肢の探求という究極の難問なのです。

172　実践編

5.軍縮交渉における客観的基準とBATNA
指針4　指針5

　軍縮交渉，とりわけ核軍縮においては，互いの軍縮の程度と軍縮実施の相互確証が必須で，そのための基準についての合意が重要です（例：核査察等）。そこでは，科学技術も駆使した客観的で確証可能な基準を設定できなければ合意には至ることができません。

　軍縮交渉には国際関係や国内政治の影響が大きく，交渉が暗礁に乗り上げることも想定しておく必要があります。そのような暫定的決裂状況でとりうる代替的選択肢（暫定的BATNA）に，より平和的でより協調関係再生的なものを用意することは，外交交渉としても当然の前提です。

6.軍縮交渉を左右する約束の仕方とよい伝え方
指針6　指針7

　合意された軍縮事項を確実に実行するという約束（コミットメント）の仕方は軍縮交渉の行方を左右します。平和と共存への意思を証明するために，①一方的な主導権をとって，②相手側に先制攻撃の誘惑を与えることのない程度（自国の報復能力を過度に減少させない程度）に漸進的だが十分に意味のある程度には大きな一方的譲歩としての部分的軍縮を，③相手にとって確証可能な形で現実に実施し，④その際には相手方からのお返しを条件とすることなく，⑤しかし相手方からのお返しについての具体的要望を明示しつつ，⑥軍縮へ向けた長期的で継続的な行為の一環として行うことで，相互の軍縮へ向けた信頼関係を醸成してゆくという「緊張緩和のための漸進的交互行為：GRIT」が参考となります。

　軍縮交渉では，些細な用語のミスによっても一触即発の事態となりかねないので，よい伝え方を工夫することは必須です。外交官としてまず学ばなければならないのは外交儀礼（外交文書の交換や会談・交渉・式典等，国家間の外交で交わされる儀礼）です。もちろん単なる外交儀礼を超えて，実質においてよい伝え方によって交渉するべきなのはいうまでもありません。

国際政治・経済と話し合い　173

授業のために（授業の目安：1時間）

(1) 授業の目標
　・軍拡競争の論理と心理を体験させ，私たち一人ひとりも当事者であることに気付かせます。
　・囚人のジレンマ等により，現実の課題への理解を深めさせます。

(2) 授業の流れ
　　本授業の展開は，「Ⅰ．軍縮を考える必要性を説明する」→「Ⅱ．[課題１]の実施と分析・検討」→「Ⅲ．[課題２]の実施」→「Ⅳ．分析・検討」→「Ⅴ．総括」となります。

【Ⅰ．軍縮を考える必要性を説明する】
　①軍縮交渉や国際交渉を担うようになる者は限られていますが，すべての国民が，世界で行われる軍縮交渉により多大な影響を受けます。これは戦争や「死の灰」を思い起こさせればよくわかります。国を戦争に駆り立てるものは，愚かな指導者ではなく，国民全体の群集心理であり，世界で起きていることを正確に理解しようとする努力を怠り，批判できない雰囲気に抵抗しようとしなくなってしまうことです。私たち一人ひとりが軍縮交渉の当事者として政府や外交官を監視しコントロールする必要があることを説明します。

【Ⅱ．[課題１]の実施と分析・検討】
　①[課題１]に取り組ませます。これはゲーム理論家のマーティン・シュービクのオークションをもとにしたゲームです。
　②何が起きたかを，クラスで話し合わせます。
　③結果は合理的なものといえるか話し合わせます。戦死した英霊に申し訳ないという理由で，戦争を玉砕するまでやめようとしない軍部の行動と比較させます。なお，応札しないことが正しい合理的選択です。

【Ⅲ．[課題２]の実施】
　①両国に「秘密情報カード」を配り，[課題２]に取り組ませます。

174　実践編

【秘密情報カード】
①A国が停戦維持を選んだ次の手番でS国が全面核攻撃をしかければ，
　A国民の7割が死亡する。A国が停戦維持を選んだ次の手番でS国が
　停戦維持を選べば，互いに現状を維持する。
②S国が停戦維持を選んだ次の手番でA国が全面核攻撃をしかければ，
　S国民の7割が死亡する。S国が停戦維持を選んだ次の手番でA国が
　停戦維持を選べば，互いに現状を維持する。
③A国が全面核攻撃をしかけた次の手番でS国が全面核攻撃で報復すれ
　ば，人類は滅亡する。A国が全面核攻撃をしかけた次の手番でS国が
　停戦維持を選べば，A国は領土と人口を倍増させて飛躍的に繁栄し，
　S国は領土と人口が7割減となってかろうじて存続する。
④S国が全面核攻撃をしかけた次の手番でA国が全面核攻撃で報復すれ
　ば，人類は滅亡する。S国が全面核攻撃をしかけた次の手番でA国が
　停戦維持を選べば，S国は領土と人口を倍増させて飛躍的に繁栄し，
　A国は領土と人口が7割減となってかろうじて存続する。

②教員はその裁量で，「先制攻撃をしかけたならば，世界が滅亡しよ
うとも，必ず全面報復をするぞ」と宣言し合いつつゲームを続けさ
せてもよいでしょう。この宣言が核戦争の抑止のために有意義なも
のか，先制攻撃を誘発するうえで有意義なものか考えさせます。

【Ⅳ．分析・検討】
①このゲームにより，相手国と同等以上の核兵器保有は，先制攻撃へ
の報復攻撃を考えさせ，相手に先制攻撃を思いとどまらせることで
平和を維持するとの論理（「相互確証破壊」による核抑止論）につ
いて説明し，その問題点を考えさせます。先制攻撃を受けたあとの
国家元首は，核兵器で報復するか（その場合，核戦争になります），
報復を思いとどまるかを選択することになります。ここから，相互
確証破壊が先制攻撃を誘発することがわかります。

【Ⅴ．総括】
①教科書を確認させ，現代の軍縮交渉から具体例を取り上げて議論さ
せます。　　　　　　　　　　　　　　　　　　　　　　（太田勝造）

国際政治・経済と話し合い　175

実践編 5 資源・エネルギー

持てる国と持たざる国でどのように交渉するのか

CASE

山に囲まれた狭い草原にクラス全員N人が乳牛を放牧し、牛乳を売って生計を立てているとします。現在、各自1頭ずつ放牧しており（草原にN頭放牧）、1頭で一年に1万円の収入があります。牛が増えすぎると草原の草が枯渇する可能性があり、草がなくなっていくと下の表のように1頭当たりの収入も減ります。例えば30人のクラスなら、当初の放牧総数は30頭で、来年5人が3頭放牧し、15人が2頭放牧し、他は1頭のままだとすると、放牧総数は55頭になり、各自の1頭当たりの収入は8千円となります。

草原の乳牛の放牧総数	収入（1頭当たり）
草原にN＋1頭から1.5×N頭まで	9千円
草原に1.5×N頭より多く2×N頭まで	8千円
草原に2×N頭より多く2.5×N頭まで	6千円
草原に2.5×N頭より多く3×N頭まで	3千円
草原に3×N頭より多く4×N頭まで	千円
草原に4×N頭を超える数の乳牛	0円

翌年から10年目まで順次、その年の放牧頭数を別々に決めて、先生に見せます。10年間のシミュレーションをして、限られた草原の草と乳牛の放牧頭数について考えてみましょう。

176　実践編

このケースで学ぶ交渉の考え方や技能

解 説

指針1	人と問題を切り離そう
指針2	立場ではなく利害に焦点を合わせよう
指針3	双方にとって有利な選択肢を考え出そう
指針4	客観的基準を強調しよう
指針7	よい伝え方（コミュニケーション）を工夫しよう

1.資源・エネルギー交渉の特徴

　資源には石油や石炭のようにやがて枯渇するものと，農作物や魚のように再生可能なものとがあります。前者は枯渇するまでの利用問題となり，将来世代と現在世代の間の分配問題（ゼロ・サム）となります。後者の再生可能資源も，乱獲等によって枯渇・消滅しうるので，いかにうまく利用を管理して持続可能な状態を維持するかの問題となります。

　資源・エネルギー交渉はゼロ・サム，または共有資源問題の構造を持っています。ゼロ・サムの場合，一人の利益獲得がそのまま他者の損失となるという対立状況です。よって合意に至ることは非常に困難です。なお，利益と損失の和が一定の場合も，利害の対立状況は基本的にゼロ・サムと同じです。日本において伝統的に存在してきた入会制度や共有地のような共有資源問題の場合，全員が協力し合うシステムの構築に合意できれば持続可能な資源として活用できるようになります。しかし問題は，各自の利益にとって，協力するより抜け駆けをしたほうが有利となることです。抜け駆けを全員がしようとすれば資源は枯渇して，全員がルーズ・ルーズになってしまいます。したがって，抜け駆けのインセンティブを抑止できるような工夫を凝らす必要があります。これが資源・エネルギーに内在する問題であり，これを交渉によって解決することが人類の課題なのです。

国際政治・経済と話し合い　177

2.人に対する好き嫌いにこだわらない

指針1

　ゼロ・サムや共有資源問題では，だれが得するか，だれが損するかにこだわっていては合意できません。「**人と問題を切り離し**」，長期的視野と社会全体にとって望ましい方向性を模索しなければなりません。そこでは，短期の損失や人に対する好き嫌いにこだわらないことが重要となります。

3.何が本当に望ましいのか

指針2

　自国の利益や自分の現状に拘泥していては問題を解決できません。「**何が互いの利害にとってより望ましいか**」という発想で交渉しましょう。

4.全員にとってよいことは何か

指針3

　自己利益追求に過度に走るのではなく，全員にとって何がよいかを探求しましょう。「**公共善の実現**」を至上命題とする発想が必要です。

5.資源開発か持続可能か否か

指針4

　持続可能な資源開発というような，「**技術的に客観化できる基準**」を用いる必要があります。資源開発が持続可能か否かという問題自体は，利用による減少と再生量とのバランスとして技術的に解明できるからです。困難な問題は，だれがそれをより多く利用でき，だれが損失を被るかという所得分配の問題であり，これこそが交渉以外では解決できない社会問題なのです。当事者間の衡平や世代間衡平という基準は，対立が激しく，全員が納得できる基準として使うには困難が伴いますが，これを強調しないことにはだれも合意案に納得できなくなります。

178　実践編

6. 伝え方によって合意可能性は異なる
指針7

　同じ分配問題でもフレームの設定の仕方では，不公平に見えたりしてしまうので，工夫を凝らす必要があります。資源・エネルギー交渉は多くの場合に多人数間の交渉となるので，不用意な表現で気持ちを傷付けられる者がでてしまわないような注意も必要です。みんなが少しずつ有利になると説明するのと，みんなが少しずつ犠牲を払い合うと説明するのとでは，合意に至る可能性は大きく異なってきます。

7. 資源・エネルギー交渉のシミュレーションをやってみよう

　軍拡競争のように，放牧頭数を我先にとどんどん増やしていって資源枯渇に突入するでしょうか。それともだれかが「自制ルールをつくろうよ」といい出して，放牧頭数のクラスでの調整をはじめるでしょうか。このままではみんなが共倒れとなると気付いた生徒が，どのような説得によってみんなを誘導して協力関係・自生的秩序の形成に導けるかが重要です。優秀な生徒は，各自が何頭放牧すると持続可能で，かつ利益の最大化になるかの計算をするでしょう。それをどのように伝えて納得させ，合意を取り付け，かつ，その後の抜け駆けを防止する手段を構築できるかがポイントとなります。

国際政治・経済と話し合い

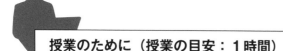

授業のために（授業の目安：１時間）

(1) 授業の目標
・資源・エネルギー問題を交渉理論の観点から理解させ，ゼロ・サムや共有資源問題の観点から考察させます。

(2) 授業の流れ
　本授業の展開は，「Ⅰ．やってみよう」→「Ⅱ．分析・検討」→「Ⅲ．総括」となります。

【Ⅰ．やってみよう】
①CASEをもとにロールプレイングに取り組ませます。
②各自の放牧頭数を公開したうえで，次の年の放牧頭数を決めるか（この場合，次の年の決定前に抜け駆け者がだれで，どれだけ抜け駆けしたかが他の放牧者全員にバレます），それを知らず，今年の放牧総数と自分の収入のみ知ったうえで次の年の意思決定を行うか（抜け駆けしても他者にはバレにくい）は，教員が適切と思うほうを選びます。
③放牧頭数を各自別々に決めて紙に記入して教員に渡すか，毎年全員で話し合ってから記入して教員に渡すか（合意するか否かは自由，合意してもそれに従うか否かも自由としたほうが抜け駆けのインセンティブがいきます）も，教員が適切と思うほうを選びます。
④教員は，生徒から渡された放牧頭数を集計し，１頭あたりの収入を計算して発表します。それを10年目まで繰り返し行います。

【Ⅱ．分析・検討】
①抜け駆け合戦により草原が砂漠化したか，秩序が自然と生まれたか，それはなぜかを話し合わせます。
②個人の利益と，全員の利益との間のジレンマに気付かせます。話し合ってルールを制定することでのジレンマ克服法を検討させます。
③抜け駆けはなくならないので，取締りを厳しくするなど工夫しないと抜け駆けがでてしまうことへの対処を話し合わせます。
④歴史的にうまくいった例として，日本の山間部等の入会制度等を説明します。

180　実践編

【Ⅲ．総括】

①資源・エネルギー交渉について，北海や東シナ海ガス田など現代の具体例を取り上げて，どのような交渉が行われたかを調べさせます。国連海洋法条約などを説明するとよいでしょう。北海にある150余りの海底油・ガス田である北海油田は，イギリス・ノルウェー・デンマーク・ドイツ・オランダの各経済水域にまたがります。この石油・ガスの開発における各国間の交渉を調べさせます。東シナ海ガス田問題における，東シナ海での日本と中国のガス田開発にかかわる対立と交渉について調べさせてもよいでしょう。　　（太田勝造）

発展課題　資源開発交渉をしてみよう

　メタンハイドレート，マンガン団塊，石油を海底資源としてもつＸ海を囲むＡ〜Ｃの三国があります（資源は三国の領海内に均等分布しますが，総量は限られています）。三国とも途上国で，海底資源を開発する資金力も技術力もありません。隣の大陸の先進国Ｄは，資源がないのですべて他国から輸入しています（加工貿易国）。Ｄ国はＸ海の海底資源を開発したいと思っています。途上国側は資源をＤ国に搾取されることをおそれています。四人組をつくり，その中でＡ〜Ｄ国を決め，海底資源開発をどのように合意できるか交渉しましょう。

解説　　先進国Ｄと途上国Ａ〜Ｃの間の利害の対立をどのように解決するかが問題となります。交渉のポイントはＤ国の資源開発とＡ〜Ｃ国の将来の自力開発を結び付けることです。Ｄ国と各途上国との間では平等資源分配が前提となります（必要なら教員が誘導してもよいでしょう）。一番工夫が必要なのは利益の平等分配をどう実現し，将来にわたる途上国の利益を担保するかです。

　現実の事例では，一方がパイを二等分し，他方がそのうちからよいほうを選ぶ分配手続き（「ソロモンの分割手続き」あるいは「分割と選択手続」等と呼ばれる方法）が解決策として使われました。1982年に採択された国連海洋法条約の附属書Ⅲの８条がそれです。先進国が途上国の海底の一部で採掘しようとする場合，①先進国が対象海域を二分割し，②途上国側が分割海域の一方を選び将来の開発に留保し，③先進国は他方の分割海域で採掘する，というものです。これによって，資源のある途上国と先進国の間の利害の対立をうまい具合に解決しようとするのです。

国際政治・経済と話し合い　181

実践編

支援をめぐる交渉をどのようにするのか

6 日本の国際貢献

CASE

日本は従来，途上国の発展に対して多大の貢献をしてきました。単なる経済発展に限らず，文化（教育，科学，芸能・芸術等），社会（法整備，民主化等）など多方面にわたります。世界への貢献度で諸外国から，日本は高く評価されているのです。途上国と先進国の模擬交渉に取り組んでみましょう。

[課題] 四人一組をつくり，ジャンケンで一人が日本政府の国際貢献担当者役（J）となり，残る三人は三つの途上国の政府代表役（X国，Y国，Z国）となります。先生が「秘密カード」を各自に配付します。
①日本は三か国にそれぞれどのような支援をするか計画を立て，優先順位をつけます。途上国はどのような支援をしてほしいか別々に決め，優先順位をつけます。
②個別交渉をします（J-X交渉，J-Y交渉，J-Z交渉）。
③途上国同士で交渉をします（X，Y，Z）。
④全体交渉をします（J，X，Y，Z）。
⑤日本はどの国にどのような支援をするか最終提案をします（一部途上国への支援をやめることも可能とします）。支援を受けた途上国のみ，自国への支援に対する日本への感謝度を100点満点で評価しましょう。

このケースで学ぶ交渉の考え方や技能

解　説

指針1　人と問題を切り離そう
指針2　立場ではなく利害に焦点を合わせよう
指針3　双方にとって有利な選択肢を考え出そう
指針6　最善の代替案（BATNA）を用意しよう
指針7　よい伝え方（コミュニケーション）を工夫しよう

1.人と問題とのバランスをとる

指針1

　途上国では心付けや賄賂が幅を利かす場合も多いといわれます。また，外見上は市場経済のように見えても，家族関係の有無，同郷，同窓，友人か否か，有力者の紹介があるか否か等で，取引が成立するどころか，そもそも交渉に入れるかどうかにさえ大きな影響を与えることがあるのが現状です。すなわち，人と問題が直結していることになります。これに対応して，国際貢献の場合でも，人同士のつながりが必要となることがあります。支援側が短期で単一の支援のみをしようとしても，途上国側は受け入れないことがあります。長期的に滞在してじっくりと人間関係を築いて，支援への約束（コミットメント）を示さないと，信頼してもらえません。現地の担当者や社会に支援が受け入れられないこともあります。逆に，そのときのその分野の有力者や責任者との結び付きが強すぎると，担当者の変更や政権の移行で，ゼロからやり直しとなってしまうこともあります。人と問題との間のバランスをとることが必要です。

2.国際貢献の目的は何か

指針2

　支援する側としては，目に見える成果を早く出したいと成果に固執するあまり，途上国側の発展に役立たないことも起こります。途上国側も国民が自立できる発展よりも，時の政権の維持発展や担当者自身の利害

国際政治・経済と話し合い　183

を優先して交渉することがあります。支援側としては，経済・社会・文化の発展という国際貢献の目的に立ち返って，途上国の国民の真の利害である自立的発展には何が必要かを正しく把握するように努め，それをみたすような支援を工夫しなければなりません。その意味で原則立脚型の交渉が求められます。

3.国際貢献のねらいから見る交渉

指針3

　国際貢献を行う先進国も，単なるお人好しで行っているわけでもちろんありません。「（情けは人のためならず）巡り巡って我が身のため」を期待しているわけです。すなわち，自国の国際的評価を高め，国際社会での発言力を強めたいという目的・意図がまったくない国際貢献はあり得ません。もちろんいうまでもなく，対象とする途上国の資源の優先的確保や，人口が多く成長の見込まれる途上国市場への経済進出をめざしての支援も多くなっています。法整備というソフト面の支援を日本や欧米諸国が熱心に行うのも，法制度が社会経済のソフト・インフラ（ソフト面の社会基盤）であり，単に民主化と法治主義（法の支配）をグローバルに浸透させたいためだけではなく，自国の法制度を採用してもらえば，自国民や自国企業が対象途上国で活動するうえで，より有利となるからです（例えば，大陸法系の日本にとって，判例法を重視する英米法の法制度よりも，大陸法国のほうが法制度が似通っているので何事につけやりやすいのです。日本法がそのまま採用されればなおさらです）。途上国側もそのような事情をくんで交渉するべきです。

4.国際貢献におけるBATNAは何か

指針6

　どの途上国に支援をするか，どのような内容の支援をするかの最終決定権は先進国，CASEでは日本にあります。とはいえ，受け入れの可能性や効果・実効性に鑑みると，途上国側との交渉は欠かせません。ある途上国への支援について折り合いがつかないなら，別の途上国への支援

184　実践編

がこの場合のBATNAとなります。よりよいBATNAとは，よりよい国際的評価につながる支援，よりよい資源・市場を持った別の途上国への支援です。途上国側としては，他の途上国と結託・連合することで交渉力が高まることもありますが，先進国の支援の規模には上限があるので足の引っ張り合い（ゼロ・サム）となることが考えられます。他方，途上国側のよりよいBATNAとしては，他の先進国からの支援の取り付けが考えられます。欧米や中国からの支援は，日本の支援の価値と交渉力を引き下げることになるでしょう。

5.支援と伝え方を考える

指針7

　途上国の人々も高いプライドを持っています。とりわけ歴史と伝統のある途上国においてそれは顕著です。同じ支援でも，伝え方によっては反発を招くものとなりうることに注意するべきです。支援担当者は現地に長期滞在して，土地の言葉を流暢に話せるよう努力し，当該途上国の歴史と文化に通暁しなければなりません。途上国の人々の心情と心理を理解して，その真のニーズを把握し，それらに応じた支援のメニューを構築しなければ，金額ベースで同じ額の支援であっても，その効果や評価は雲泥の差をもたらします。

6.CASEを実践するために

　途上国は支援を受けられなくなるリスクを考慮し，日本は途上国の感謝度が下がるリスクを考慮しつつ交渉します。個別交渉と全体交渉は，教員の判断で順序を入れ替えたり，全体交渉だけにしたりすることも可能です。支援を受けられなくなるリスクが途上国間の協力を妨げ，それによって交渉力が低下することを実体験させます。支援を受けた途上国による日本への感謝度評価が，日本側が途上国の真のニーズを探求するインセンティブをもたらします。一国だけに支援を集中させて評価を高める戦略も採用できますが，それを阻止する工夫をしてもよいでしょう（支援を受けられない国にもなんらかの評価をさせるなど）。

国際政治・経済と話し合い　185

授業のために（授業の目安：1時間）

(1) 授業の目標
- なぜ国際貢献事業を行うのか，どのように行うのかを考察させます。
- 途上国はどのような支援を求めており，それはなぜかを考察させます。
- 支援国と被支援国の模擬交渉を通して，ウィン・ウィンの国際協力を実現するような交渉の在り方について現実的な理解をさせます。

(2) 授業の流れ
本授業の展開は，「Ⅰ．前提となる知識の習得」→「Ⅱ．分析・検討」→「Ⅲ．[課題]の実施」→「Ⅳ．分析・検討」となります。

【Ⅰ．前提となる知識の習得】
①日本の国際貢献について，教科書に基づいて調べさせます。
②調べ学習として取り組ませてもよいでしょう。その際には，支援の内容や額を具体的に調査させます。可能であれば，欧米の他の諸国の国際貢献も調べさせて，日本の国際貢献を世界の先進国の中で位置付けさせます。

【Ⅱ．分析・検討】
①調査した結果を発表させて，日本の国際貢献の意義と成果を話し合わせます。
②日本の国際貢献の問題点を考察させます。
③よりよい国際貢献をするためには，日本の支援はどのように改善できるか発表させます。とりわけ独裁政権や軍事政権の途上国の場合を紹介してもよいでしょう。

【Ⅲ．[課題]の実施】
①CASEを読んで，[課題]に取り組ませます。
②日本は各途上国に行う支援内容と額を，各途上国は日本から受けたい支援内容と額を決めます（支援内容は5項目以下とします）。
③それぞれに「秘密カード」を配付します。

【日本の秘密】
・支援総額は100億円。
・支援項目の優先順位を決めて，それぞれに割り振る金額を決める。
・Ｘ国，Ｙ国，Ｚ国の一つだけ支援対象から外す。
・感謝度の平均値の最大化を追求する。

【途上国の秘密】
・50億円以上の支援を受けられるような提案をする。
・支援を受けたい項目の優先順位をつける。
・支援を受けられるよう努力する。
・最初に決めた支援要望に鑑みて感謝度を評価する。

④日本と各途上国で支援内容と目標額を個別交渉します。
⑤途上国同士で，それぞれに決めた支援内容と目標額をすり合わせる交渉を行わせます。
⑥日本が，どこに，どの内容をどのくらいの額支援するか，全体で交渉して決めます。途上国は，自国に支援が必ずくるように努め，支援内容も自国のニーズにできるだけ合致したものとなるように交渉します。
⑦ゲームとしては，最終的に日本が決定権を持っています。ただし，途上国からの評価（感謝度）が非常に低くなることは避けなければならないと注意を喚起します。

【Ⅳ．分析・検討】
①日本は途上国が何を求めているかについてどこまで推測できたか，途上国は日本の利害が何であったか推測できたかを，交渉のあとワークシートに書き込ませます。
②どれだけ相互理解ができていたかを確認し，もしも相互理解がもっとできていたとして，何が最も望ましい結果だったかを話し合わせます。
（太田勝造）

国際政治・経済と話し合い　187

EUによるアメリカ産ホルモン牛の輸入制限は

　アメリカでは以前から、食肉用牛の肥育に成長ホルモン剤が使われていました。アメリカは「ホルモン剤は肥育開始前に牛の耳近くに埋め込まれ、少しずつ溶けて作用し、牛肉製品になったときはほとんど残っていないし、人体に害もない」と主張していました。しかし、EU（ヨーロッパ連合）は「ホルモン剤は人体に害がある可能性が高い」として、アメリカ産ホルモン牛のEU輸入を禁止しました。これに対してアメリカはこの輸入制限がWTO（世界貿易機構）協定違反であるとして、EU産品に対抗措置として高関税を課しました。

　WTO協定の附属協定の一つに「衛生植物検疫措置の適用に関する協定」（SPS協定とよばれます）があります。協定加盟国に、動植物の検疫を口実とした輸入制限をさせないことが一つの目的です。このため、検疫措置を、人及び動植物の生命または健康に必要な限度においてのみ適用することと、科学的原則に基づかなければならないこと等を規定しています。後者には予防原則とよばれる例外があり、各国は一定の条件のもとに暫定的な検疫措置をとることができます。これは、健康問題を引き起こす物質や環境破壊に至る物質は、例えばBSE牛（海綿牛）問題のように当初はその害が立証できないことがあるので、そのような場合は十分な化学的根拠がなくとも、入手可能な情報に基づき暫定的に輸入制限措置をとれるようにするためです。アメリカは、EUのホルモン牛輸入禁止措置がこのSPS協定に違反するとしてWTOの紛争解決機関に訴えたのです。

　WTOの紛争解決機関の手続きの第一審である小委員会は1997年、EUの措置がSPS協定に違反すると判断しました。EUはこの小委員会の判断を不服として、上級委員会へ申し立てを行いました。EUは、多数の論点をあげてアメリカに反論しました。反論の一つが、EUの措置は国際的基準に基づいたものである、というものでした。食肉用牛へのホルモン剤使用については、FAO（国際連合食糧農業機関）とWHO（世界保健機関）によって設立された国際食品規格委員会等が策定した基準があり、その基準は、アメリカが使用していた六種のホルモン剤のうち、五種について規定していました。そのうち天然ホルモン剤三種については、最大残留許容量は設定不要と定めていまし

認められるべきか

た。

　EUは，具体的な健康被害が発生していなくてもその兆候があるなら，各国は予防的な措置をとることができるという原則（予防原則）が国際的に認められており，EUのとった輸入禁止措置はこの予防原則に基づいているから，WTO協定に違反しないと主張しました。

　上級委員会は，予防原則が国際慣習法または国際法の一般原則としてWTO加盟国によって広く受容されたとまではいえないと結論付けました。SPS協定は，加盟国は関連する科学的証拠が不十分な場合には，入手可能な適切な情報に基づき，暫定的に衛生植物検疫措置を採用できると規定しているからです。しかし，EUの措置は暫定的なものではなく恒久的なものなので，EUはこの事件でSPS協定5条7項の適用を主張していません。そして，EUによる輸入禁止措置は，国際食品規格委員会の定める基準より厳しい基準であり，SPS協定の定める危険性評価義務に違反しています。上級委員会は1998年，このような理由でEU側を敗訴させました。

　2003年には，EUは独自の調査委員会を立ち上げ，ホルモン牛の危険性を調査し，その結果出されたホルモン牛の危険性を根拠にホルモン牛の輸入禁止を続けました。再度，アメリカはWTOの紛争解決機関に訴え，2009年にアメリカとEUとの間で和解の覚書が成立しました。その内容は，ホルモン剤を使わずに生産された牛肉の輸入枠をEUが新たに設けること，従来のEU製品に対する制裁措置である高関税は継続するが，新たな制裁措置を行わないこと，及び両者ともWTOの紛争解決機関に訴えないことを内容としていました。その後，この覚書は何度か改定され，現在では，アメリカはホルモン牛制裁措置高関税を停止しています。アメリカもEUも，実をとって互いに譲歩したと見ることができるでしょう。　　（柏木　昇）

国際政治・経済と話し合い　189

Column

グローバルな感染症対応からの教訓
―信頼感の重要性―

　話し合いを通じて一致点を見出す際には，各自の「立場」ではなく，本当に求めるべき「利害」に注目することが重要ですが，「利害」についていっていることを信じてもらえず，合意を得られないこともあります。信じてもらえるかは，目の前の相手との関係だけでなく，相手側の他の関係者を納得させられるかにもかかってきます。話し合いの相手は，こちら側との調整だけではなく，相手側の他の関係者との調整も行っている（「ツー・レベルゲーム」）からです。このような場合は，自分のいうことを信じてもらうための工夫が必要です。

　2014～16年にかけてギニア，シエラレオネ，リベリアであわせて1万人以上の死者を出したエボラウイルス病は，予想を超えて広がり，西アフリカを危機的状況に陥らせました。WHO（世界保健機関）が緊急事態を宣言し，多くの国や団体が支援を行いましたが，このとき，外部からの「支援」の申し出を受けると，自分たちの利益とは違うことを押し付けられるのではないかという疑問を持つ人もいました。緊急事態のなかで，いたずらに時間をかけている余裕はありません。しかし，考えを押し付けては，信頼感を損ねて逆効果になります。地元のことを理解して，地元の人を支援しようという姿勢を示すことで信頼感が生まれ，支援に関する「立場」の背景にある「利害」が，自分たちを助けることであると信じてもらえるようになれば，同じ方向に向かって行動をとることができます。信頼関係がないと，詳細まで相談しないと了解を得ることができなくなってしまいます。様々な価値観・利害関係があるグローバルな課題に取り組むときには，信頼感が極めて重要なのです。

　このとき現地では，多人数がウイルスにさらされる場面となる伝統的な葬儀・埋葬を禁止するのではなく，安全に行う実施法を伝えるという対応がとられました。地元の責任者を中心にし，外部からきた者はサポート役になることが，地元の責任者が他の関係者の納得を得るうえで有効でした。この点は，よい交渉をするための七つの指針「指針7　よい伝え方（コミュニケーション）を工夫しよう」とも関連する点だといえるでしょう。

（姫野　勉）

第 3 編
実践編

第 5 章　情報と話し合い

　この章では，中学校や高等学校で学ぶ「情報」にかかわる内容を話し合い（交渉）という観点から再構成した CASE の紹介と解説，授業づくりのヒントを紹介します。
　情報モラルやビッグデータ，個人情報といった事柄が，実は話し合い（交渉）に密接にかかわることを学べるようになっています。

第5章 情報と話し合い

有名料理店の限定メニューをSNSに投稿してもよいのか

実践編

1 情報モラル

CASE

　Aさんは，とある有名な料理店で人気のコース料理を注文しました。期間限定のメイン料理は，広告やホームページ上でも詳細は公開されておらず楽しみにしていました。運ばれてきたメイン料理の盛り付けは芸術的であり，その見栄えに感動し，Aさんはすぐにスマートフォンで十数枚の写真を撮影しました。Aさんは，様々なお店の料理写真をSNSへ投稿して多くの人気を得ており，少ないながら収入も得ていました。Aさんは写真を投稿しようとスマートフォンを操作していました。

　料理の写真を撮影していたことが気になったオーナーシェフは，Aさんに「お客さま，申し訳ないのですが，写真撮影はご遠慮いただけませんか。また，SNSへの投稿は禁止とさせていただいております」と声をかけました。注意されたAさんは，「はい」と答えました。

　オーナーシェフは，盛り付けのサプライズ感を重視しているため，料理写真がSNSに投稿され客足が減ってしまうのではないかと心配していたのです。また，撮影自体が店の雰囲気に合わないと考え，店内やメニューに「写真撮影禁止」の表示をしようかと迷っていましたが，禁止の表示がお店の雰囲気を悪くしてしまうと思い，実施はしていません。

　Aさんは，「料理代金を支払うのに，なぜ写真を撮ったりSNSに投稿したりしてはいけないの？　お店に注意書きはないのに」と思ったのでした。

このケースで学ぶ交渉の考え方や技能

解説

指針2　**立場ではなく利害に焦点を合わせよう**
指針3　**双方にとって有利な選択肢を考え出そう**

1.Aさんとオーナーシェフの間に交渉の余地はなかったのか

指針3

はじめに双方がどのような思いを持ち，どのような主張をしているのかを考えてみましょう。CASEでAさんは，料理の見栄えに感動し，この思いやよさを伝えようとSNSに料理の写真を投稿したいと考えました。一方オーナーシェフは，その場で料理を見て食べてサプライズ感を味わってもらいたいため，期間限定のメイン料理を非公開とし，落ち着いた店の雰囲気を維持するために写真撮影を禁止したいと考えていました。よって，オーナーシェフはAさんに対して，「写真の撮影，SNSへの投稿お断り」を申し出たのでした。ですが，Aさんは料理の代金を支払っていることや写真撮影禁止の表示がないことから不満を持ったのです。

CASEでは，AさんはSNSへの投稿を，オーナーシェフから注意を受けてあきらめました。Aさんには交渉の余地がなかったのでしょうか。Aさんとオーナーシェフの思いが大切にされ，互いに納得できる解決方法はなかったのでしょうか。Aさんは，なぜオーナーシェフが「写真の撮影，SNSへの投稿お断り」を主張しているのかがわからず，オーナーシェフと交渉することはできませんでした。このような場合に有効な方法が，**「双方にとって有利な選択肢を考え出す」**ということです。そうすれば，Aさんが一方的に我慢すること以外の選択肢を考え出すことができたかもしれません。

2.Aさんとオーナーシェフが交渉のテーブルに着くために

指針3

「双方にとって有利な選択肢を考え出す」ためには，何をしたいのか

情報と話し合い　193

を明確にして相手にしっかりと伝えることが重要です。Aさんは料理の写真をSNSに投稿したいと考え，オーナーシェフは期間限定メニューでサプライズ感やこれまでにない新鮮さを感じてほしいと考えていました。互いに何がしたいのかを明確にすることで，互いが納得できる約束をする土台づくりができます。次に，相手に何をしてほしいかを伝えることも重要です。Aさんはオーナーシェフに，料理の写真を撮らせてほしい，SNSへの投稿を認めてほしいと思っています。オーナーシェフはAさんに，店の落ち着いた雰囲気を維持するために写真の撮影はしないでもらいたい，メイン料理のサプライズ感を維持するためにSNSに写真の投稿をしないでもらいたいと思っています。このように互いのしたいこと，してほしいことを整理していくことで，それぞれの思いや主張が明確になります。そうすることで，自分の利益をしっかりと主張することが可能となります。

3. Aさんとオーナーシェフの利害に焦点を合わせよう

指針2

　互いが自らの利益を最大限に高めようと話し合うことができれば，様々な解決方法を模索することができます。互いの利益を高める解決策は，互いに納得し合意に至る可能性を高めることにつながります。解決策を出すためには，思いや主張の背後に隠れているAさんとオーナーシェフの利害に焦点を合わせる必要があります。Aさんの利害は，料理の見栄えや味の感動をSNSで発信し，多くの人に見てもらうことでSNSの人気を保ち，収入を維持することにありました。一方，オーナーシェフの利害は，メイン料理を非公開とすることで店にきた人にしかわからないというプレミア感をつくり，口コミや話題性を持たせ，客足を増やし収益をアップさせることです。また，店に落ち着ける雰囲気と高級感を出して客足を維持することにあります。

　CASEでは，双方ともに「今」を重視していましたが，時間を考慮し「少し先」のことを考えればどうなったでしょうか。時間を考慮すれば，メイン料理の写真投稿を限定期間が終わるまで待つということもできま

す。そうすれば，Ａさんはオーナーシェフと限定期間が終わればSNSへ投稿する約束ができ，SNSの人気を下げることなく収入を維持することができるかもしれません。一方オーナーシェフも，営業時間外や他の写真（店内やメイン以外の料理）の撮影であれば，客足の減少につながらず宣伝効果も期待できると考え，撮影を認める可能性があるでしょう。飲食店等の店舗の管理者には施設管理権があり，管理権の範囲内で一定のルールを定めることが認められています。オーナーシェフが管理権に基づいて写真撮影の禁止を主張することは可能ですが，写真撮影の禁止によって客の評判を落とし，客足に悪影響を与える可能性があります。一方で，お店が気に入り，これからも利用したいお客であれば，積極的に写真撮影禁止の決まりを守ってもらえることも考えられます。

　利害の違いを認識できれば，互いに折合いをつけることが可能です。また，互いの利害を整理するリストをつくることで，相手の立場を踏まえて双方の利益の最大化をはかることもできます。互いの利害を踏まえ，どう条件を設定し変えていけばよいのかを考え，相手にとって選択しやすい魅力的な条件を提示することで，よりよい合意ができる可能性は高まります。

　また，このような事例で交渉を考える際に，写真撮影やSNSへの投稿が普及する現在，撮影や投稿のマナーについても考えることが必要です。撮影のマナー等は，個人の情報モラルにかかわるところが大きく，客観的基準を提示しづらいため，交渉を難しくする要因となる可能性があります。その際には，双方の意見や利害を十分に聞くということがより大切になります。また場合によっては，交渉をすべき事柄かどうかについても考えなければならないでしょう。

情報と話し合い　195

授業のために（授業の目安：2時間）

（1）授業の目標
- 生徒にとって身近なSNSの事例の模擬交渉を通して，交渉で用いる技能や考え方を身に付けさせます。
- ネット社会における著作権に関する法知識の獲得だけでなく，情報モラルについての意識を高めさせます。

（2）授業の流れ
　本授業の展開は，「Ⅰ．仮想事例を通じた交渉で用いる技能や考え方を理解」→「Ⅱ．模擬交渉による応用・参加」→「Ⅲ．模擬交渉のシナリオ作成」→「Ⅳ．振り返り」となります。

【Ⅰ．仮想事例を通じた交渉で用いる技能や考え方を理解】
① 授業のはじめに，CASEを提示します。
② CASEからAさんとオーナーシェフの大切にしたい思いを読み取らせます。一方的な主張を提示するのではなく「双方にとって有利な選択肢を考え出す」考え方と，双方の利害に着目し「立場ではなく利害に焦点を合わせる」考え方を提示し，互いに受け入れやすい条件を考えさせ，条件を変えていく技能について説明します。
③ 著作権及び料理における著作権が，判例によって認められているとはいえない現状があることを説明します。また，SNSへの写真の投稿が普及するなかで，料理店での写真撮影のマナーについても考慮する必要があることを説明します。

【Ⅱ．模擬交渉による応用・参加】
① 四人一組をつくらせ，Aさん役，オーナーシェフ役，記録係，進行役を分担して模擬交渉に取り組ませます。
② Aさん役，オーナーシェフ役のメンバーで，どのような交渉になったか意見交換を行わせます。また，Aさん役，オーナーシェフ役を入れかえて再交渉を行い，相手の立場を踏まえた交渉を行えるようにします。
③ 交渉の過程と結果について，交渉で用いる技能や考え方を活用できたか振り返らせます。

196　実践編

④利害を整理するリストを作成し，交渉で用いる技能や考え方により
相手の立場に立って双方の利益の最大化をはかることの必要性を説
明します。

【Aさんの主張】

・料理の写真を撮らせてほしい。

・SNSへの投稿を許可してほしい。

【Aさんの利害】

・料理の写真をSNSに投稿して多くの人に見てもらう。

・SNSの人気を保ち，収入を維持する。

【オーナーシェフの主張】

・お店の落ち着いた雰囲気を維持したいので写真撮影はしないでほしい。

・メイン料理のサプライズ感を維持するためにSNSへの投稿をしないで
ほしい。

【オーナーシェフの利害】

・メイン料理を非公開とすることでプレミア感をつくる。

・口コミや話題性により客足を増やすことで，収益をアップさせる。

・落ち着ける雰囲気と高級感を出して，客足を維持する。

【Ⅲ．模擬交渉のシナリオ作成】

①Aさんとオーナーシェフの，互いが納得できる交渉のストーリー展
開を考えさせ，交渉で用いる技能や考え方が身に付いたか確認させ
ます。

【Ⅳ．振り返り】

①考えた交渉のストーリー展開を踏まえ，CASEは交渉をすべき事象
であったか考えさせます。特に，交渉がうまくいかなかったときに
は，その背景や理由について考え，原則立脚型交渉における双方の
利益を追求しながら，利害対立部分については客観的，公平な基準
に基づき合意形成をはかる有用性についての理解を深めさせます。

②「CASEのような事例に類することが日常の生活の中でないか」と
いう問いで，交渉の技能や考え方がいかせる場面を考え，学習を振
り返らせます。

（野畑　毅）

情報と話し合い　197

実践編

2 SNS

どのようにしたら
SNSでの会議がうまくいくのか

CASE

　A高等学校で毎年開催される文化祭は，地域住民が多く参加する一大イベントです。生徒は毎年，地域住民に喜んでもらえるような出し物を企画し，クラスが一致団結して放課後に準備を行うのが恒例でした。

　一方で，A高等学校はクラブ活動を行う生徒の割合が多く，文化祭の準備期間中でも，放課後はクラブ活動に参加する生徒が多くいます。二年生のあるクラスでは，クラスの八割の生徒がクラブ活動を行っており，そのうち文化祭の翌週に大会を控えている生徒が半数いました。そのため，出し物の企画の相談等の準備活動を全員参加で行うことができないことから，会議には参加できる生徒だけが参加し，参加できなかった生徒とはSNSを使って情報共有をしながら準備活動を行うことになりました。

　SNSはクラスの全員が参加しており，その操作方法についてもクラスの全員が熟知していましたが，クラス全員を構成員とするSNSグループを作成し，一つのプロジェクトを動かしていく経験はありませんでした。そのため，SNSには五月雨式に様々な情報が投稿され，個々人が何をしたらよいのかがわからない状況となってしまいました。

　文化祭まで時間がないなかで，生徒たちはどのようなことに気を付けながらSNSを利用して，文化祭の準備活動を行っていけばよいのでしょうか。

198　実践編

このケースで学ぶ交渉の考え方や技能

解説

指針6 約束（コミットメント）の仕方を工夫しよう
指針7 よい伝え方（コミュニケーション）を工夫しよう

1.CASEの背景

　近年，働き方改革で自宅や社外のスペースで自分の都合のよい時間帯に働く社員や，会社の事業範囲の拡大によりプロジェクトメンバーが国内外に広がるといったことが増えています。このような環境のもとでは，実際にメンバーが集まって会議を実施することが困難となりうるため，SNSやビジネスチャット，ウェブ会議等のコミュニケーションツールを活用して，バーチャルの会議を行う企業が増えています（日本経済新聞電子版，2017年4月10日付）。

　しかし，プロジェクトメンバーが実際に顔をあわせない分，リアルの会議では気付かない細かな点について気を付けることが必要になります。CASEでは，文化祭という身近なテーマにおいて，部活動等で全員参加のリアルの会議が開きにくい場合，どのような点に注意して意思決定を行っていけばよいかについて考えます。

2.バーチャルの会議をどのように進めるか

指針7

　CASEで重要なのは，リアルではないバーチャルの会議を行う場合，プロジェクトのメンバーとの意思疎通をいかに適切に行うかということです。単にSNSのグループをつくっただけでは，様々なメンバーが思い思いに投稿をすることになり，重要な情報はそれほど重要ではないものに埋もれてしまい，実際に個々人が何をどうすればよいのかわからない，決定した事項が何かわからない，あるいは，そもそも何を議論しているのかわからない，といった状況に陥ってしまいます。また，個々人が何をしてよいのかわからないという状況に陥った場合，そもそも何のための会議なのかわからないといった，メンバーのモチベーションに影響が

情報と話し合い　199

及び，SNSのグループ自体が形骸化してしまう可能性もあります。そのため，顔をあわせずにプロジェクトの意思決定を行い，遂行していくには工夫が必要となります。具体的には，CASEのようにSNSを活用する場合，SNSグループの目的や投稿のルール等をあらかじめ決めておき，メンバー間で共有することが重要となります。

　例えば，プロジェクトの目的・目標や意義等，根本にかかわることは最初に共有し，各メンバーの認識を共通化する必要があります。CASEでは，素晴らしい出し物を企画・実行し，近隣の地域住民に喜んでもらうことが目的であり，限られた時間内に準備をする必要がある旨を，SNSグループの設立時に共有することが肝要となるでしょう。

　また，SNSグループの使い方を，なるべく具体的に決めておくことも重要となります。グループの使い方が決められていない場合，投稿がしやすいというSNSの特性上，プロジェクトとは関係のない情報が投稿されたり，投稿数が大幅に増えることによって必要な情報が埋もれてしまったりすることも考えられます。また，関係のない情報やその他多くの情報が流れてしまうと，必要な情報を探すといった労力が必要となり，そのような労力を嫌って，必要な情報までをも読み飛ばしてしまうメンバーもでてくるかもしれません。

　CASEにおけるSNSグループの使い方として，例えば「資料の共有や決定事項の連絡」「個々人の作業の進捗状況」「メンバーに意見をもらいたいときの投げかけ」といった限定的なものに使用することを明示するといったことが考えられます。また，参加できるメンバーだけで開いた会議において決定された事項については，なるべくわかりやすく，その会議に参加していないメンバーに伝えることも重要となるでしょう。その際には，簡潔に要点をまとめたうえで記述するとともに，写真等を活用することも考えられます。

　リアルの会議では，不明な点があればすぐに質問することができ，必要な情報を聞き逃すおそれが少ないですが，バーチャルで意思疎通を行う場合には，情報伝達に漏れがないようにするだけでなく，情報の受け手のコストをなるべく低くすることも必要となります。スマートフォン

を使用する多くの生徒は，SNSの利用経験があると思われます。自身の経験に照らして，SNSを使ってプロジェクトの意思決定や遂行を行う場合にはどのような工夫が必要なのか，考えてみましょう。

3.会議に参加できない場合の貢献
指針6

　リアルの会議に参加できなかったり，全体での準備に参加できない場合，どのように貢献すればよいのかも課題となり得ます。CASEでは，部活動に所属する生徒が多数おり，彼らは放課後の全体会議や準備にまったく時間を割けない状況です。それでは，この理由のみでまったくプロジェクトに貢献できないということになるのでしょうか。

　例えば，部活動が終わったあとに学校で行う，自宅でできる作業を持ち帰るなど，個々人の事情に応じてプロジェクトに貢献できる方法は多くあると考えられます。これらの事情は個々人によって異なるため，あらかじめ自分がいつ何ができるのかを明確に伝えることが重要となります。これらの情報が全体として共有されていれば，だれにどんな作業を割り振るのかといった手続きも簡便になり，クラスのメンバー全員がプロジェクトに参加できることにつながるでしょう。

　また，SNSを通じて作業を依頼する側も，なるべく受け手が応えやすいような形で依頼することが重要となります。例えば，「○○という作業を○○日までにやってくれませんか」など，「はい」か「いいえ」で答えられるような依頼にすると，受け手は「はい」か「いいえ」とだけ答えればよいため，受け手からの返事を得やすいといえます。CASEのように，クラスが一丸となって一つのプロジェクトを推進していこうとする場合，クラスのメンバーそれぞれが貢献することが重要です。「自分はこういう作業ならばできる」とあらかじめ出しておくと，依頼する側も依頼しやすくなるでしょう。

授業のために（授業の目安：2時間）

（1）授業の目標
・SNS等のバーチャルなコミュニケーションツールを用いてプロジェクトの意思決定や推進を行う場合に、実際に顔をあわせて行われるリアルの会議との違いに留意し、円滑にプロジェクトを進める技能や考え方を身に付けさせます。

（2）授業の流れ
本授業の展開は、「Ⅰ.自分の身の周りから具体例を考える」→「Ⅱ.CASEの事例からSNS上での会議場面の問題点を理解する」→「Ⅲ.模擬交渉を行う」→「Ⅳ.振り返り」→「Ⅴ.発展（模擬会議）」となります。

【Ⅰ.自分の身の周りから具体例を考える】
①四人一組をつくらせ、自らの生活の中でSNSをどのように活用しているのか、日常生活を振り返りながら、SNSの利用場面を共有させます。

【Ⅱ.CASEの事例からSNS上での会議場面の問題点を理解する】
①CASEをもとに、SNSを用いたプロジェクト運営を確認させます。
②CASEでは、なぜ円滑なコミュニケーションを行うことができなかったのか、それぞれ問題点をあげさせます。問題点として、以下のようなものが考えられます。
・単にSNSグループをつくっただけでは、様々なメンバーが投稿することになり、大切な情報が埋もれてしまう。
・実際に個々人が何をどうすればいいのか、把握できない。
・決定事項が何かわからない。
・わかりにくい提案ばかりで、読み飛ばしてしまう。

【Ⅲ.模擬交渉を行う】
①CASEを参照しながら、【Ⅱ】で確認した問題点を踏まえて、SNSを用いて円滑な会議運営を行うためにはどのようにすればよいのかを考えさせます。また、「約束（コミットメント）の仕方を工夫」

したり，「よい伝え方（コミュニケーション）を工夫」して，互いに有効な案を考えさせます。
②もし，問題が起こった場合，どのように対処することが求められるのか模索させます。
③クラスでどのような問題点や改善点，対処法が出されたのかを共有します。

【Ⅳ．振り返り】
①SNS上での会議の問題点や改善点，対処法を踏まえ，今後自分が取り組みたいSNSでの意思決定の工夫を振り返らせます。

【Ⅴ．発展（模擬会議）】
①実際に六人一組でSNSグループを作成させ，自分たちで目的を設定して模擬会議を行わせます。実際のSNSを利用するのが難しい場合は，疑似的に紙面上で行わせることもできます。このとき，SNSグループを作成する理由や目的を明確にするなど，【Ⅲ】であげられたSNS上での会議の問題点や改善点，対処法に即しながら，会議を進めさせます。
②実際にどのような模擬会議を行ったのか，SNS上での会議の流れをクラスで共有し，問題点やよい点を明らかにします。
③模擬会議を振り返らせながら，よりよい話し合いをするためにはどのような点に気を付けるべきであったか，今後の対応策を考えさせます。

(小野木　尚)

実践編

**個人情報やプライバシーの権利は
いかに保護されるのか**

3 ビッグデータ・個人情報

CASE

　Y社は，インターネット通販を営む業界大手の企業で，日用雑貨から家財道具，車・バイクの部品等，様々な商材を扱っており，実店舗を有する企業よりもその在庫の豊富さが消費者から高く評価されてきました。Y社のインターネット通販サービスを利用するためには，消費者は，氏名，メールアドレス，生年月日，性別，住所を登録する必要がありました。Y社はこれらの情報を，宅配目的のために使用するとともに，過去の購買履歴から利用者の興味がありそうな商材についての宣伝メールを随時送信するためにも使用していました。

　Y社はまた，利用者が登録した氏名，生年月日等の情報を，個人が特定できないように匿名加工したうえでデータとして蓄積し，今後のサービスに役立てようと分析を行ってきました。そして，妊娠した女性は香りのついた洗剤から無香料の洗剤に切り替える傾向があるという，ある研究者グループの報告をもとに，Y社のサービス利用者でそのような購買傾向のある妊娠適齢期の女性Xに対して，妊娠した女性しか購入しないと思われるベビー用品の宣伝メールを送信しました。この宣伝メールを受け取ったXは妊娠初期でしたが，家族以外のだれにも妊娠した事実を話していませんでした。気味が悪くなったXは，消費者団体に相談したところ，同様の相談が数多くあるとのことでした。そのため消費者団体は，Y社も所属する業界団体に対して，個人情報の利用方法について話し合いの場を設けるよう要請しました。

204　実践編

このケースで学ぶ交渉の考え方や技能

解 説

指針2 立場ではなく利害に焦点を合わせよう
指針3 双方にとって有利な選択肢を考え出そう
指針7 よい伝え方（コミュニケーション）を工夫しよう

1.CASEの背景

　近年，「ビッグデータ」やそれらを用いた「ビッグデータビジネス」という言葉をよく耳にします。ビッグデータとは巨大なデータベースに蓄積された人々や企業の行動等に関する膨大なデータのことを意味し，これらを分析することによって，事業に役立つような知見を得ることが可能になってきています。これらのデータは，インターネット等のネットワークを通じて様々な種類・形式で収集されるものであり，「オンラインショッピングサイトやブログサイトにおいて蓄積される購入履歴やエントリー履歴，ウェブ上の配信サイトで提供される音楽や動画等のマルチメディアデータ，ソーシャルメディアにおいて参加者が書き込むプロフィールやコメント等のソーシャルメディアデータ」のほか，「GPS，ICカード」や「位置，乗車履歴，温度等のセンサーデータ，CRM（Customer Relationship Management）システムにおいて管理されるダイレクトメールのデータや会員カードデータ等カスタマーデータ」など，様々な分野のデータが想定されています（総務省ホームページ）。

　一方で，これらのデータは個人情報を多く含むため，データの収集・蓄積・分析は，個人情報の取扱いの問題と密接に関係しています。日本では，2015年に「個人情報の保護に関する法律」（個人情報保護法）の改正がなされ，2017年5月30日から施行されています。

　同法では「個人情報」について，「当該情報に含まれる氏名，生年月日その他の記述等により特定の個人を識別することができるもの」だけでなく，パスポート番号や運転免許証番号といった個人ごとに違う文字，番号，記号のほか，個人の身体的な特徴をデータ化した指紋認識データや顔認識データ，他の情報と照合することで簡単に個人を特定できる購

情報と話し合い　205

入履歴や移動履歴も，個人情報に含まれるものとしています。また，これらの個人情報は，「個人の人格尊重の理念の下に慎重に取り扱われるべきものであることにかんがみ，その適正な取扱いが図られなければならない」とする一方で，特定の個人を識別することができないように個人情報を加工して得られる個人に関する情報（匿名加工情報）については，第三者に提供することができることも定めています。つまり，個人情報はその漏えい等がないように適切に管理しなければならないことを定めると同時に，個人が特定できないような情報に加工すれば，それを分析するために第三者に情報を提供することができるとされ，これによって新たな産業の創出や活力ある経済社会，豊かな国民生活の実現に結び付けようとしています。

　しかし，法律の規定に沿うだけで，個人情報やそれと密接に関係するプライバシーは保護されるのでしょうか。CASEは，個人情報の活用が社会で役立つものであると同時に，個人のプライバシーの保護という観点から問題が生じることを取り上げています。

2.消費者と事業者の利害は何だろう

指針2

　CASEのような場合においても，「**各当事者の利害**」について検討することが必要となります。消費者側から見れば，妊娠という極めて個人的な情報が事業者側に把握されているかもしれないこと自体がプライバシーの侵害だと考えるかもしれません。一方で，事業者側からは，妊娠・出産した場合に必要な商品の情報をいち早く消費者に提供することによって，事業者の売上に貢献できるというだけでなく，消費者にとっても，必要な商品情報が簡単に手に入るという点で利益があると考えたともいえます。この点で，双方が想定していた利害が一致していないことがうかがえます。つまり，事業者はベビー用品の情報提供が消費者の利益に資すると想定していた一方で，消費者側はそのような情報提供がプライバシーの保護に反すると考え，消費者が想定していた利益と反する結果になっているといえるでしょう。

206　実践編

3.双方の利害に配慮した柔軟な発想

指針3

CASEは，ベビー用品の宣伝メールの送信が，消費者のプライバシーの保護と相反する可能性があるというものです。しかし，消費者の興味があると思われる商品情報がダイレクトメールという形で送られてくること自体は，消費者においては商品を探す手間が省けたり，自分が知らなかったけれども欲しいと思う商品の情報が入ったりするなど，利点もあります。また，事業者側から考えた場合でも，個人の趣味や嗜好に合致した商品情報を提供することは購買意欲を刺激し，消費者の満足度の向上や事業者の売上に貢献することにもなります。

このように，双方の利害を分析したうえで，その両方の利害を満足させるような柔軟な発想が必要となります。上記の通り，個人の興味・関心のある商品情報の提供自体は，消費者・事業者の双方にとって利益となりうるものであると考えられます。しかし商品情報の提供が，消費者のプライバシーを侵害する可能性のある場合には，消費者の利益に反することになります。どの程度までの情報提供ならば消費者のプライバシーに反しないかという基準の設定は，消費者個人によって変わるといえるため，一概に決めるのは難しいかもしれません。CASEにおいても，**「双方の利害を分析したうえで，そのような利害をみたす」**ような柔軟な発想が求められます。

4.双方の利害を適切に相手方に伝える

指針7

双方の主張が対立している場合には，上記の**2.**及び**3.**にあるように，利害に着目して双方に有利な選択肢を考え出すことが重要になります。その際に，相手の利害を探る，あるいは自らの利害を相手にきちんと伝えるために，**「適切なコミュニケーション」**が必要となります。CASEにおいても，この点に留意して交渉してみましょう。

情報と話し合い　207

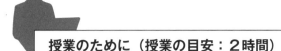

授業のために(授業の目安:2時間)

(1) 授業の目標
- 高度情報化社会におけるビッグデータの有用性と,個人情報及びプライバシーとの関係における問題点について理解させ,双方の利害を分析したうえで双方にとって有益となる解決策を導き出すことが肝要であるという考え方を身に付けさせます。
- 個人情報の取扱いについて,慎重な判断が必要であるという知識を身に付けさせます。

(2) 授業の流れ
本授業の展開は,「Ⅰ.自分の身の周りから具体例を考える」→「Ⅱ.CASEからビッグデータと個人情報保護の観点を理解する」→「Ⅲ.模擬交渉を行う」→「Ⅳ.応用・提案・参加」となります。

【Ⅰ.自分の身の周りから具体例を考える】
①四人一組をつくらせ,自分の生活の中で個人情報が収集された機会やビッグデータに触れた経験等を振り返らせます。例えば,以下のような場面が考えられます。
- インターネットのショッピングサイトやブログサイトにおいて蓄積される購入履歴やエントリー履歴
- ソーシャルメディアにおいて参加者が書き込むプロフィールやコメント等のソーシャルメディアデータ
- GPS,ICカードの利用等
- 個人の身体的な特徴をデータ化した指紋認識や顔認識データ

【Ⅱ.CASEからビッグデータと個人情報保護の観点を理解する】
①ビッグデータについて,関連する報道記事等を配付して,簡単に基礎知識を講義します。さらに,ビッグデータの活用が産業の発展に資するというメリットがある反面,個人情報やプライバシーとの関係で難しい問題がある旨を説明します。

【Ⅲ．模擬交渉を行う】
　①【Ⅰ】や【Ⅱ】で確認した，個人情報やプライバシーの保護とビッグデータとをめぐる問題を踏まえ，CASEをもとに二人一組で模擬交渉に取り組ませます。このとき，立場ではなく利害に焦点を合わせることが大切です。相手の主張はどのようなものなのか，互いに聞き合いながら整理します。例えば，以下のような整理が考えられます。

【消費者の利害】
・妊娠という極めて個人的な情報が事業者側に把握されていること自体がプライバシーの侵害である。
・しかし，消費者が商品を探す手間が省けたり，自らが知らなかったけれども欲しいと思う商品の情報が入ったりするなど，利点もある。

【事業者の利害】
・妊娠・出産した場合に必要な商品の情報をいち早く消費者に提供することによって，事業者の売上に貢献できるだけでなく，消費者にとっても，必要な商品情報が簡単に手に入るという点で利益がある。
・個々人の趣味や嗜好に合致した商品情報を提供することは，消費者の満足度の向上や購買意欲の刺激をもたらし，事業者の売上に貢献することができる。

【Ⅳ．応用・提案・参加】
　①相手の利害を探ったうえで，双方の利害を満足させるような案はないか，これまでの学習を振り返りながら考えさせます。例としては，「検索履歴を消すことができる」等が考えられます。　　　（小野木　尚）

Column

交渉は情報戦!?

　「交渉」というと，相手と話し合いをするその場面に注目してしまいがちですが，交渉では，直接相手と話し合いをする前にどれだけ情報を集めるかが大切になってきます。このことから，「交渉は情報戦」といわれることもあります。

　例えば，フリーマーケットで，２千円と値札のついたジャケットを買う，という場面を考えてみましょう。まず，そのジャケットに２千円の価値があるのか？　この判断は，素材や状態・ブランド等の情報がなければ難しいでしょう。また，古着屋さんやオークションサイト等で，通常同じようなジャケットが千円前後で売られている，という情報（客観的基準）があれば，価格を下げる交渉をしやすくなるでしょう（　指針4　）。

　次に，ジャケットが，あるブランドのものと表示されているとき，それが本物かどうかは，売り手の情報もあればより判断しやすくなるでしょう。売り手が実店舗で長く営業していて，口コミ等の評判も悪くない場合には，まったく情報のない売り手よりも信頼度は高くなるでしょう。また，売り手の出店理由について情報があれば，双方にとって有利な選択肢を考え出すこと（　指針3　）もできるかもしれません。例えば，売り手の出店理由が商売ではなく，クローゼットの整理のためというときです。このとき，ジャケットの値段を下げるかわりに他の洋服も買うという交渉をすれば，洋服をできるだけ処分してクローゼットを整理したいという売り手の気持ちと，ジャケットを安く買いたいという買い手の気持ちのいずれもがみたされることになるでしょう。

　さらに，交渉がうまくいかなかった場合の代替案（BATNA）を用意するためにも（　指針5　），情報を集めることは大切です。他の店を事前に調べて情報収集し，第二候補としてより安いジャケットを見つけ，第一候補のジャケットが自分の思う通りの値段にならなかった場合には第二候補のジャケットを購入すればよいというBATNAにしておけば，余裕を持って交渉に臨むことができます。

　もちろん，情報は正確であることが前提です。自分にとって有益で正しい情報をたくさん集めることが，交渉をうまく進めることにつながるのです。

（藤澤尚江）

第3編
実践編
第6章　倫理と話し合い

　この章では，高等学校で学ぶ「公共」や「倫理」の内容を話し合い（交渉）という観点から再構成したCASEの紹介と解説，授業づくりのヒントを紹介します。

　行為の結果である個人や社会全体の幸福を重視する考え方と話し合いは関係が深く，「公共」や「倫理」でも話し合いは可能です。話し合いという観点から具体的な事例を通して幸福，正義，公正などの概念や，先哲の思想を用いて人間としての在り方生き方を考えることができるようになっています。

第6章　倫理と話し合い
論証とは何だろうか

実践編

1 議論（交渉）の仕方

CASE

　高校生二人の意見が食い違っています。どうしてこのようなことになったのでしょうか？　それを考えながら，話し合いの構造について検討してみましょう。

あつし：彼は罪を犯したのだから罰せられるのは当然だよ。

たかし：どうしてそういえるの？　何か証拠はあるの？

あつし：彼は自分が罪を犯したと自白しているよ。
　　　　それが明白な証拠だよ。

たかし：それは証拠になるかもしれないね。君の意見はこういうことかな。「彼は自分が罪を犯したと自白している。だから，彼は罪に問われるべきだ」と。

あつし：その通りだ。

たかし：確かに，彼は自分が罪を犯したと自白している。これは事実として認めるよ。でも，この証拠だけで，即，彼が罪に問われるというのはおかしいよ。
　　　　僕は，彼は無罪だと主張するよ。

あつし：どうして？　本人がやったと自白しているんだよ。僕の発言のどこに問題があるの？　それに，君は彼が自白したのを事実として認めているにもかかわらず，どうして「彼は犯罪人ではない」という正反対の結論を出せるの？

たかし：彼は無罪だ。

あつし：いや，彼は有罪だ。

このケースで学ぶ交渉の考え方や技能 解 説

話し合いの構造

1.論証に含まれる項目の解説

　高校生二人の話し合いの構造を理解するためには，最初に論証とは何かを知っておく必要があります。論証とは，「主張したり，結論を出したりする際に主張（結論）と一緒に理由を提示すること」です。

　論証の基本形は「〈根拠〉だから，〈主張〉。なぜなら，〈論拠〉」です。主張を支える理由には大きく分けて根拠（事実）と論拠（仮定）があります。

　例えば，「前田君は大阪生まれだ。だから，関西弁を話すに違いない」は論証です。ここでは主張は「関西弁を話すに違いない」です。そして，その主張を支えている根拠は「前田君は大阪生まれだ」です。根拠の内容は事実です。

根拠
前田君は大阪生まれだ。

主張
関西弁を話すに違いない。

論拠
なぜなら○○だから。

　みなさんは，大阪生まれの人ならだれでも関西弁を話せるのは当然だと思うかもしれません。しかし，「前田君は大阪生まれだ。だから，関西弁を話すに違いない」という論証に対して，「なぜ，前田君が大阪生まれだと，関西弁を話すと主張できるのですか？」という質問をすることが可能なのです。どうしてでしょう。それは，前田君が大阪生まれであることは事実であっても，両親が東京の人で，父親の仕事の関係で，生まれてすぐにアメリカで生活することになったような場合，前田君は東京弁と英語を話す人になるでしょう。前田君が大阪生まれであることから，彼が関西弁を話すに違いないと結論付ける場合には，下線部分の話は想定していないことになります。

倫理と話し合い　213

前田君のような場合を想定すると，「彼は大阪生まれだ。だから，関西弁を話すに違いない」という論証を正しいとするには，根拠が「大阪生まれ」だけでは十分でないことがわかります。何が足りないのでしょうか。

　大阪生まれという根拠（事実）をもとに関西弁を話すに違いないと主張するためには，「大阪生まれ」という根拠（事実）以外に，少なくとも次の四つの理由が必要です。

　　①一般に人は出身地の言葉をしゃべるようになるものだ。

　　②現地の言語を獲得するには生後六，七年かかるものだ。

　　③前田君は関西弁を話すようになる年齢まで大阪に住んでいたであろう。

　　④両親が現地出身者でなくても，現地の環境で生まれ育つ子は現地の言葉を獲得するだろう。

　これら四つは，根拠とは性質の違う理由です。根拠は事実であったのに対して，これら四つは仮定です。仮定とは「仮に正しいと定めておきましょう」というものなので，必ずしも事実とはいえないものです。このように論証における主張を支える理由のうち，事実に対応するものを根拠（データ・証拠）といい，本当かどうかわからないけれど，仮に正しいと定めて使う理由を論拠といいます。

　論証についてまとめます。論証とは主張（結論）を支えるための背景として，根拠（事実・証拠），及び論拠（仮定）を同時に提示したものを指します。一般的な形としては，「〈根拠〉だから，〈主張〉。なぜなら，〈論拠〉」となります。注意が必要なのは，一般的な議論や討論には論拠がでてこないという点です。

2.あつしとたかしの議論

　最初の二人の高校生のやりとりを論証という観点から見直してみましょう。あつしの出した根拠は「彼は自分が罪を犯したと自白している」で，主張は「彼は罪に問われるべきだ」でした。この論証において必要な論拠は何でしょうか？

必要な論拠は「彼の自白は信憑性がある」です。自白は事実かもしれませんが，この論拠がないと彼の自白をそのまま根拠として受け入れ，「罪に問われるべきだ」と結論付けることはできません。

一方，たかしの主張は「彼は無罪である」です。しかも，根拠はあつしが使ったものと同じ「彼は自分が罪を犯したと自白している」です。このときの，たかしの論拠は「彼の自白は強要されたものである」です。この論拠を用いると「彼は自分が罪を犯したと自白している」という根拠を使っていても，彼は犯罪人ではないという結論を導くことが可能となります。

あつしとたかしは同じ根拠から異なる主張をそれぞれ導きました。それは二人の高校生がそれぞれ使っている論拠が違っているからなのです。このことに気付かないと，二人は論証におけるどの点で意見が対立しているかわかりません。

このやりとりからわかることは，論証する際に使う根拠（証拠）が同じ一つのものであっても，どんな論拠を使うかにより主張が大きく変わることがあるということです。ここで大事な点は，証拠は絶対的なものではなく，論拠をどう設定するかにより，その根拠の意味が変化するということです。これは直観に反するできごとかもしれませんが，議論を進めるときに知っておく必要のあることです。

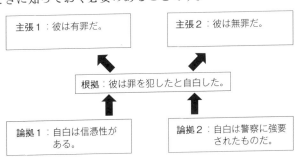

倫理と話し合い　215

授業のために（授業の目安：1時間）

（1）授業の目標
- 論証とは何かを理解させ，主張と根拠を指摘することができるようにします。
- 論拠とは何かを理解させ，根拠と論拠を区別し，また論拠を明らかにして話し合いを行うことができるようにします。

（2）授業の流れ
本授業の展開は，「Ⅰ．論証の形になっている文章から根拠と主張を見つけさせる」→「Ⅱ．複数の論証を含む長い文章から論証を取り出す」→「Ⅲ．根拠と論拠を区別し，論証の論拠を考えさせる」→「Ⅳ．多くの文章を読ませ，論証の形式に分解させる」となります。

【Ⅰ．論証の形になっている文章から根拠と主張を見つけさせる】
以下の会話文から根拠と主張を見つけさせます。

> デービッド：明日，サッカーの試合だけど，天気はどうかな？
> 　　監督：ロンドンはよく雨が降るよ。
> デービッド：じゃあ，明日も雨が降るだろう。傘を持っていこう。
> 　　監督：そうしたほうがいいね。

論証の基本フォームは以下の図で表すことができます。

根拠	ロンドンはよく雨が降る。（経験できること）
	推測バー
主張	（だから，） 明日も雨が降るだろう。（経験できないこと）

一般に論証では「Aだといっておきながら，Aという根拠の中に含まれない何かであるB」を（根拠から飛躍をして）結論で引き出しています。論証には飛躍が不可欠ですが，飛躍しすぎてはいけません。

【Ⅱ．複数の論証を含む長い文章から論証を取り出す】

以下の文から論証を取り出させます。

> 彼が「自分の文化では，服装や装身具は自己決定事項に属するもので個人の自由だ。他の学校にもそれで通っていた」といいはるので，大げんかになった。そのとき，彼を説き伏せ，少しはましな格好をさせることに成功したのは，だれもが認めざるを得ない客観的事実による論理的な説明であった。私は，「（彼の国においても）銀行員など，職業上必要とされている人たちは，ネクタイにスーツ姿で執務している。同様に，日本の学校では，肩まで届く大きなイヤリングをつけて授業するのはよくない」といったのだ。

①根拠：他の学校にもそれで通っていた。主張：（だから，）服装や装身具は自己決定事項に属するもので個人の自由だ。

②根拠：職業上必要とされている人たちは，ネクタイにスーツ姿で執務している。主張：（だから，）日本の学校では，肩まで届く大きなイヤリングをつけて授業するのはよくない。

【Ⅲ．根拠と論拠を区別し，論証の論拠を考えさせる】

①以下の会話文から論拠の必要性を考えさせます。

> Ａ：「彼女は今日どうしてミーティングにこなかったのかな？」
> Ｂ：「風邪だそうですよ」

Ａは「彼女がこなかったことの理由」を聞いているのですが，Ｂは「風邪」という経験的事実で答えており，かつそれが答えとして，すなわち理由として成立しています。「風邪」という事実と「彼女がここにこられない」という主張（結論）が論理的に結合するには，両者を介在する何かが必要なのです。それが論拠です。この場合は，①人間は健康であるほうがよい。②病気は治すべきである（①から推測可能）。③病気は安静にしておいたほうが治りやすい。④安静にするとは体を必要以上に動かさないこと，の四つの暗黙の仮定が論拠になります。

【Ⅳ．多くの文章を読ませ，論証の形式に分解させる】

①教科書の評論文等から論証を取り出し，その論拠を推定させ，論拠を明らかにしながら，周りの人と会話をさせます。 （福澤一吉）

倫理と話し合い　217

実践編

ソクラテスの死は
避けられないのだろうか

2 源流思想と交渉

CASE

　ソクラテスは，国家が認める神を認めず，新しい神霊を崇めたことと，青年を堕落させた（「思いを天体の現象に潜め地下一切の事象を探究し，悪事をまげて善事となす[1]」「青年を腐敗せしめかつ国家の信ずる神々を信ぜずして他の新しき神霊を信ずる[2]」）という理由で，メレトス，アニュトス及びリュコンの三人に告発されました。法定での告発者の弁論は，その素晴らしさから，被告人であるソクラテスすら自らを忘れるほどでした。それほどの説得力を持って告発者は語りました。一方，その弁論の中で彼らは一言も真実を語らなかったとし，ソクラテスは自らを弁明しますが，死刑が宣告されました。ソクラテスは国家のくだす，いかなる判決にも服することを誓っています。クリトンの脱獄のすすめにも，ソクラテスは首を縦に振ることはありませんでした。

　今，まさに，われわれの友人が最期を迎えようとしています。告発され，有罪判決がくだされてしまっては，ソクラテスを救い出すことは困難です。彼にとって，ポリスの法に従うことは善く生きることだからです。そこで，時間を巻き戻し，告発する前のメレトスらと交渉し，この問題をよりよく解決することはできないでしょうか。「われわれの知りえたかぎりでの当代の人々のうちで，いわば，もっとも優れた人の，そしてとくに知恵と正義においてもっとも卓越した人[3]」の最期を避けることはできないでしょうか。

1　プラトン（久保勉訳）『ソクラテスの弁明』（岩波文庫，2007年），17ページ。
2　プラトン，前掲書，30ページ。
3　プラトン（岩田靖夫訳）『パイドン』（岩波文庫，1998年）

218　実践編

このケースで学ぶ交渉の考え方や技能

解説

指針2 立場ではなく利害に焦点を合わせよう

1.はじめに

　私の勤務校では，高校二年生が倫理を履修しています。倫理の時間にソクラテスを取り扱うとき，ソクラテスはなぜ脱獄しなかったのか？　なぜ死刑を選んだのか？　または，裁判結果を受け入れたことは正しかったのか？という問いを立ててきました。人生への問いを立てることの重要性に気付き，いかに生きるべきか（善く生きるとはどういうことか）を考えてほしかったからです。生徒の代表的な問いの答えとしては，「善く生きることを重視したから」「不正に不正で応えてはいけないから」というものがあります。ソクラテスの言葉そのものなのですが，表面的な理解にとどまり，生徒たちの善く生きることに対する思索が深まっているとは思えませんでした。私自身の学習課題の提案の仕方が悪かったと反省させられることもありました。生徒たちの思索が深まっていかない一番の原因は，ソクラテスの死を自分の課題と結び付けて考えさせることができていないことにあるように感じています。交渉という話し合いの場は，互いの目的の達成をめざし，合意形成をはかる場です。交渉で用いる技能や考え方を使えば，このソクラテス裁判を身近な問題として捉え直し，思索を深めることができるのではないかと考えました。『ソクラテスの弁明』『クリトン』『パイドン』等，先哲の原典を読み解きながら，交渉の準備をしていきたいと思います。

2.ソクラテスの弁明と告発の理由

　『ソクラテスの弁明』に書かれている，告発されたソクラテスの弁明と，告発の理由について，簡単にまとめてみたいと思います。

　ソクラテスはまず，古くから提起されている虚偽の弾劾と弾劾者に対して弁明します。虚偽の弾劾とは，「ソクラテスなる賢者があって思いを天体の現象に潜め地下一切の事象を探究し，悪事をまげて善事とな

入門編

理論編

実践編

倫理と話し合い　219

す[4]」「ソクラテスは不正を行い，また無益なことに従事する，彼は地下並びに天上の事象を探究し，悪事をまげて善事となし，かつ他人にもこれらのことを教授する[5]」とするものです。これに対してソクラテスは，全然関知しないところである，明らかに事実無根である，と強い言葉で否定します。そのうえで，これらの弾劾がなされるのは，「私を讒謗せんがためにそんなことをいうのである[6]」とアテナイ市民に主張します。ソクラテスは，ソクラテス以上の賢者は一人もない，というデルフォイの神託が何を意味するかを明らかにするため，人々には賢者と見えて，自分自身もそう思っている人々を訪ねます。そして，彼らが何も知らないのに，何かを知っていると信じているだけであることを明らかにしていきます。この過程でソクラテスは，自分は何も知りもしないが，知っているとも思っていないという，無知の知の自覚に至ります。その後，ソクラテスにならって，何かを知っていると自惚れている人を試問する人々があらわれました。そして，試問にあった人々は，ソクラテスを青年を腐敗させる者として批判したのです。これは，何も知らないのに何かを知っているような顔をしていることが暴露しないようにするための批判であるとソクラテスは指摘します。このようにして，ソクラテスの存在を快く思わない人たちを代表する形で，メレトスらは，ソクラテスを告発するに至ったのです。

3.ソクラテスを告発することの利害とは

指針2

　メレトスらはソクラテスを告発し，有罪にしようとして，「ソクラテスは罪を犯す者である，彼は青年を腐敗せしめかつ国家の信ずる神々を信ぜずして他の新しき神霊を信ずる[7]」と主張します。弁明も虚しく，ソクラテスはアテナイの市民から有罪宣告されてしまいます。メレトスらの主張は認められました。しかし，メレトスらがソクラテスを告発した理由（利害）はソクラテスを有罪にし，死刑判決をくだすことだったのでしょうか。ソクラテスのあまりに自由で大胆な言動が当時の政治家たちや演説家たちの怒りを買ったわけですが，彼らの求めた本当の利

220　実践編

害は何だったのでしょう。「**利害に注目**」し，彼らと交渉すれば，ソクラテスに死刑判決がくだされることはなかったのではないでしょうか。

4.交渉の準備をしよう

　告発者であるメレトスとソクラテスの告発を逃れたいクリトンとで交渉を行ったらどうなるか，という架空のケースを考えてみたいと思います。告発者とソクラテスとの話し合い（裁判）では，結果としてソクラテスは死刑に処されてしまいます。死刑判決を受けたソクラテスにクリトンが脱獄をすすめる話し合い（クリトンによる説得）も，失敗に終わり，ソクラテスはその後，毒杯をあおってしまいます。「いや，ソクラテス，僕はもう何もいうことはない[8]」というクリトンの最後の言葉がとても印象的です。メレトスとクリトンが互いの立場を離れて交渉してみたら，ソクラテスの死を避けることができるでしょうか。それともやはり，結末は一緒でメレトスによる告発，アテナイ市民による死刑判決という結果になってしまうのでしょうか。

　交渉する前に，ソクラテスが死刑判決を受け入れ，毒杯をあおるに至る彼の主張を確認しておきましょう。

　①一番大切なことは単に生きることそのことではなくて，善く生きることである。

　②不正を行うことも，不正に報復することも正しくない。

　③国家のくだす，いかなる判決にも服する。

　以上はソクラテスの主張です。ソクラテスがこう主張する理由（利害）も考えながら交渉できるとよいと思います。避けることができるなら，ソクラテスの死を避ける方向（同じ目的）で交渉が進めば，この問題を身近に感じることができ，思索が深まるのではないでしょうか。

4　プラトン，『ソクラテスの弁明』17ページ。
5　プラトン，前掲書，17ページ。
6　プラトン，前掲書，22ページ。
7　プラトン，前掲書，30ページ。
8　プラトン（久保勉訳）『クリトン』（岩波文庫，2007年），102ページ。

授業のために（授業の目安：2時間）

（1）授業の目標
・先哲の原典を読み解き模擬交渉を行うことで，交渉で用いる技能や考え方を身に付けさせます。
・模擬交渉を通して，人生への問いの重要性や人間の存在や価値について考えさせます。

（2）授業の流れ
　本授業の展開は，「Ⅰ．事前準備」→「Ⅱ．メレトス側（告発者側）とクリトン側の立場で模擬交渉」→「Ⅲ．共有」→「Ⅳ．振り返り」となります。

【Ⅰ．事前準備】
①ソクラテスがメレトスら三人に告発され，死刑の判決をくだされた事実を説明します。
②死刑判決されたソクラテスにクリトンが脱獄をすすめたが，ソクラテスは死を選んだことを説明します。

【Ⅱ．メレトス側（告発者側）とクリトン側の立場で模擬交渉】
①「模擬交渉をするために，まずはソクラテスの主張を理解しよう」として，ソクラテスの主な三つの主張を確認させます。特に，単に生きるのではなく，善く生きると主張していたことを理解させます。

> 【ソクラテスの主張】
> ・一番大切なことは単に生きることそのことではなくて，善く生きることである。
> ・不正を行うことも，不正に報復することも正しくない。
> ・国家のくだす，いかなる判決にも服する。

②四人一組をつくらせ，模擬交渉に取り組ませます。二人はメレトス側，もう二人はクリトン側の立場です。両者にソクラテスの主張を踏まえて交渉するように伝えます。両者には「利害カード」をそれぞれ配付し，相手に伝えていない事情があることも伝えます。

【メレトス側の利害カード】
最も望んでいることは，ソクラテスの問答をやめさせること。無知が暴露され，賢者ではないと指摘されるから。賢者ではないと指摘されることにより，自分たちの政治活動に支障をきたす。一番いいのは，ソクラテスにアテナイからでていってもらうこと。

【クリトン側の利害カード】
最も避けたいことは，ソクラテスが死刑に処され，親友（知恵と正義において最も卓越した人）を失うこと。そのために，メレトスらにソクラテスが告発される前に手を打ちたい。お金を集めることもできるし，ソクラテスを歓迎する地を用意して，彼の安全を確保することもできる。

【Ⅲ．共有】
①交渉結果をグループごとに黒板に書かせます。その際に，善く生きるとはどういうことかについて，どのように考えたかも書かせます。書かれた交渉結果について，ソクラテスの主張を踏まえて，教員がコメントを付け加えてまとめます。
②「自ら市民として遵守するとわれわれに誓った契約や合意に背いて逃亡しようとしているお前は，最も無知な奴隷でもしそうな振舞いをするのだ[1]」というソクラテスの言葉で，合意形成の大切さと脱獄しなかった理由を説明します。

【Ⅳ．振り返り】
①「これまでの生活の中で，交渉で用いる技能や考え方をいかすことができた場面はなかったか考えてみよう」といった問いで学習を振り返らせましょう。　　（石渕貴士）

1　プラトン，前掲書，97ページ。

倫理と話し合い　223

実践編

3 西洋思想

全体の利益か，個の権利か
―人間と自然にとっての幸せとは―

CASE

建設会社社長の父が，大学で環境保護サークルの代表をしている娘に，新しい遊園地の建設計画を打ち明けています。

父：今度，あの裏山に遊園地をつくる計画があるんだ。

娘：え？ あの裏山に⁉ お父さん，それ本気なの？

父：あぁ，そういう計画だよ。なんだい，嬉しくないのかい？

娘：遊園地は好きだけど，嬉しくない。だって，森を切り拓いて開発を行おうとしているんでしょ？

父：君は，環境保護にばかり注目しがちだね。この土地の広さをいかして遊園地をつくれば，経済の活性化だけでなく，雇用を生み出すことにもつながるんだ。

娘：この地域は豊かな自然に恵まれた，生物多様性の宝庫だって知っているでしょ？ 絶滅危惧種の動物の巣だってあるのよ。

父：もちろん，知っているよ。そういうのなら，動物は違う場所で保護すればいい。とにかく，遊園地ができたほうが，多くの人の利益や楽しみが増えていいと思うよ。

娘：自然が人間のために存在するかのような考え方ね。遊園地の建設という目的のために，動物を殺すことは許されないと思うの。私は反対。明日から署名活動をはじめるわ。

議論は，遊園地建設から「自然の権利」をめぐる対立へと発展しました。どうすれば，よりよい解決を見出すことができるのでしょうか。

このケースで学ぶ交渉の考え方や技能

解 説

指針2 立場ではなく利害に焦点を合わせよう
指針4 客観的基準を強調しよう

1.自然に権利はあるのか　―アマミノクロウサギ訴訟―

　CASEにおいて父と娘は，遊園地の建設をめぐり話し合っています。建設会社の社長である父は，遊園地を建設することによる経済的効果や雇用の増大等を理由に，遊園地を建設することが多くの人にとって有益であることを主張します。一方，環境保護サークルの代表を務める娘は，遊園地で遊ぶことの楽しさを認めつつも，人間と自然とのかかわり方，考え方に疑問を呈しています。遊園地の建設は，森林伐採だけでなく，動物の種の存続に大きな影響を与えることを主張し，反対しているのです。開発を進め，多くの人の利益を追求するのか，自然を守り，個の権利を守るのか。この問題に直面した実際の事例として，「アマミノクロウサギ訴訟」があります。

　「アマミノクロウサギ訴訟」は，奄美「自然の権利」訴訟ともよばれ，1995年2月23日に，鹿児島県がゴルフ場開発業者に対して許可した林地開発の取り消しを求め，奄美のナチュラリストや自然保護団体によって提訴された行政訴訟です。この訴訟では，「アマミノクロウサギ，アマミヤマシギ，ルリカケス，オオトラツグミ」という奄美に野生する希少野生動物，絶滅危惧種の動物が原告としてあげられました。日本ではじめての「自然の権利」訴訟です。「自然の権利」訴訟での「自然の権利」とは，「特定の地域に生息する野生生物が進化の過程で形成してきた自然環境の中で種や地域個体群として，当該地域での生態を維持できるという権利」（『自然の権利　―法はどこまで自然を守れるか』山村恒年・関根孝道編，信山社出版，1996年，p.215）のことをいいます。

　実際の判決として鹿児島地裁は2001年1月22日に，原告には行政事件訴訟上の原告適格がないとし，「自然の権利」についても現行法の体系では認められないとしました。しかし，裁判官は判決理由の最後に「自

倫理と話し合い　225

然が人間のために存在するとの考え方をこのまま推し進めてよいのかどうかについては，深刻な環境破壊が進行している現今において，国民の英知を集めて改めて検討すべき重要な課題というべきである」と述べ，問題提起がなされています（朝日新聞，2001年1月23日付）。

2.功利主義と義務論で「自然の権利」訴訟を考える

指針2

　「アマミノクロウサギ訴訟」が問題となったのは，人間による自然破壊だけでなく，自然に対する考え方の違いによる対立があります。娘がCASEの中で述べているように，森林伐採を行ってまで人間の利益を追求しようとする父は，「自然が人間のために存在するかのような考え方」を持っているかのようです。この二人が対立を乗り越え，よい解決策を導くためには，「**立場ではなく利害に焦点を合わせる**」ことが大切です。ここでは，功利主義と義務論の考え方を用いて，CASEの整理を行うことで，いかに話し合いをすることができるのか，考えてみます。

　何をなすべきかを判断する際，大きく分けて，帰結主義的な発想に立つものと，非帰結主義的な発想に立つものとがあります。帰結とは，結果のことであり，結果さえよければその行為そのものの善し悪しは問わない，というのが帰結主義の考え方です。功利主義は，「最大多数の最大幸福」を指針とする点からも，帰結主義に含まれます。例えば，父が話していた，「遊園地をつくれば，経済の活性化だけでなく，雇用を生み出すことにもつながる」「多くの人の利益や楽しみが増えていいと思う」という考え方は，最大多数の最大幸福を生み出す行為が正しいと考えていると判断することができ，功利主義の発想に立つものと考えられます。

　一方，結果の善し悪しではなく，その行為自体の善し悪しを重視する考え方を非帰結主義といいます。つまり，行為の結果に，行為の善し悪しを判定する基準を求めない，という考え方です。カント倫理学に代表される義務論とよばれる発想は，非帰結主義に含まれます。例えば，娘が遊園地の楽しさを認めつつも，「遊園地の建設という目的のために，

226　実践編

動物を殺すことは許されない」と述べる背景には，遊園地で遊べるという行為の結果ではなく，遊園地建設に伴い，動物の命が犠牲になることに目を向け，行為の善悪を判断していることがわかります。

この二つの考え方は，いかに「行為」すべきかについて，多くの議論や対立を生んできました。いかに功利主義と義務論の対立を超えることができるのでしょうか。CASEの模擬交渉を通し，解決策を考えます。

3.哲学対話で「自然の権利」訴訟を考える

指針4

行為の結果を重視する功利主義的な父と，義務や規則を重視する義務論的な娘が，互いに相手の基準で判断しようとしても納得することは難しいかもしれません。そこで，さらに話し合いを進めるためには，客観的基準を強調することが大切です。客観的基準とは，話し合いをしている人たち以外の第三者にも認められるような基準のことです。

これまで，帰結主義と義務論の間では，いかに「行為」すべきかに焦点が合わせられてきました。そこで，ここでは視点を変え，「行為者」に焦点を合わせ，人間としてどうあるべきか，哲学対話の手法を参考に，「自然の権利」訴訟を考えてみます。対話では，結論を導き出すことよりも，他者とともに**客観的基準**を探究することが優先されます。CASEからは，「人間と自然にとっての幸せとは何か」「動物を犠牲にしない人間の在り方とは」等の問いをもとに対話を行うことが考えられます。

CASEでは，功利主義，義務論の考え方，また，哲学対話の手法を参考に「自然の権利」訴訟を考えてきました。しかし，日本において「自然の権利」は，いまだ認められていません。この現状は，交渉の場に臨めない動物や未来世代等の権利を，だれが，いかに代弁していくのかという問題へとつながっています。交渉の可能性を開き，持続可能な社会を築いていくためにも，声なき声をいかに交渉の場に参加させることができるのか，考えていく必要があります。

倫理と話し合い　227

授業のために（授業の目安：2時間）

（1）授業の目標
- ・功利主義，義務論の考え方を用いて，「自然の権利」訴訟の構造を理解させ，対立点について話し合いをしながら，交渉で用いる技能や考え方を身に付けさせます。
- ・「自然の権利」をめぐる「行為」の善し悪しの議論を経たうえで，「行為者」に焦点を合わせ，人間としてどうあるべきか，他者との対話を通して，自分の言葉で考えさせます。

（2）授業の流れ
　本授業の展開は，「Ⅰ．功利主義と義務論の考え方を理解する」→「Ⅱ．「自然の権利」をめぐるCASEをもとに模擬交渉」→「Ⅲ．立場を超え，みんなで考える（哲学対話）」→「Ⅳ．振り返り」となります。

【Ⅰ．功利主義と義務論の考え方を理解する】
①授業の最初に，功利主義と義務論の考え方の感覚を理解しやすいような事例，例えば，フィリッパ・フットが1967年に考案した思考実験「トロッコ問題」（→p.248）を提示します。内容は以下の通りです。

　あなたは路面電車の運転手です。急に電車が暴走しはじめました。前方に五人の作業員がおり，このままでは五人全員が死んでしまいます。一方，進行方向を変え，電車を待避線に向ければ，犠牲者はそこにいる一人で済みます。あなたはどのような選択をしますか。

　どのような選択をするのか，理由とともに考えさせます。電車を待避線に向け，一人を犠牲にすることを選択した場合，「五人よりは一人の犠牲で済んだほうがいいから」という理由付けをするかもしれません。これは，結果として「最大多数の最大幸福」にかなう行為を善とする考え方であり，功利主義的です。一方，行為の結果に，行為の善し悪しを判定する基準を求めず，その行為自体の善し悪しを重視する考え方は義務論的です。この二つの考え方を簡潔に説明します。

228　実践編

【Ⅱ．「自然の権利」をめぐるCASEをもとに模擬交渉】
　①功利主義と義務論という考え方を用いて整理すると，どのようにCASEを理解させることができるでしょうか。それぞれの立場ではなく，利害に焦点を合わせ，主張を整理させます。例えば，以下のような整理の仕方が考えられます。

功利主義	遊園地をつくることにより，経済の活性化，雇用の創出が見込める。多くの人の利益や楽しみが増大する。
義務論	すべての生命は尊重されるべきである。遊園地の建設という目的のために，動物を殺してはならない。

　②どのようにしたら，互いが納得できる解決策を見つけることができるのでしょうか。二人一組をつくらせ，功利主義と義務論という立場の根っこにある理由を探るように，互いの論拠を問い合いながら，最終的な解決策を模索させます。

【Ⅲ．立場を超え，みんなで考える（哲学対話）】
　①【Ⅱ】の模擬交渉での話し合いを踏まえ，「行為」ではなく「行為者」に焦点を合わせ，「自然の権利」について哲学対話を行わせます。哲学対話では，立場の違う者同士で合意形成を行わせるというよりは，問いの探究を軸に，ゆっくり考えを深めさせます。問いは交渉を行うなかで疑問に思ったこと等，自由に決めさせます。例えば，CASEを事例に，「人間と自然にとっての幸せとは」等が考えられますが，何よりも，生徒が問いを考えることが大切です。

【Ⅳ．振り返り】
　①「話し合いを通し，自らの考えがどのように深まったのか」「話し合いの仕方の違い（模擬交渉や哲学対話）は，話し合いの内容にどのような影響を及ぼすのか」等の問いで学習を振り返らせます。

（得居千照）

倫理と話し合い　229

実践編

4 日本思想

日本人にとって
鎮守の森とは何だろうか

CASE

　南方熊楠は，糸田猿神社に関する噂を耳にしました。「猿神社は全滅し，井戸は濁り，その水はもはや飲むことはできない」という噂です。熊楠は猿神社のタブノキの倒木で粘菌を発見しています。熊楠は生涯で十種の新種の粘菌を発見していて，その記念すべき最初の発見は，この猿神社のタブノキからでした。その後，熊楠は，変わり果てた猿神社跡を目の当たりにします。木立は残らず消え，景観は完全に破壊されていました。神社を取り壊すことは，その周りの樹木（鎮守の森）を伐採してしまうことなのです。

　神社合祀政策は，1906年12月，第一次西園寺公望内閣の内務大臣，原敬のもとで全国に励行されました。日露戦争後の財政危機に伴う，地方改良運動の一環です。この運動の目的は，江戸時代以来の村落共同体である旧町村を，新しい行政単位としての町村に再編成することと，その結果として，租税負担力を増加させることでした。また政府は，合祀政策により合祀された神社が国民への影響力を強め，神道による国民イデオロギーの統一，アイデンティティを強化する側面も期待していました。ここで熊楠のもとに，新たな合祀計画の噂が届けられました。その内容は，熊楠の父の生家代々の産土神である大山神社が，八幡社に合祀されるというものでした。

　世界はこの後，激動の時代を迎えます。日本の将来を見据え，われわれは，この問題にどう立ち向かえばよいのでしょうか。明治政府の役人として，日本初のエコロジストとよばれる南方熊楠として，交渉してよりよい合意をめざしてみましょう。

230　実践編

このケースで学ぶ交渉の考え方や技能

解説

指針1 **人と問題を切り離そう**
指針2 **立場ではなく利害に焦点を合わせよう**

1.南方熊楠

　南方熊楠は明治期から昭和期にかけて，在野の生物学・民俗学者として活躍しました。『和漢三才図会』をすべて暗記し，22か国語を操り，キューバ独立戦争に参加し，食べたものを自由自在に吐き出せるなど，数多くの伝説に彩られたその生涯は非常に魅力的です。夏目漱石や正岡子規らと同級で大学予備門（現東京大学教養学部）に入学しましたが，卒業することなく渡米します。しばらくのちにキューバを訪れ動植物を採集し，そして，今度は渡英します。イギリスでは，大英博物館で書物を読みあさり，『ネイチャー』に積極的に寄稿しています。生涯で51編もの論考が掲載されており，これは日本人最多です。しかし，熊楠は大英博物館内で暴力騒ぎを二度起こし，博物館を追放されてしまいます。帰国した熊楠は熊野那智に住み，生物の採集に没頭し，四年の歳月を過ごします。山をおりて田辺に移住し結婚，幸せな家庭生活をスタートした直後，明治政府による神社合祀政策が本格化しました。

2.明治政府

　神社合祀政策が行われた当時は，桂太郎と西園寺公望が交互に政権を担当する桂園時代とよばれる時代でした。日露戦争後で，日本は列強の一員としての国際的地位を獲得し，「一等国」の国民であるという意識も芽生えてきました。一方で，政府はその地位を保持するために，日露戦争中だけという増税政策を戦後も継続し，軍備拡張を推進しました。このような社会情勢のなか，政府は戊申詔書（1908年）を発して国民に勤倹を求めます。内務省は戊申詔書を指導理念として，江戸時代以来の旧村意識を刷新し，新しい行政町村が機能するように，地方改良運動を全国で展開していきます。神社合祀政策はこの運動の一環だったのです。

倫理と話し合い　231

3.問題の背景と利害を理解する

指針1　指針2

　近代化を進める明治政府VS自然保護運動の先駆者南方熊楠，という対立の構図でこの問題を捉えると，交渉はうまくいきそうにありません。当時の内務大臣原敬は，神社合祀政策は緩やかに運用されるべきで，合祀にあたって破壊的な行動は慎むべきと通告しています。桂太郎内閣になり，内務大臣が平田東助にかわると，彼は訓令を厳格に実施させるよう命じます。近代化を進める明治政府には，原のような穏健派もいれば，平田のような強硬派もいました。一方で南方熊楠も，1910年8月和歌山県主催，田辺中学校で行われた林業講習会に乱入し，警察署長をはじめ，県職員に乱暴をふるうなど過激な反対運動を行います。熊楠はこの一件で17日間も拘置されています。互いが互いのことを話の通じない相手，感情的になり一方的に物事を推し進めてくる反対者と見なし，歩み寄りを拒絶するのではなく，もう一度問題を直視してみましょう。

　神社合祀政策の具体的な内容は，一町村に一社を標準とするが，特別なものは合祀しなくてよいというものでした。特別なものの例として，『延喜式』に所載されている神社などの具体例をあげました。一方で，これに反対する南方熊楠は，「政府は合祀を進めることで，愛国心・敬神思想を鼓舞し，国力の増強をはかるといっているが，それは，下痢を止めようとして氷を飲むようなものだ」と痛烈に批判しています。

　ところで，いったいなぜ，明治政府は神社合祀を進めようとしていたのでしょうか。利害に注目すべきです。政府が直面している問題は，日露戦争の戦費拡大により疲弊した地方財政を立て直すこと，国家による神社保護を徹底し，神道によって日本国民としてのアイデンティティを強化することです。神社に補助金を出すために，現在のおびただしい数の神社には対応できないので，合祀したいのです。熊楠は，神社を合祀することに伴って，「鎮守の森」が失われ，貴重な森の動植物の生態が破壊されることをおそれているのです。また，「鎮守の森」がわれわれの故郷を愛する気持ちや地域に根付いた伝統の維持など，日本人としての自然観・宗教観に与える影響も熊楠は力説しました。知人宛の手紙の

232　実践編

中で，森の持つ不思議な力を「なにごとのおはしますかは知らねどもかたじけなさに涙こぼるる」という西行の句を引用し表現しています。

4. 南方熊楠の自然保護運動の影響

　1910年，田辺湾神島(かしま)の樹木伐採計画が明らかになりました。熊楠は，この島の生態系の重要性を訴えました。神島の弁天社は新庄村の大潟神社に合祀されてしまいましたが，「鎮守の森」は守られ，和歌山県は1912年に神島を魚付き保安林に指定しました。その後，1930年には県の天然記念物に，1935年に国の天然記念物に指定しました。それから約40年後，熊楠の住んでいた和歌山県田辺市田辺湾の天神崎で，別荘開発計画が明らかになりました（1974年）。「貴重な自然の宝庫，天神崎を子どもたちに残そう」と，この地の買取り運動に市民が立ち上がりました。全国からの支援金と借金等で，別荘予定地は買い上げることができました。その後，和歌山県と田辺市もこの活動に協力して保全のために土地を買い取りました。こうして，別荘予定地は保全地となって，現在その自然が守られています。

5. その後

　内務大臣平田東助は，神社の存廃選定を府県知事に任せ，合祀政策の成果を求めました。三重県で5,547社が合祀され，残ったのは942社，和歌山県では2,923社が合祀，残存790社という結果になり，両県では著しい数の神社が廃社となりました。一方で，熊楠をはじめとする市民の反対運動の結果，1918年，貴族院で神社合祀政策の廃止が決定されました。その後，熊楠は，自らその自然を守り切った田辺湾神島で昭和天皇に拝謁し，キャラメル箱に入った粘菌標本を献上することになります。1962年，昭和天皇が再び南紀を行幸した際，田辺湾を眺め，以下の歌を詠みました。

　雨にけふる神島を見て
　　　紀伊の国の生みし南方熊楠を思ふ

授業のために(授業の目安:1時間)

(1) 授業の目標
・持続可能な社会づくりをめざした模擬交渉を通して,交渉で用いる技能や考え方を身に付けさせます。
・明治時代の問題を取り上げた模擬交渉を通して,日本人に見られる自然観や宗教観について理解させます。

(2) 授業の流れ
　本授業の展開は,「Ⅰ.交渉で用いる技能や考え方を理解」→「Ⅱ.模擬交渉」→「Ⅲ.応用」→「Ⅳ.振り返り」となります。

【Ⅰ.交渉で用いる技能や考え方を理解】
①授業の最初に,身近な問題である部活動におけるグラウンドの割り当て,体育館の割り当て等を例にとり,立場ではなく利害に焦点を合わせる考え方を説明します。

【Ⅱ.模擬交渉】
①「模擬交渉をするために,まずは南方熊楠の生涯と当時の社会情勢を概観してみよう」として,熊楠の生涯と日露戦争前後の社会情勢についての基礎知識を講義します。
②三人一組をつくらせ,模擬交渉に取り組ませます。一人目は明治政府の役人役,二人目は南方熊楠役,三人目は地方官吏役です。「三者にはそれぞれ相手に伝えていない事情があります。それを踏まえて三者が納得できる解決策を交渉して考えてください」といって,解決策を探らせます。
③「利害カード」を配付します。その際,よりよい合意を得ることが大事であることを確認させます。「利害カード」に基づいて最終的な解決策を決定させます。

【明治政府の利害カード】
最も大切なことは地方財政の健全化と国民意識の向上。一町村一社に合祀することで自然村を行政村に再編成したい。

【南方熊楠の利害カード】
最も大切なことは「鎮守の森」の保護。神社合祀によって森の動植物の生態系が破壊されることをおそれている。また，日本人は，森林の奥深さに神々に対する畏敬の念を感じると考えている。

【地方官吏の利害カード】
合祀の結果，境内ではなくなった旧社殿・敷地の民間活用が可能になること。神木の売却で実利を得られること。

④班ごとに発表させてクラスで共有します。
⑤実際の合祀政策の結果を提示するとともに，神島での熊楠の昭和天皇御進講のエピソード，南方植物研究所の設立趣意書に原敬の名前があることなどを紹介する。
⑥和歌山県田辺市天神崎のナショナル・トラスト運動についての資料（和歌山県のホームページなど）を配付する。

【Ⅲ．応用】
①交渉で用いる技能や考え方が身に付いたか確認するため，再度部活動におけるグラウンドや体育館の割り当てについて検討させ，週末の割り当てに交渉の余地が残されていないか考えさせます。ほとんどの部において，練習試合後の月曜日の朝の必要性が最も低く，練習試合前の金曜日の放課後が最も高い点などに着目させます。

【Ⅳ．振り返り】
①「高校生活の中のどのような場面で，交渉で用いる技能や考え方をいかしていけそうか，具体的な場面を考えてみよう」や「これまでの生活の中で，交渉で用いる技能や考え方をいかすことができた場面はなかったか，考えてみよう」といった問いで学習を振り返らせます。

（石渕貴士）

倫理と話し合い　235

実践編 5 生命倫理

代理出産とその後について どのように交渉するか

CASE

　誠さん（25歳）は日本のマラソン選手です。優秀な選手ですが，世界大会ではあと一歩のところで表彰台を逃してきました。誠さんは最近，自分の子どもをもうけ，世界一のマラソン選手に育てたいと夢見るようになりました。しかし，誠さんの妻の過去の病気の関係で，夫婦の間に子どもを自然に授かることは不可能です。

　そこで誠さんは，知人女性の花子さん（25歳）に代理出産を依頼することを思い付きました。花子さんも元マラソン選手です。実業団に所属していて，活躍が期待されていましたが，一年前に不運なケガで引退しました。誠さんは，以前からマラソン選手としての花子さんの身体能力に感銘を受けていました。誠さんは，自分の遺伝子と花子さんの遺伝子を受け継ぐ子なら，世界一のマラソン選手になれるだろうと考えたのです。体外受精させた受精卵を花子さんの子宮に移植して，花子さんに出産してもらったあと，誠さんが赤ちゃんを引き取るつもりでいます。一方，花子さんは，志半ばで引退に追い込まれ，現在は実業団も退いています。何とかアルバイトで生計を立てていますが，生活が苦しい状況です。十分な謝礼がもらえるのであれば，誠さんのために代理出産を引き受けても構わないと感じています。ただし，代理出産は自身の体に負担と危険を伴うことなので，引き受けるかどうかは，謝礼の金額次第です。

　代理出産の依頼条件を交渉してみましょう。謝礼の金額だけでなく，ほかにどのようなことを取り決めておく必要があるかについても，誠さんと花子さんそれぞれの立場から考えましょう。

このケースで学ぶ交渉の考え方や技能

解 説

指針2 **立場ではなく利害に焦点を合わせよう**
指針6 **約束（コミットメント）の仕方を工夫しよう**

1. CASEの背景

　代理出産とは，出産後に子どもを引き渡す約束で，妊娠・出産をすることです。依頼者には，様々な人が想定されます。妻の病気等で妊娠できない夫婦のほか，独身の男性・女性が依頼することもあります。最近ではサッカー選手のクリスティアーノ・ロナウド選手（独身）が代理母出産で，双子の父親になったことも話題になりました。子どもがほしい場合の別の選択肢としては，遺伝的につながりのない第三者の子を養子にするという方法もあります。ですが，やはり自身の遺伝子を受け継いだ子どもがほしいという希望が強い場合には，代理出産に頼らざるを得ないのです。CASEのように依頼者の精子と代理母の卵子を用いる方法だけでなく，代理出産を希望する夫婦の受精卵を用いる方法や，まったく関係のない第三者の精子や卵子を用いる方法もあります。

　CASEは，模擬交渉の前半で代理出産契約の内容について交渉をして決めたあと，模擬交渉の後半では，妊娠後に双子であることが判明し，しかも代理母が出産後に翻意して赤ちゃんの引き渡しを拒否し，さらに謝礼を二倍にしてほしいと訴えたために改めて交渉しなければならなくなったという架空の事案です（後半の設定については，後述の「授業のために」を先にご覧ください）。30年前のアメリカのニュージャージー州で，代理母が赤ちゃんの引き渡しを拒否したベビーM事件（*In re Baby M.*, 537 A.2d 1227（N.J.1988））を題材にアレンジしたものです。ベビーM事件では，依頼者夫婦が，代理母に対して代理出産契約（「代理母は赤ちゃんの親権を放棄し，赤ちゃんを依頼者夫婦の養子とする」という内容の契約）に基づいて，赤ちゃんの引き渡しを求める裁判をしました。これに対して，ニュージャージー州最高裁判所は，代理出産契約は無効だと判断しました。もっとも，結果としては，代理母から依頼

倫理と話し合い　237

者夫婦側に赤ちゃんを引き渡すことになりました。裁判所は，赤ちゃんの両親は依頼者側男性と代理母だと見なしたうえで，そのどちらに監護権を認めることが「子どもの最善の利益」になるかの判断をしました。そして，父親（依頼者夫婦側）に子どもの監護権が認められて，代理母から子どもを引き渡させた一方で，代理母にも母親としての子どもとの面会交流権（訪問権）が認められたのです。

　このように代理出産の場合，妊娠・出産のプロセスを経る間に，代理母や依頼者側の心情・状況が変わってしまう可能性が常にあります。例えば，ベビーM事件のように代理母が実際に妊娠・出産をしたあと母親としての愛情が強くなってしまい，当初の約束を無視して赤ちゃんの引き渡しを拒否するかもしれません。また逆に，依頼者側の夫婦が離婚してしまい，代理母が出産したあとに「やっぱりいらなくなった」といって赤ちゃんの受け取りを拒否するかもしれません。

　そのような場合に，当初の約束（代理出産契約）の実行を相手に強制できるかどうかは，代理出産の合法性や代理出産契約の有効性の問題です。国際的な統一ルールがあるわけではなく，国・地域によって対応が異なります。アメリカのニュージャージー州のベビーM事件では代理出産契約は無効だと判断されましたが，同じアメリカでもカリフォルニア州等では，代理出産が合法化されて法整備が進んでいます。

　CASEの舞台は日本です。日本では，代理出産が法律で禁止されているわけではありませんが，法制度が整備されていません（また，国内で代理出産を実施してくれる病院を探すことも容易ではありませんが，その点はCASEでは度外視しています）。日本では，代理出産で生まれた子どもの，実子としての出生届を認めるべきかが裁判で争われたことはあります。そのなかで，代理出産契約は人道上の問題があり無効であるなどと大阪高等裁判所が判断したことがあります（大阪高等裁判所2005年5月20日決定）。したがって，花子さんが出産後に当初の約束を破って赤ちゃんの引き渡しを拒否したとしても，誠さんが裁判所の力（強制執行）を借りて，強制的に引き渡しを求めることは困難です。改めて，誠さんと花子さんの間で，どうするかを交渉して決めるしかないのです。

2.誠さんと花子さんそれぞれの利害を考える

指針2

　誠さんと花子さんの間の交渉は，赤ちゃんに対する愛情が絡むので，互いに簡単には妥協できないでしょう。互いが「**相手の利害を考え**」て，納得のできる解決策を考えなければ合意は不可能です。一例として，誠さんは「自分の子どもを世界一のマラソン選手に育てたい」というのが第一の希望なので，じつは必ずしも子どもと同居しなくてもいいと考えているかもしれません。普段は双子を花子さんと同居させて，誠さんが週に数回訪問して一緒にトレーニングをするというやり方もあるかもしれません。他方で，双子は花子さんが引き取るにもかかわらず，謝礼を二倍にしろといわれても，誠さんには受け入れがたいでしょう。もっとも，生活が苦しい花子さんは子どもの養育にかかる費用を懸念して，謝礼の増額を求めているだけかもしれません。そうであれば，養育費の支払いという別の形で誠さんと合意ができるかもしれません。

3.事前の取り決めの重要性

指針6

　代理出産の依頼は，当事者の心情が変わるだけでなく，生物学的に不測の事態が生じる可能性も高いという難しさがあります。妊娠したとしても無事に子どもを出産できるとは限りません。途中で胎児に先天的な障がいがあることが判明する可能性や，流産・死産してしまう可能性もあります。CASEのように双子になることもあります。また代理母には，妊娠から出産までの約十か月間にわたって，身体的・心理的に大変な負担がかかります。最悪の場合，出産の際に難産で代理母が死亡したり，体に後遺症が残ったりする可能性もあります。

　不測の事態が発生してから改めて一から交渉し直すのは大変です。そのため，当初の段階で，様々な事態が生じる可能性を事前に考えておき，「**対応をあらかじめ決めて**」おくことが望ましいのです。CASEでも，もし双子が生まれた場合にどうするかを事前に取り決めておいたならば，事後に交渉し直すときにもよりスムーズに交渉できたはずです。

倫理と話し合い　239

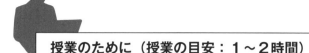

授業のために（授業の目安：1～2時間）

(1) 授業の目標
- 代理出産の模擬交渉を通して，特に不測の事態が生じる（生じた）場合の交渉の進め方の技能や考え方を身に付けさせます。
- 模擬交渉を体験させることで，生命倫理に関して，代理出産についての深い理解を養わせます。

(2) 授業の流れ

本授業の展開は，「Ⅰ．CASEで模擬交渉（前半）」→「Ⅱ．CASEで模擬交渉（後半）」→「Ⅲ．結果の共有と解説」となります。交渉を通じて考えさせることに主眼があるので，代理出産に関する事前の解説は不要です。

【Ⅰ．CASEで模擬交渉（前半）】

①二人一組をつくらせ，模擬交渉に取り組ませます。一人は誠さん役で，もう一人は花子さん役です。両者にそれぞれ「情報カード」を配付して，カードの情報を活用して交渉させます。

> 【誠さん役に配る情報カード（前半）】
> 優秀な花子さんの遺伝子を受け継ぐ子どもがぜひほしいが，できれば謝礼は300万円程度におさえたい。最大700万円（貯金全額）までなら，いつでも支払うことができるが，それ以上の金額は支払えない。

> 【花子さん役に配る情報カード（前半）】
> 生活に困っているので，とにかくすぐにお金がほしい。すぐに400万円以上もらえるなら，代理出産を引き受けてもいい。でも，誠さんはレースの賞金で稼いでいるので，もっと謝礼を支払えるのではないだろうか。もし1,000万円ほどもらえたら理想的である。

②謝礼金額だけでなく，ほかにどのようなことを取り決めておく必要があるかを考えさせるように指示します。考えが行き詰まってしまっている様子のときには，「もし妊娠中に胎児に障がいがあるこ

とが判明した場合はどうするのか」「もし死産になってしまったら謝礼はどうするのか」等を考えさせます。ただし，後半で登場する「双子」というヒントは出さないようにします。

③各ペアで取り決めた代理出産の依頼条件の内容を，ワークシートに書かせます。

【Ⅱ．CASEで模擬交渉（後半）】

①追加の「共通情報カード」を両者に配付します。【Ⅰ】でワークシートに書かせた自分たちの依頼条件を前提にして，出産後に生じた問題にどのように対応するかを各ペアでさらに交渉させます。

【追加で配る共通情報カード（後半）】
花子さんは代理出産を引き受け，無事に子宮内に受精卵が着床しました。ただ，二か月後の検査で，胎児が一人ではなく，一卵性の双子であることが判明しました。胎児二人に異常や障がいは見つからず，花子さんは十か月後に双子を出産しました。ところが花子さんは，当初は謝礼目的で代理出産を引き受けたものの，実際に妊娠・出産してみると双子にとても強い愛情が湧いてしまい，「赤ちゃんは渡さずに，二人とも自分で育てることにする」「でも誠さんの子を産んだことには変わりがないから，謝礼はほしい」「しかも双子を産んだのだから，謝礼を当初の約束の二倍の金額にしてほしい」といい出しました。

【Ⅲ．結果の共有と解説】

①【Ⅰ】でワークシートに書かせた内容と，【Ⅱ】の交渉結果について，ペアごとに発表させて，クラスで共有します。【Ⅱ】の交渉を踏まえて，【Ⅰ】の交渉の際に約束を工夫することができなかったか（事前の約束の工夫の可能性とその限界）についても，考えさせます。

②ベビーM事件や，代理出産に関する最近の事件（オーストラリア人夫婦がタイ人の代理母からダウン症の赤ちゃんの引き取りを拒んだ事案等）を紹介して，代理出産をめぐる問題について幅広く考えさせます。CASEの事情を変えて，花子さんの卵子ではなく誠さんの妻の卵子と誠さんの精子による受精卵を用いる代理出産だった場合には，違いが生じるかを議論させてもいいでしょう。　（齋藤宙治）

倫理と話し合い　241

実践編

6

環境保護

地域の問題は
だれとどのように交渉できるのか

CASE

　太平洋に面した地方都市であるＸ市は，独特の入り江でできた良港と富士山を背景にした風光明媚な景観を有し，近年，世界文化遺産の構成遺産に登録された松原があります。この港は昔は遠洋漁業で栄えましたが，近年は国際海洋観光都市をめざして国際クルーズ船を招致しています。この港に面してJR在来線の駅があり，至近距離には高層マンションや古くからの商店街等もありますが，少子高齢化・人口減少の波が襲っていることは否めません。

　この駅から海側約300メートルの所にエネルギー大手企業Ｙ社の遊休地約10万平方メートルがあり，この敷地に同社が最大200万キロワットの液化天然ガス（LNG）火力発電所を建設するという計画が持ちあがりました。発電は二酸化炭素の発生が少ない蒸気タービンとガスタービンを組み合わせた方式で効率化をはかり，タービンからでた廃熱を回収するボイラーの冷却は，海水の温度上昇など海への影響を考えて海水を使わず工業用水の蒸発を利用して冷やす冷却塔方式で行うとの説明がなされました。

　また，二酸化炭素や窒素酸化物等が排出される煙突は，周辺の景観や富士山への眺望に配慮した色彩にし，高さも低くするといいます。もっとも，煙突を低くすると窒素酸化物が周辺に与える影響がより大きくなる（煙突が高いほうが窒素酸化物が拡散しやすいので，地域への影響は少ない）ということです。

　Ｙ社の計画に大きな不安を抱いているＸ市民は，だれに対し，どのように交渉することができるでしょうか。

242　実践編

このケースで学ぶ交渉の考え方や技能

解　説

指針1　**人と問題を切り離そう**
指針2　**立場ではなく利害に焦点を合わせよう**
指針7　**よい伝え方（コミュニケーション）を工夫しよう**

1.「環境倫理」は「交渉」のテーマ

　空気や水を含め，地球上のあらゆるものは有限です（有限性）。私たちはこれを大切に保全し，地球上に暮らすあらゆる人々（次世代の人々も＝世代間倫理）がともに生き続けることができる方策（持続可能性）を具体的に考え，実行することが重要です（環境倫理）。そのためには，「Think Globally, Act Locally」（地球規模で考えながら，地域で行動しよう）という姿勢がとても大切です。

　環境倫理の問題は人類にとって重要なテーマですが，私たちの日常の生活圏での問題としてはなかなか目に見えにくく（例えば，私たちが日常的に出しているゴミが地球環境の悪化にどうつながっているのかは，なかなかわかりにくいものです），具体的に話し合う（交渉する）テーマとして位置付けることが難しいようにも感じられると思います。しかし，CASEのような事案を考えると，まさに交渉すべきテーマであるということが理解できるのではないかと思います。

2.環境倫理の問題の場合

指針1

　CASEのような事案の場合，「企業は悪だ！　企業は人を搾取し，人権を無視し，格差を助長し…」といった声があがることがあります。しかし，「企業は悪だ」という見方だけでは，この問題の解決はできません。**「人（企業）と問題（環境問題）を切り離し」**，住民（地域）の問題と企業の問題について冷静に議論する必要があります。

　私は1981年に弁護士になった当初，外資系の大手IT企業の社内弁護士を務めました。それは，私の学生時代の恩師から「企業は社会に不可

倫理と話し合い　243

欠の基盤であり，企業の活動が社会の要請に適合するように，企業の内部に入り込んで活動することは，これからの弁護士に求められる大切な仕事になる」という教えを頂いたことからでした。

　私たちの暮らしは「企業」なくしては，一日たりともなりたちません。「企業」は厳然として，私たちの社会の基盤であり，これを否定することはできません。ですから「企業は悪だ！」という単純な見方を超えて，企業に働きかけて，よりよい社会を実現するために具体的にできる活動をすべきだと思います。

3.環境倫理の問題の場合

指針2

　「指針1　人と問題を切り離そう」とも関連しますが，CASEのような事案では，ともすると「とにかくあの企業がやることは環境破壊だから許されない」とか，「住民は騒ぐものだ」といった「立場」や偏見を持ちながら議論がなされることがあります。しかし環境倫理の問題においても，「立場ではなく利害に焦点を合わせる」ことが必要です。

　もっとも環境問題では，企業は住民に不当な環境負荷というコストを負わせて，利益を上げるのではないか（共有地の悲劇，外部性）といった問題もあり，問題が抽象化しやすい面があります。

　それから，計画されている施設やそれがもたらす環境への影響等の科学技術的側面については，「情報の非対称性」（情報は企業が持ち，住民にはなく，また専門的すぎて理解できない）があり，問題を難しくします。

　そこでまず必要なのは，企業も住民も情報の非対称性を乗り越えるための努力をすることです。そのためには，企業は（法律上必要な環境評価をすればいいという姿勢ではなく）積極的に計画の具体的内容や環境への影響等の具体的情報を開示して，丁寧に説明すること，住民側も聞く姿勢を持って企業や行政に情報と説明を求めることが必要でしょう。また，住民として大切にしたい利害もできるだけ具体的に示すことができるようにする必要があるでしょう。

244　実践編

それを前提に，企業・行政・住民の間で話し合うことが必要ですが，アメリカでは，これら関係者間の話し合いが言葉の行き違いや専門用語の行き来でかみ合わないような事態を避けるべく，合意形成の専門家（環境問題の専門家というわけではありません）がファシリテータになって，その場で話し合われるべき「**具体的な利害に焦点を合わせて**」，互いの言葉の理解や文脈のすり合わせを支援し，問題解決をはかるといったことも行われています（ジョイント・ファクト・ファインディング）。

4.環境倫理の問題の場合

指針7

3.で情報の非対称性ということを指摘しましたが，CASEのような事案では問題の大きさや複雑さから，住民個々人が声を上げるだけでは実際の交渉の道が開けないこともあります（交渉力の非対称性）し，幅広い住民に問題関心を持ってもらう必要もあります。そこで，住民同士が集まって問題を話し合い，一緒になって企業や行政に働きかけ，また場合によっては，街頭でチラシを配ったり，デモ行進をするといった方法（これらは憲法の保証する表現の自由の重要な場面です）も，交渉という観点から必要かつ適切な場合があります（私もCASEのような事案で住民の団体が行ったデモ行進に参加したことがあります）。デモ行進というと一見，「よい伝え方」ではないように感じられるかもしれませんが，住民が自分たちの考えを広く知ってもらい，交渉力の非対称性を乗り越えるためには，大切な方法の一つであり，できるだけ「**よい伝え方**」になるように訴えかける内容や行進の方法等を検討すべきです。

なお，静岡市清水区で計画されたLNG火力発電所の事案で，同市の弁護士が新聞紙上に三回にわたって建設反対の意見広告を出しました。意見広告では，環境へのデメリット，景観へのデメリット，観光資源や世界文化遺産へのデメリット，後世に伝えるべき環境・景観の重要性，経済上のメリットがないこと，火力発電の必要性がないこと等を具体的に指摘しました。この事案ではその後，県知事と市長がLNG計画に反対の姿勢を表明し，事業者も手続きを延期し中止の可能性に言及しました。

倫理と話し合い　245

授業のために（授業の目安：2時間）

（1）授業の目標
・環境問題に関する模擬交渉を通して、だれに、どのような交渉ができるのか考え、交渉で用いる技能や考え方を身に付けさせます。
・模擬交渉を通して、将来世代を含めた持続可能な社会の形成をめざし、互いの利益が得られるような合意形成とは何かを考えさせます。

（2）授業の流れ
本授業の展開は、「Ⅰ．話し合い」→「Ⅱ．共有」→「Ⅲ．応用」→「Ⅳ．振り返り」となります。

【Ⅰ．話し合い】
①「だれと、どのように交渉できるか考えるために、問題を整理しよう」として、LNG火力発電の概要（CASE参照）と位置関係、海洋文化拠点としての行政側の考え方を理解させます。
②四人一組をつくらせ、LNG火力発電所を建設することのメリット・デメリットを具体的に考えさせ、市民の代表として、だれに、どのような交渉ができるのか話し合わせます。また、「限られた資源を使って全体で大きな成果を得る」という「効率」と、「不当に不利益を被っている人をなくす」という「公正」の視点を踏まえるように促します。

【1】文化拠点構想
「国際海洋文化都市」実現に向けた取り組み
①海洋人材の育成
②海洋産業・ビジネスの振興
③海をいかしたにぎわいの創出
【2】海洋文化拠点施設の整備の背景
　■港周辺を取り巻く状況
〈課題〉「産業構造変化による中心市街地の活力低下」
　　「津波災害への懸念」等の課題
〈特色〉港町として発展し、海洋に関する産業・観光・学術等の資源が蓄積
〈契機〉「客船・観光等の拡大」「海洋への社会的な関心の高まり」等の契機

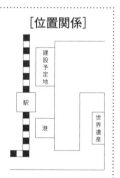
［位置関係］

246　実践編

【Ⅱ．共有】
　①グループごとに，だれに，どのような交渉ができると考えたか発表させて，クラスで共有します。
　②静岡市清水区のLNG火力発電所の環境影響評価の手続き延期の新聞記事を読ませます。
　③再生可能エネルギーは，天候や時間によって発電量が変わります。需要に見合った電力を安定的に確保するには，どうすればよいか，という視点を理解させます。

【Ⅲ．応用】
　①【Ⅰ】で交渉で用いる技能や考え方が身に付いたか，以下の［課題］で確認させます。
　［課題］　サッカー部は，だれに，どのように交渉することができるか考えてみましょう。また，具体的にどのような選択肢を用意できるか考えましょう。

> 　放課後の校庭は，サッカー部・陸上部・野球部の三つの部が使用しています。月曜日は野球部が全面，火曜日はサッカー部が全面，水曜日はサッカー部と野球部が半面ずつ，木曜日は陸上部が全面，金曜日は三つの部で使用しています。
> 　サッカー部は今週土曜日に大会があるため，金曜日に全面で練習したいと考えています。土曜日の大会に勝つと，次の週の土曜日も大会です。学校全体の部活動担当はＳ先生です。

【Ⅳ．振り返り】
　①「交渉で用いる技能や考え方を自分の生活にいかしていけそうか」といった問いで，学習を振り返らせます。

（大澤恒夫）

倫理と話し合い　247

倫理思考実験と交渉

　例えばあなたが乗る船が沈没し，乗客乗員の全員が海に投げ出されたとします。備え付けの救命ボートには一定数しか乗ることができないので，全員が助かる見込みはありません。この場合あなたはどう考えるでしょうか。

　社会的に弱者であると考えられる人たちを優先し，お年寄りや赤ん坊を優先してボートに乗せる，と答えるかもしれません。しかし屈強な成人男性が乗らないと，ボートがこげないかもしれません。あるいは，やはり自分のことを第一に考え，最終的に自らがボートに乗る↗

倫理思考実験 1

　「だれかの命を助けるためにだれかの命を犠牲にしなければならない状況」として，次の状況について考えてみましょう。

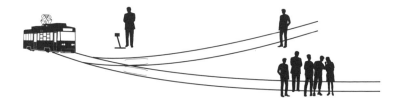

　路面電車が猛スピードで走ってくるのが見えました。明らかに制御を失っているようです。このままいくと，進行方向にいる五人の人たちが犠牲になることがわかります。あなたは進行方向の切り替えスイッチがあるところに立っていて，待避線には人が一人います。この場合あなたはスイッチを操作して電車を待避線に引き入れるでしょうか。それとも何もしないでしょうか。

◆それぞれ，自分の考えを主張してみましょう。その際，6 章 1 節を参考にしながら，主張，根拠，論拠を明らかにしましょう。

ための手だてを考えるかもしれません。こうした「だれかの命を助けるためにだれかの命を犠牲にしなければならない状況」を考える場合でも、交渉の観点を取り入れて事態を分析することは重要な意味を持ちます。思考実験を続けてみましょう。

倫理思考実験 ②

「だれかの命を助けるためにだれかの命を犠牲にしなければならない状況」として、さらに次の状況について考えてみましょう。

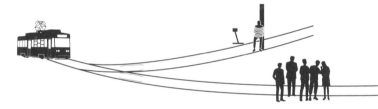

あなたは待避線の線路上にいます。しかも、体が縛られていて逃げられません。制御を失って暴走する電車が五人の人たちに向かっていくのが見えました。足を伸ばせば、電車の方向を切り替えるスイッチにちょうど届きそうです。スイッチを押せば、電車は待避線に進路を向け、自分一人をひき殺します。スイッチを押さなければ、電車は五人をひき殺してしまいそうです。さて、あなたはスイッチを押すでしょうか。

◆あなたは、どのように考えますか。これも、①と同様に、主張、根拠、論拠を明らかにして話し合ってみましょう。

（久保山力也）

Column

信頼醸成と交渉

　相手をだましたり，強迫したりする交渉がよい交渉ではないことは明らかです。しかし，ＡさんがＢさんと交渉をしているとして，Ｂさんの思い違いに気付いたＡさんはどうするべきでしょうか？　ＡさんはＢさんにＢさんの思い違いを知らせずに，自分に「有利」な交渉をするべきでしょうか？　それとも，Ｂさんにそのことを伝えることにより，自分の交渉の立場を「不利」にするべきでしょうか？

　交渉をしていると，プロセスばかりに集中してしまい，交渉のあとのこと，特に交渉後の人間関係のことを考える余裕がなくなってしまうことがよくあります。しかし，交渉というのはその場限りのものではなく，交渉をしている人（または組織）の将来の関係にも多大な影響を及ぼすことを覚えておかなければなりません。交渉術の勉強において「人と問題を分離する」ということをいくら学んで実践しても，交渉方法にはある意味で私たちの人間としての品格が表れるのです。

　冒頭のＡさんですが，仮にＡさんがＢさんの思い違いを指摘せず，自分に有利な交渉を進めたとします。Ｂさんが後日，自分の思い違いに気付かない保証はまったくありません。交渉の際に気付くかもしれないし，交渉を終えたあとに気付くかもしれません。Ｂさんとしてみれば，Ａさんに対して不信感を抱くでしょう。その結果，それまでの交渉の成果が台なしになるかもしれませんし，または交渉がすでに終了しているのであれば，交渉のやり直しになるかもしれません。

　反対に，もしもＡさんがＢさんの思い違いを指摘していたらどうでしょうか。そのことを指摘されたＢさんはＡさんのことをより信頼するようになるでしょうし，二人の信頼関係を基盤としたよい交渉ができるように思います。交渉をする人たちの間で信頼関係が構築されてはじめて，交渉相手という「人」への焦点から，交渉の本質である「争点」に焦点が合わせられることになります。

　交渉プロセスはより大きなプロセスの一環で，交渉者の将来の関係を形づくります。交渉における自分のふるまいを考えるうえで，その場のことを少し忘れて，交渉の大きな目的や，将来どのような人間として覚えていてもらいたいかを考えてみてください。　　（茅野みつる）

付 録

学習指導要領（平成29年3月告示）との対照表

中学校 社会科 公民的分野

	理論編											
	2編1章	2編2章	2編3章	2編4章	2編5章	2編6章	2編コラム	3編1章1	3編1章2	3編1章3	3編1章4	3編1章5
A 私たちと現代社会												
（1）私たちが生きる現代社会と文化の特色												
・少子高齢化												
・情報化					●							
・グローバル化				●								
（2）現代社会を捉える枠組み												
・対立と合意，効率と公正	●	●										
・契約												
・きまりの意義		●										
B 私たちと経済												
（1）市場の働きと経済												
・市場経済			●									
・企業			●									
・金融			●									
・労働			●									
（2）国民の生活と政府の役割												
・社会保障												
・財政												
C 私たちと政治												
（1）人間の尊重と日本国憲法の基本原則												
・基本的人権								●				
・法に基づく政治	●	●								●		
（2）民主政治と政治参加												
・国会									●			
・公正な裁判												
・地方自治											●	
・選挙												●
D 私たちと国際社会の諸課題												
（1）世界平和と人類の福祉の増大												
・国際連合												
・資源・エネルギー												
・国際貢献												
・世界平和												
（2）よりよい社会を目指して												
・説明，論述												

	実践編																								
	3編2章1	3編2章2	3編2章3	3編3章1	3編3章2	3編3章3	3編3章4	3編3章5	3編3章6	3編4章1	3編4章2	3編4章3	3編4章4	3編4章5	3編4章6	3編4章+α	3編5章1	3編5章2	3編5章3	3編6章1	3編6章2	3編6章3	3編6章4	3編6章5	3編6章+α
								●																	
																	●	●	●						
										●						●									
	●	●	●																						
			●																						
	●																								
					●																				
				●																					
						●																			
									●																
								●																	
							●																		
			●																						
												●													
														●											
															●										
											●		●												
																				●					

253

学習指導要領（平成 30 年 3 月告示）との対照表

高等学校 公民科 公共

	理論編											
	2編1章	2編2章	2編3章	2編4章	2編5章	2編6章	2編コラム	3編1章1	3編1章2	3編1章3	3編1章4	3編1章5
A 公共の扉												
（1）公共的な空間を作る私たち												
・伝統や文化												
（2）公共的な空間における人間としての在り方生き方												
・選択・判断の手掛かりとなる見方・考え方						●	●					
・幸福，正義，公正							●					
・環境保護												
・生命倫理（思考実験）												
（3）公共的な空間における基本的原理												
・人間の尊厳と平等，個人の尊重		●						●				
・民主主義	●								●			
・法の支配		●								●		
・自由・権利と責任・義務								●				
B 自立した主体としてよりよい社会の形成に参画する私たち												
（ア）法												
・法の意義及び役割		●										
・多様な契約及び消費者の責任												
・司法参加												
・紛争を調停，解決	●	●										
（イ）政治												
・政治参加												●
・地方自治											●	
・国家主権												
・国際貢献												
（ウ）経済												
・雇用と労働				●								
・財政												
・社会保障												
・市場経済				●								
・金融				●								
・経済のグローバル化					●							
（エ）情報												
・情報モラル						●						
・情報の利便性及び安全性						●						
C 持続可能な社会づくりの主体となる私たち												
・論拠をもとに説明，論述												

																			実践編					
3編2章1	3編2章2	3編2章3	3編3章1	3編3章2	3編3章3	3編3章4	3編3章5	3編3章6	3編4章1	3編4章2	3編4章3	3編4章4	3編4章5	3編4章6	3編4章+α	3編5章1	3編5章2	3編5章3	3編6章1	3編6章2	3編6章3	3編6章4	3編6章5	3編6章+α
																				●		●		
																				●	●	●	●	●
																							●	
																								●
●																								
	●																							
		●																						
●	●	●																						
										●	●													
												●	●	●										
			●					●																
						●																		
							●																	
				●																				
					●																			
								●																
																●								
																	●	●						
																			●					

255

中学校 学習指導要領
第2節 社 会

（平成29年3月31日告示）

第1 目 標

　社会的な見方・考え方を働かせ，課題を追究したり解決したりする活動を通して，広い視野に立ち，グローバル化する国際社会に主体的に生きる平和で民主的な国家及び社会の形成者に必要な公民としての資質・能力の基礎を次のとおり育成することを目指す。

(1) 我が国の国土と歴史，現代の政治，経済，国際関係等に関して理解するとともに，調査や諸資料から様々な情報を効果的に調べまとめる技能を身に付けるようにする。

(2) 社会的事象の意味や意義，特色や相互の関連を多面的・多角的に考察したり，社会に見られる課題の解決に向けて選択・判断したりする力，思考・判断したことを説明したり，それらを基に議論したりする力を養う。

(3) 社会的事象について，よりよい社会の実現を視野に課題を主体的に解決しようとする態度を養うとともに，多面的・多角的な考察や深い理解を通して涵養される我が国の国土や歴史に対する愛情，国民主権を担う公民として，自国を愛し，その平和と繁栄を図ることや，他国や他国の文化を尊重することの大切さについての自覚などを深める。

第2　各分野の目標及び内容

〔公民的分野〕
1 目 標

　現代社会の見方・考え方を働かせ，課題を追究したり解決したりする活動を通して，広い視野に立ち，グローバル化する国際社会に主体的に生きる平和で民主的な国家及び社会の形成者に必要な公民としての資質・能力の基礎を次のとおり育成することを目指す。

(1) 個人の尊厳と人権の尊重の意義，特に自由・権利と責任・義務との関係を広い視野から正しく認識し，民主主義，民主政治の意義，国民の生活の向上と経済活動との関わり，現代の社会生活及び国際関係などについて，個人と社会との関わりを中心に理解を深めるとともに，諸資料から現代の社会的事象に関する情報を効果的に調べまとめる技能を身に付けるようにする。

(2) 社会的事象の意味や意義，特色や相互の関連を現代の社会生活と関連付けて多面的・多角的に考察したり，現代社会に見られる課題について公正に判断したりする力，思考・判断したことを説明したり，それらを基に議論したりする力を養う。

(3) 現代の社会的事象について，現代社会に見られる課題の解決を視野に主体的に社会に関わろうとする態度を養うとともに，多面的・多角的な考察や深い理解を通して涵養される，国民主権を担う公民として，自国を愛し，その平和と繁栄を図ることや，各国が相互に主権を尊重し，各国民が協力し合うことの大切さについ

ての自覚などを深める。

2　内　容

A　私たちと現代社会

(1)　私たちが生きる現代社会と文化の特色

位置や空間的な広がり，推移や変化など
に着目して，課題を追究したり解決したり
する活動を通して，次の事項を身に付ける
ことができるよう指導する。

ア　次のような知識を身に付けること。

(ｱ)　現代日本の特色として少子高齢化，情
報化，グローバル化などが見られるこ
とについて理解すること。

(ｲ)　現代社会における文化の意義や影響に
ついて理解すること。

イ　次のような思考力，判断力，表現力等
を身に付けること。

(ｱ)　少子高齢化，情報化，グローバル化な
どが現在と将来の政治，経済，国際関
係に与える影響について多面的・多角
的に考察し，表現すること。

(ｲ)　文化の継承と創造の意義について多面
的・多角的に考察し，表現すること。

(2)　現代社会を捉える枠組み

対立と合意，効率と公正などに着目して，
課題を追究したり解決したりする活動を通
して，次の事項を身に付けることができる
よう指導する。

ア　次のような知識を身に付けること。

(ｱ)　現代社会の見方・考え方の基礎となる
枠組みとして，対立と合意，効率と公
正などについて理解すること。

(ｲ)　人間は本来社会的存在であることを基
に，個人の尊厳と両性の本質的平等，

契約の重要性やそれを守ることの意義
及び個人の責任について理解するこ
と。

イ　次のような思考力，判断力，表現力等
を身に付けること。

(ｱ)　社会生活における物事の決定の仕方，
契約を通した個人と社会との関係，き
まりの役割について多面的・多角的に
考察し，表現すること。

B　私たちと経済

(1)　市場の働きと経済

対立と合意，効率と公正，分業と交換，
希少性などに着目して，課題を追究したり
解決したりする活動を通して，次の事項を
身に付けることができるよう指導する。

ア　次のような知識を身に付けること。

(ｱ)　身近な消費生活を中心に経済活動の意
義について理解すること。

(ｲ)　市場経済の基本的な考え方について理解
すること。その際，市場における価格の
決まり方や資源の配分について理解する
こと。

(ｳ)　現代の生産や金融などの仕組みや働き
を理解すること。

(ｴ)　勤労の権利と義務，労働組合の意義及
び労働基準法の精神について理解するこ
と。

イ　次のような思考力，判断力，表現力等
を身に付けること。

(ｱ)　個人や企業の経済活動における役割と
責任について多面的・多角的に考察し，
表現すること。

(ｲ)　社会生活における職業の意義と役割及
び雇用と労働条件の改善について多面
的・多角的に考察し，表現すること。

(2)　国民の生活と政府の役割

対立と合意，効率と公正，分業と交換，希少性などに着目して，課題を追究したり解決したりする活動を通して，次の事項を身に付けることができるよう指導する。

ア　次のような知識を身に付けること。

(ア) 社会資本の整備，公害の防止など環境の保全，少子高齢社会における社会保障の充実・安定化，消費者の保護について，それらの意義を理解すること。

(イ) 財政及び租税の意義，国民の納税の義務について理解すること。

イ　国民の生活と福祉の向上を図ることに向けて，次のような思考力，判断力，表現力等を身に付けること。

(ア) 市場の働きに委ねることが難しい諸問題に関して，国や地方公共団体が果たす役割について多面的・多角的に考察，構想し，表現すること。

(イ) 財政及び租税の役割について多面的・多角的に考察し，表現すること。

C　私たちと政治

(1) 人間の尊重と日本国憲法の基本的原則

対立と合意，効率と公正，個人の尊重と法の支配，民主主義などに着目して，課題を追究したり解決したりする活動を通して，次の事項を身に付けることができるよう指導する。

ア　次のような知識を身に付けること。

(ア) 人間の尊重についての考え方を，基本的人権を中心に深め，法の意義を理解すること。

(イ) 民主的な社会生活を営むためには，法に基づく政治が大切であることを理解すること。

(ウ) 日本国憲法が基本的人権の尊重，国民

主権及び平和主義を基本的な原則としていることについて理解すること。

(エ) 日本国及び日本国民統合の象徴としての天皇の地位と天皇の国事に関する行為について理解すること。

イ　次のような思考力，判断力，表現力等を身に付けること。

(ア) 我が国の政治が日本国憲法に基づいて行われていることの意義について多面的・多角的に考察し，表現すること。

(2) 民主政治と政治参加

対立と合意，効率と公正，個人の尊重と法の支配，民主主義などに着目して，課題を追究したり解決したりする活動を通して，次の事項を身に付けることができるよう指導する。

ア　次のような知識を身に付けること。

(ア) 国会を中心とする我が国の民主政治の仕組みのあらましや政党の役割を理解すること。

(イ) 議会制民主主義の意義，多数決の原理とその運用の在り方について理解すること。

(ウ) 国民の権利を守り，社会の秩序を維持するために，法に基づく公正な裁判の保障があることについて理解すること。

(エ) 地方自治の基本的な考え方について理解すること。その際，地方公共団体の政治の仕組み，住民の権利や義務について理解すること。

イ　地方自治や我が国の民主政治の発展に寄与しようとする自覚や住民としての自治意識の基礎を育成することに向けて，次のような思考力，判断力，表現力等を身に付けること。

(ア) 民主政治の推進と，公正な世論の形成

258　付録

や選挙など国民の政治参加との関連について多面的・多角的に考察，構想し，表現すること。

D　私たちと国際社会の諸課題

(1) 世界平和と人類の福祉の増大
　対立と合意，効率と公正，協調，持続可能性などに着目して，課題を追究したり解決したりする活動を通して，次の事項を身に付けることができるよう指導する。
ア　次のような知識を身に付けること。
(ア) 世界平和の実現と人類の福祉の増大のためには，国際協調の観点から，国家間の相互の主権の尊重と協力，各国民の相互理解と協力及び国際連合をはじめとする国際機構などの役割が大切であることを理解すること。その際，領土（領海，領空を含む。），国家主権，国際連合の働きなど基本的な事項について理解すること。
(イ) 地球環境，資源・エネルギー，貧困などの課題の解決のために経済的，技術的な協力などが大切であることを理解すること。
イ　次のような思考力，判断力，表現力等を身に付けること。
(ア) 日本国憲法の平和主義を基に，我が国の安全と防衛，国際貢献を含む国際社会における我が国の役割について多面的・多角的に考察，構想し，表現すること。
(2) よりよい社会を目指して
　持続可能な社会を形成することに向けて，社会的な見方・考え方を働かせ，課題を探究する活動を通して，次の事項を身に付けることができるよう指導する。
ア　私たちがよりよい社会を築いていく

ために解決すべき課題を多面的・多角的に考察，構想し，自分の考えを説明，論述すること。

3　内容の取扱い

(1) 内容の取扱いについては，次の事項に配慮するものとする。
ア　地理的分野及び歴史的分野の学習の成果を活用するとともに，これらの分野で育成された資質・能力が，更に高まり発展するようにすること。また，社会的事象は相互に関連し合っていることに留意し，特定の内容に偏ることなく，分野全体として見通しをもったまとまりのある学習が展開できるようにすること。
イ　生徒が内容の基本的な意味を理解できるように配慮し，現代社会の見方・考え方を働かせ，日常の社会生活と関連付けながら具体的事例を通して，政治や経済などに関わる制度や仕組みの意義や働きについて理解を深め，多面的・多角的に考察，構想し，表現できるようにすること。
ウ　分野全体を通して，課題の解決に向けて習得した知識を活用して，事実を基に多面的・多角的に考察，構想したことを説明したり，論拠を基に自分の意見を説明，論述させたりすることにより，思考力，判断力，表現力等を養うこと。また，考察，構想させる場合には，資料を読み取らせて解釈させたり，議論などを行って考えを深めさせたりするなどの工夫をすること。
エ　合意形成や社会参画を視野に入れなが

259

ら，取り上げた課題について構想した
ことを，妥当性や効果，実現可能性な
どを踏まえて表現できるよう指導する
こと。

オ 分野の内容に関係する専門家や関係諸
機関などと円滑な連携・協働を図り，
社会との関わりを意識した課題を追究
したり解決したりする活動を充実させ
ること。

(2) 内容のＡについては，次のとおり取
り扱うものとする。

ア (1) については，次のとおり取り扱う
ものとすること。

(ア)「情報化」については，人工知能の急
速な進化などによる産業や社会の構造
的な変化などと関連付けたり，災害時
における防災情報の発信・活用などの
具体的事例を取り上げたりすること。
アの (イ) の「現代社会における文化の
意義と影響」については，科学，芸術，
宗教などを取り上げ，社会生活との関
わりなどについて学習できるように工
夫すること。

(イ) イの (イ) の「文化の継承と創造の意義」
については，我が国の伝統と文化など
を取り扱うこと。

イ (1) 及び (2) については公民的分野の
導入部として位置付け，(1)，(2) の順
で行うものとし，適切かつ十分な授業
時数を配当すること。

(3) 内容のＢについては，次のとおり取
り扱うものとする。

ア (1) については，次のとおり取り扱う
ものとすること。

(ア) アの (イ) の「市場における価格の決ま

り方や資源の配分」については，個人
や企業の経済活動が様々な条件の中で
の選択を通して行われていることや，
市場における取引が貨幣を通して行わ
れていることなどを取り上げること。

(イ) イの (ア) の「個人や企業の経済活動に
おける役割と責任」については，起業
について触れるとともに，経済活動や
起業などを支える金融などの働きにつ
いて取り扱うこと。イの (イ) の「社会
生活における職業の意義と役割及び雇
用と労働条件の改善」については，仕
事と生活の調和という観点から労働保
護立法についても触れること。

イ (2) については，次のとおり取り扱う
ものとすること。

(ア) アの (ア) の「消費者の保護」について
は，消費者の自立の支援なども含めた
消費者行政を取り扱うこと。

(イ) イの (イ) の「財政及び租税の役割」に
ついては，財源の確保と配分という観
点から，財政の現状や少子高齢社会な
ど現代社会の特色を踏まえて財政の持
続可能性と関連付けて考察し，表現さ
せること。

(4) 内容のＣについては，次のとおり取
り扱うものとする。

ア (2) のアの (ウ) の「法に基づく公正な
裁判の保障」に関連させて，裁判員制
度についても触れること。

(5) 内容のＤについては，次のとおり取
り扱うものとする。

ア (1) については，次のとおり取り扱う
ものとすること。

(ア) アの (ア) の「国家間の相互の主権の尊
重と協力」との関連で，国旗及び国歌
の意義並びにそれらを相互に尊重する
ことが国際的な儀礼であることの理解

を通して，それらを尊重する態度を養うように配慮すること。また，「領土（領海，領空を含む。），国家主権」については関連させて取り扱い，我が国が，固有の領土である竹島や北方領土に関し残されている問題の平和的な手段による解決に向けて努力していることや，尖閣諸島をめぐり解決すべき領有権の問題は存在していないことなどを取り上げること。「国際連合をはじめとする国際機構などの役割」については，国際連合における持続可能な開発のための取組についても触れること。

(イ) イの (ア) の「国際社会における我が国の役割」に関連させて，核兵器などの脅威に触れ，戦争を防止し，世界平和を確立するための熱意と協力の態度を育成するように配慮すること。また，国際社会における文化や宗教の多様性について取り上げること。

イ (2) については，身近な地域や我が国の取組との関連性に着目させ，世界的な視野と地域的な視点に立って探究させること。また，社会科のまとめとして位置付け，適切かつ十分な授業時数を配当すること。

高等学校 学習指導要領
第3節 公 民

（平成 30 年 3 月 31 日告示）

第1款 目 標

社会的な見方・考え方を働かせ，現代の諸課題を追究したり解決したりする活動を通して，広い視野に立ち，グローバル化する国際社会に主体的に生きる平和で民主的な国家及び社会の有為な形成者に必要な公民としての資質・能力を次のとおり育成することを目指す。

(1) 選択・判断の手掛かりとなる概念や理論及び倫理，政治，経済などに関わる現代の諸課題について理解するとともに，諸資料から様々な情報を適切かつ効果的に調べまとめる技能を身に付けるようにする。

(2) 現代の諸課題について，事実を基に概念などを活用して多面的・多角的に考察したり，解決に向けて公正に判断したりする力や，合意形成や社会参画を視野に入れながら構想したことを議論する力を養う。

(3) よりよい社会の実現を視野に，現代の諸課題を主体的に解決しようとする態度を養うとともに，多面的・多角的な考察や深い理解を通して涵養される，人間としての在り方生き方についての自覚や，国民主権を担う公民として，自国を愛し，その平和と繁栄を図るこ

とや，各国が相互に主権を尊重し，各国民が協力し合うことの大切さについての自覚などを深める。

第2款　各　科　目

第1　公　共

1　目　標

　人間と社会の在り方についての見方・考え方を働かせ，現代の諸課題を追究したり解決したりする活動を通して，広い視野に立ち，グローバル化する国際社会に主体的に生きる平和で民主的な国家及び社会の有為な形成者に必要な公民としての資質・能力を次のとおり育成することを目指す。

(1) 現代の諸課題を捉え考察し，選択・判断するための手掛かりとなる概念や理論について理解するとともに，諸資料から，倫理的主体などとして活動するために必要となる情報を適切かつ効果的に調べまとめる技能を身に付けるようにする。

(2) 現実社会の諸課題の解決に向けて，選択・判断の手掛かりとなる考え方や公共的な空間における基本的原理を活用して，事実を基に多面的・多角的に考察し公正に判断する力や，合意形成や社会参画を視野に入れながら構想したことを議論する力を養う。

(3) よりよい社会の実現を視野に，現代の諸課題を主体的に解決しようとする態度を養うとともに，多面的・多角的な考察や深い理解を通して涵養される，現代社会に生きる人間としての在り方生き方についての自覚や，公共的な空

間に生き国民主権を担う公民として，自国を愛し，その平和と繁栄を図ることや，各国が相互に主権を尊重し，各国民が協力し合うことの大切さについての自覚などを深める。

2　内　容

A　公共の扉

(1) 公共的な空間を作る私たち

　公共的な空間と人間との関わり，個人の尊厳と自主・自律，人間と社会の多様性と共通性などに着目して，社会に参画する自立した主体とは何かを問い，現代社会に生きる人間としての在り方生き方を探求する活動を通して，次の事項を身に付けることができるよう指導する。

ア　次のような知識を身に付けること。

(ア) 自らの体験などを振り返ることを通して，自らを成長させる人間としての在り方生き方について理解すること。

(イ) 人間は，個人として相互に尊重されるべき存在であるとともに，対話を通して互いの様々な立場を理解し高め合うことのできる社会的な存在であること，伝統や文化，先人の取組や知恵に触れたりすることなどを通して，自らの価値観を形成するとともに他者の価値観を尊重することができるようになる存在であることについて理解すること。

(ウ) 自分自身が，自主的によりよい公共的な空間を作り出していこうとする自立した主体になることが，自らのキャリア形成とともによりよい社会の形成に結び付くことについて理解すること。

イ　次のような思考力，判断力，表現力等

を身に付けること。

(ア) 社会に参画する自立した主体とは，孤立して生きるのではなく，地域社会などの様々な集団の一員として生き，他者との協働により当事者として国家・社会などの公共的な空間を作る存在であることについて多面的・多角的に考察し，表現すること。

(2) 公共的な空間における人間としての在り方生き方

主体的に社会に参画し，他者と協働することに向けて，幸福，正義，公正などに着目して，課題を追究したり解決したりする活動を通して，次の事項を身に付けることができるよう指導する。

ア 次のような知識及び技能を身に付けること。

(ア) 選択・判断の手掛かりとして，行為の結果である個人や社会全体の幸福を重視する考え方や，行為の動機となる公正などの義務を重視する考え方などについて理解すること。

(イ) 現代の諸課題について自らも他者も共に納得できる解決方法を見いだすことに向け，(ア)に示す考え方を活用することを通して，行為者自身の人間としての在り方生き方について探求することが，よりよく生きていく上で重要であることについて理解すること。

(ウ) 人間としての在り方生き方に関わる諸資料から，よりよく生きる行為者として活動するために必要な情報を収集し，読み取る技能を身に付けること。

イ 次のような思考力，判断力，表現力等を身に付けること。

(ア) 倫理的価値の判断において，行為の結果である個人や社会全体の幸福を重視する考え方と，行為の動機となる公正などの義務を重視する考え方などを活用し，自らも他者も共に納得できる解決方法を見いだすことに向け，思考実験など概念的な枠組みを用いて考察する活動を通して，人間としての在り方生き方を多面的・多角的に考察し，表現すること。

(3) 公共的な空間における基本的原理

自主的によりよい公共的な空間を作り出していこうとする自立した主体となることに向けて，幸福，正義，公正などに着目して，課題を追究したり解決したりする活動を通して，次の事項を身に付けることができるよう指導する。

ア 次のような知識を身に付けること。

(ア) 各人の意見や利害を公平・公正に調整することなどを通して，人間の尊厳と平等，協働の利益と社会の安定性の確保を共に図ることが，公共的な空間を作る上で必要であることについて理解すること。

(イ) 人間の尊厳と平等，個人の尊重，民主主義，法の支配，自由・権利と責任・義務など，公共的な空間における基本的原理について理解すること。

イ 次のような思考力，判断力，表現力等を身に付けること。

(ア) 公共的な空間における基本的原理について，思考実験など概念的な枠組みを用いて考察する活動を通して，個人と社会との関わりにおいて多面的・多角的に考察し，表現すること。

B 自立した主体としてよりよい社会の形成に参画する私たち

自立した主体としてよりよい社会の形成に参画することに向けて，現実社会の諸課

題に関わる具体的な主題を設定し，幸福，正義，公正などに着目して，他者と協働して主題を追究したり解決したりする活動を通して，次の事項を身に付けることができるよう指導する。

ア　次のような知識及び技能を身に付けること。

(ア) 法や規範の意義及び役割，多様な契約及び消費者の権利と責任，司法参加の意義などに関わる現実社会の事柄や課題を基に，憲法の下，適正な手続きに則り，法や規範に基づいて各人の意見や利害を公平・公正に調整し，個人や社会の紛争を調停，解決することなどを通して，権利や自由が保障，実現され，社会の秩序が形成，維持されていくことについて理解すること。

(イ) 政治参加と公正な世論の形成，地方自治，国家主権，領土（領海，領空を含む。），我が国の安全保障と防衛，国際貢献を含む国際社会における我が国の役割などに関わる現実社会の事柄や課題を基に，よりよい社会は，憲法の下，個人が議論に参加し，意見や利害の対立状況を調整して合意を形成することなどを通して築かれるものであることについて理解すること。

(ウ) 職業選択，雇用と労働問題，財政及び租税の役割，少子高齢社会における社会保障の充実・安定化，市場経済の機能と限界，金融の働き，経済のグローバル化と相互依存関係の深まり（国際社会における貧困や格差の問題を含む。）などに関わる現実社会の事柄や課題を基に，公正かつ自由な経済活動を行うことを通して資源の効率的な配分が図られること，場経済システムを機能させたり国民福祉の向上に寄与した

りする役割を政府などが担っていること及びより活発な経済活動と個人の尊重を共に成り立たせることが必要であることについて理解すること。

(エ) 現実社会の諸課題に関わる諸資料から，自立した主体として活動するために必要な情報を適切かつ効果的に収集し，読み取り，まとめる技能を身に付けること。

イ　次のような思考力，判断力，表現力等を身に付けること。

(ア) アの (ア) から (ウ) までの事項について，法，政治及び経済などの側面を関連させ，自立した主体として解決が求められる具体的な主題を設定し，合意形成や社会参画を視野に入れながら，その主題の解決に向けて事実を基に協働して考察したり構想したりしたことを，論拠をもって表現すること。

C　持続可能な社会づくりの主体となる私たち

持続可能な地域，国家・社会及び国際社会づくりに向けた役割を担う，公共の精神をもった自立した主体となることに向けて，幸福，正義，公正などに着目して，現代の諸課題を探究する活動を通して，次の事項を身に付けることができるよう指導する。

ア　地域の創造，よりよい国家・社会の構築及び平和で安定した国際社会の形成へ主体的に参画し，共に生きる社会を築くという観点から課題を見いだし，その課題の解決に向けて事実を基に協働して考察，構想し，妥当性や効果，実現可能性などを指標にして，論拠を基に自分の考えを説明，論述すること。

3　内容の取扱い

(1)　内容の全体にわたって，次の事項に配慮するものとする。

ア　内容のA，B及びCについては，この順序で取り扱うものとし，既習の学習の成果を生かすこと。

イ　中学校社会科及び特別の教科である道徳，高等学校公民科に属する他の科目，この章に示す地理歴史科，家庭科及び情報科並びに特別活動などとの関連を図るとともに，項目相互の関連に留意しながら，全体としてのまとまりを工夫し，特定の事項だけに指導が偏らないようにすること。

(2)　指導計画の作成に当たっては，次の事項に配慮するものとする。

ア　第1章第1款の2の(2)に示す道徳教育の目標に基づき，この科目の特質に応じて適切な指導をすること。

(3)　内容の取扱いに当たっては，次の事項に配慮するものとする。

ア　この科目の内容の特質に応じ，学習のねらいを明確にした上でそれぞれ関係する専門家や関係諸機関などとの連携・協働を積極的に図り，社会との関わりを意識した主題を追究したり解決したりする活動の充実を図るようにすること。また，生徒が他者と共に生きる自らの生き方に関わって主体的・対話的に考察，構想し，表現できるよう学習指導の展開を工夫すること。

イ　この科目においては，教科目標の実現を見通した上で，キャリア教育の充実の観点から，特別活動などと連携し，自立した主体として社会に参画する力を育む中核的機能を担うことが求められることに留意すること。

ウ　生徒が内容の基本的な意味を理解できるように配慮し，小・中学校社会科などで鍛えられた見方・考え方に加え，人間と社会の在り方についての見方・考え方を働かせ，現実社会の諸課題と関連付けながら具体的事例を通して社会的事象等についての理解を深め，多面的・多角的に考察，構想し，表現できるようにすること。

エ　科目全体を通して，選択・判断の手掛かりとなる考え方や公共的な空間における基本的原理を活用して，事実を基に多面的・多角的に考察し公正に判断する力を養うとともに，考察，構想したことを説明したり，論拠を基に自分の意見を説明，論述させたりすることにより，思考力，判断力，表現力等を養うこと。また，考察，構想させる場合には，資料から必要な情報を読み取らせて解釈させたり，議論などを行って考えを深めさせたりするなどの工夫をすること。

オ　内容のAについては，次のとおり取り扱うものとすること。

(ア)　この科目の導入として位置付け，(1)，(2)，(3)の順序で取り扱うものとし，B及びCの学習の基盤を養うよう指導すること。その際，Aに示した事項については，B以降の学習においても，それらを踏まえて学習が行われるよう特に留意すること。

(イ)　Aに示したそれぞれの事項を適切に身に付けることができるよう，指導のね

265

らいを明確にした上で，今まで受け継がれてきた我が国の文化的蓄積を含む古今東西の先人の取組，知恵などにも触れること。

(ウ) (1) については，アの (ア) から (ウ) までのそれぞれの事項との関連において，学校や地域などにおける生徒の自発的，自治的な活動やBで扱う現実社会の事柄や課題に関わる具体的な場面に触れ，生徒の学習意欲を喚起することができるよう工夫すること。その際，公共的な空間に生きる人間は，様々な集団の一員としての役割を果たす存在であること，伝統や文化，宗教などを背景にして現代の社会が成り立っていることについても触れること。また，生涯における青年期の課題を人，集団及び社会との関わりから捉え，他者と共に生きる自らの生き方についても考察できるよう工夫すること。

(エ) (2) については，指導のねらいを明確にした上で，環境保護，生命倫理などの課題を扱うこと。その際，Cで探究する課題との関わりに留意して課題を取り上げるようにすること。

(オ) (3) については，指導のねらいを明確にした上で，日本国憲法との関わりに留意して指導すること。「人間の尊厳と平等，個人の尊重」については，男女が共同して社会に参画することの重要性についても触れること。

カ　内容のBについては，次のとおり取り扱うものとすること。

(ア) アの (ア) から (ウ) までのそれぞれの事項は学習の順序を示すものではなく，イの (ア) において設定する主題については，生徒の理解のしやすさに応じ，学習意欲を喚起することができる

よう創意工夫した適切な順序で指導すること。

(イ) 小学校及び中学校で習得した知識などを基盤に，Aで身に付けた選択・判断の手掛かりとなる考え方や公共的な空間における基本的原理を活用して，現実社会の諸課題に関わり設定した主題について，個人を起点に他者と協働して多面的・多角的に考察，構想するとともに，協働の必要な理由，協働を可能とする条件，協働を阻害する要因などについて考察を深めることができるようにすること。その際，生徒の学習意欲を高める具体的な問いを立て，協働して主題を追究したり解決したりすることを通して，自立した主体としてよりよい社会の形成に参画するために必要な知識及び技能を習得できるようにするという観点から，生徒の日常の社会生活と関連付けながら具体的な事柄を取り上げること。

(ウ) 生徒や学校，地域の実態などに応じて，アの (ア) から (ウ) までのそれぞれの事項において主題を設定すること。その際，主題に関わる基本的人権の保障に関連付けて取り扱ったり，自立した主体となる個人を支える家族・家庭や地域などにあるコミュニティに着目して，世代間の協力，協働や，自助，共助及び公助などによる社会的基盤の強化などと関連付けたりするなどして，主題を追究したり解決したりできるようにすること。また，指導のねらいを明確にした上で，現実の具体的な社会的事象等を扱ったり，模擬的な活動を行ったりすること。

(エ) アの (ア) の「法や規範の意義及び役割」については，法や道徳などの社会

規範がそれぞれの役割を有していることや，法の役割の限界についても扱うこと。「多様な契約及び消費者の権利と責任」については，私法に関する基本的な考え方についても扱うこと。「司法参加の意義」については，裁判員制度についても扱うこと。

(オ) アの(イ)の「政治参加と公正な世論の形成，地方自治」については関連させて取り扱い，地方自治や我が国の民主政治の発展に寄与しようとする自覚や住民としての自治意識の涵養に向けて，民主政治の推進における選挙の意義について指導すること。「国家主権，領土（領海，領空を含む。）」については関連させて取り扱い，我が国が，固有の領土である竹島や北方領土に関し残されている問題の平和的な手段による解決に向けて努力していることや，尖閣諸島をめぐり解決すべき領有権の問題は存在していないことなどを取り上げること。「国家主権，領土（領海，領空を含む。）」及び「我が国の安全保障と防衛」については，国際法と関連させて取り扱うこと。「国際貢献」については，国際連合における持続可能な開発のための取組についても扱うこと。

(カ) アの(ウ)の「職業選択」については，産業構造の変化やその中での起業についての理解を深めることができるようにすること。「雇用と労働問題」については，仕事と生活の調和という観点から労働保護立法についても扱うこと。「財政及び租税の役割，少子高齢社会における社会保障の充実・安定化」については関連させて取り扱い，国際比較の観点から，我が国の財政の現状や少子高齢社会など，現代社会の特色を踏

まえて財政の持続可能性と関連付けて扱うこと。「金融の働き」については，金融とは経済主体間の資金の融通であることの理解を基に，金融を通した経済活動の活性化についても触れること。「経済のグローバル化と相互依存関係の深まり（国際社会における貧困や格差の問題を含む。）」については，文化や宗教の多様性についても触れ，自他の文化などを尊重する相互理解と寛容の態度を養うことができるよう留意して指導すること。

(キ) アの(エ)については，(ア)から(ウ)までのそれぞれの事項と関連させて取り扱い，情報に関する責任や，利便性及び安全性を多面的・多角的に考察していくことを通して，情報モラルを含む情報の妥当性や信頼性を踏まえた公正な判断力を身に付けることができるよう指導すること。その際，防災情報の受信，発信などにも触れること。

キ 内容のCについては，次のとおり取り扱うものとすること。

(ア) この科目のまとめとして位置付け，社会的な見方・考え方を総合的に働かせ，Aで身に付けた選択・判断の手掛かりとなる考え方や公共的な空間における基本的原理などを活用するとともに，A及びBで扱った課題などへの関心を一層高めるよう指導すること。また，個人を起点として，自立，協働の観点から，多様性を尊重し，合意形成や社会参画を視野に入れながら探究できるよう指導すること。

(イ) 課題の探究に当たっては，法，政治及び経済などの個々の制度にとどまらず，各領域を横断して総合的に探究できるよう指導すること。

267

編著／執筆者／編集協力　一覧　(所属は2018年4月現在)

編　著

野村美明（大阪大学大学院国際公共政策研究科特任教授・大阪大学名誉教授）

江口勇治（筑波大学名誉教授）

小貫　篤（筑波大学附属駒場中・高等学校教諭）

齋藤宙治（東京大学大学院法学政治学研究科助教）

執筆者【執筆担当箇所】

野村　美明　【はじめに，第1編1章，4章，コラム，第2編コラム】
（大阪大学大学院国際公共政策研究科特任教授・大阪大学名誉教授）

江口　勇治　【第1編2章】
（筑波大学名誉教授）

小貫　　篤　【第1編3章，第3編4章②，③，あとがき】
（筑波大学附属駒場中・高等学校教諭）

久保山力也　【第2編1章，第3編1章①，6章視点】
（大分県大分工業高等専門学校）

大澤　恒夫　【第2編2章，第3編2章①，6章⑥】
（弁護士・桐蔭法科大学院教授）

齋藤　宙治　【第2編3章，第3編3章④，⑤，6章⑤】
（東京大学大学院法学政治学研究科助教）

金　美善　【第2編4章，5章】
（大阪大学工学研究科特任講師）

末吉　知典　【第3編1章②，3章⑥】
（東京都立三宅高等学校教諭）

岩瀧　敏昭　【第3編1章③，④】
（大阪大学大学院国際公共政策研究科特任准教授）

太田　勝造　【第2編6章，第3編1章⑤，コラム，3章②，4章④，⑤，⑥】
（東京大学大学院法学政治学研究科教授）

樋口　正樹　【第3編2章②，③，コラム】
（宇都宮家庭・地方・簡易裁判所判事）

編集協力

石渕　貴士（東京都立雪谷高等学校主任教諭）

得居　千照（筑波大学大学院人間総合科学研究科）

末吉　知典（東京都立三宅高等学校教諭）

執筆順

茅野みつる　【第3編3章①，6章コラム】
（伊藤忠商事株式会社常務執行役員・
　伊藤忠インターナショナル会社社長（CEO））

柏木　　昇　【第3編3章③，4章視点】
（東京大学名誉教授）

松行　輝昌　【第3編3章コラム】
（大阪大学共創機構産学共創本部特任准教授）

藤澤　尚江　【第3編4章①，5章コラム】
（筑波大学大学院ビジネス科学研究科准教授）

姫野　　勉　【第3編4章コラム】
（駐ガーナ，リベリア，シエラレオネ特命全権大使）

野畑　　毅　【第3編5章①】
（京都府立京都八幡高等学校教諭）

小野木　尚　【第3編5章②，③】
（大阪経済法科大学法学部准教授）

福澤　一吉　【第3編6章①】
（早稲田大学文学学術院教授）

石渕　貴士　【第3編6章②，④】
（東京都立雪谷高等学校主任教諭）

得居　千照　【第3編6章③】
（筑波大学大学院人間総合科学研究科）

あとがき

本書は，話し合い（交渉）の技能や考え方を習得し，活用する力を育成する教育が重要であるという考えにもとづいてつくられました。くしくも新しい学習指導要領では「主体的，対話的で深い学び」が求められ，学校現場では話し合いを中心とした学習活動がより一層重視されています。また，中学校社会科公民的分野では，紛争を解決するための見方・考え方として「対立と合意」を学習するように明記されました。高等学校公民科では新科目「公共」が設置される等の大きな変化があります。本書は，このような教育界の動きに対応しています。

教育界の動きに対応することはとても大切です。しかし，地道に話し合いの技能や考え方を習得し活用する力を育成する教育を行っていくことはもっと重要と考えています。というのも，教育界がどう動こうとも，生徒はこれから様々な価値観をもった多様な他者と共に社会をつくっていくことになるからです。その時には，社会で実際におこる問題について上手に話し合い，自分たちで紛争を解決していく力が不可欠になります。その力を育成する交渉教育は，小学校，中学校，高等学校，大学と一貫して行っていくことが必要です。

これまで，小学校や大学の交渉教育の書籍はありましたが（小学校の交渉教育については野村美明・江口勇治編著『交渉教育の未来―良い話し合いを創る 子供が変わる』（商事法務，2015），大学の教科書としては太田勝造・野村美明編著『交渉ケースブック』（商事法務，2005）があります），中学校や高等学校の書籍はこれまでなかったように思います。そこで，本書では中学校や高等学校の主に公民教育の内容をカバーしながら，話し合い（交渉）の観点から再構成することにしました。

本書の第1編では交渉教育の基本的な考え方が紹介され，第2編では専門家によって公民教育にかかわって交渉の考え方が説明されています。第3編では教育関係者と専門家によって公民教育の内容がほぼ網羅されています。具体的な事例として示されているCASEとその解説をもとに，授業で使いやすいように「授業のために」をつけていますのでご活用いただければと思います。

交渉教育について，個人的には10年ほど前，大学院在学中に大澤恒夫弁護士に交渉教育研究会をご紹介頂き，日本を代表する交渉学や法社会学研究者である野村美明教授や太田勝造教授らが長年研究されてきた理論に触れることができました。それ以来，法教育研究の第一人者である江口勇治教授のご指導を受けながら学校教育と交渉教育について考えてきました。今回，交渉教育研究会に所属する法律専門家や研究者の先生方のご協力を得て，本書ができたのはとても嬉しく感じております。交渉教育研究会の先生方に心から感謝申し上げます。

　本書の企画・編集では，野村美明教授や江口勇治教授，新進気鋭の法学研究者で教育学にも造詣が深い齋藤宙治助教といっしょにプロット，企画書段階から原稿整理，校正まで何回も打ち合わせを重ねました。また，編集作業にあたっては，倫理に造詣が深い石渕貴士教諭，意欲的に公民教育に取り組まれている末吉智典教諭，哲学対話を研究されている得居千照さんにお忙しい時間を割いて丁寧に原稿整理をして頂きました。記して感謝申し上げます。

　株式会社清水書院の中沖栄編集部長には，プロットの段階から会議で貴重なご意見を頂くとともに，原稿依頼，原稿催促，原稿のチェック等，一貫して丁寧にご対応頂きました。素敵な本に仕上げて頂きまして，誠にありがとうございます。心より感謝申し上げます。

2018年５月　小貫　篤

編著

野村美明（大阪大学大学院国際公共政策研究科特任教授・大阪大学名誉教授）
江口勇治（筑波大学名誉教授）
小貫　篤（筑波大学附属駒場中・高等学校教諭）
齋藤宙治（東京大学大学院法学政治学研究科助教）

カバー・表紙・本文デザイン　　上迫田智明
カバー・表紙・本文イラスト　　秋葉あきこ

話し合いでつくる　中・高 公民の授業
交渉で実現する深い学び

2018年6月20日　　初版発行

編　著　野村美明／江口勇治／小貫篤／齋藤宙治
発行者　野村久一郎
発行所　株式会社 清水書院
　　　　〒102-0072　東京都千代田区飯田橋3-11-6
　　　　電話　03-(5213)-7151
印刷所　法規書籍印刷 株式会社
製本所　法規書籍印刷 株式会社

定価はカバーに表示

●落丁・乱丁本はお取り替えいたします。

本書の無断複写は著作権法上での例外を除き禁じられています。複写される場合は，その
つど事前に，（社）出版者著作権管理機構（電話 03-3513-6969，FAX03-3513-6979，
email：info@jcopy.or.jp）の許諾を得てください。

ISBN 978-4-389-22590-2 C3032　　　　　　　　　　　　　　　　Printed in Japan